鉄 道 と 商 業

井田 泰人 編著

晃洋書房

まえがき

　2015年の鉄道史学会第33回大会を編著者の勤務校である近畿大学で開催した．その時のテーマを「鉄道と商業」にした．商業史と鉄道史，この両方を融合させてみてはどうかという思いから，そのテーマに決めたのである．前年に東洋大学で開かれた同学会の大会前の役員会で，次年度の大会会場校に近畿大学でと手を挙げた時にはほぼ固まっていた．内容の詳細は本編で述べるが，その時，鉄道と商業に関する歴史的研究の成果がかなり生み出されていたからである．

　テーマと同じく報告者についてもほぼ固めていた．山本志乃，末田智樹，谷内正往，関谷次博，藤井英明，鈴木勇一郎の諸氏に報告を依頼した．打診した方々からは幸いにも報告を快諾頂き，大会の準備をすすめ，大きな問題もなく開催することができた．無事に大会を終え，終了後の打ち上げで，「今回の大会テーマで本を出そう」という話が上がり，熱の冷めないうちに刊行するつもりで，実現に向けて動いた．これまでにもお世話になっている晃洋書房に相談し，本書刊行に至ったのである．

　その後，交通史学会の2016年度における関西大学での大会でも交通と商業，特に小売業の関係を意識し，テーマを設定した．同大会では近世の交通，また鉄道以外の交通手段・機関の報告も設定されたが，ターミナルデパート，駅ナカビジネスについての報告を計画し，加藤諭，谷内正往，末田智樹の諸氏に依頼した．確実に鉄道と商業に関する研究は盛り上がっていると感じた．

　鉄道史学会大会，交通史学会大会が終了して振り返って，こうしたテーマを研究する意義について考えた．「国民を豊かにすることに寄与できないか？」という考えに至った．編著者は担当する経営史・商業史の授業でダイエーの歴史とその創業者・中内㓛の話をする．中内は第二次世界大戦時に戦地で食料をはじめとする生活物資のない極限状態を経験した．物的充足が重要である事を痛感し，復員後，流通業者になって安く商品を提供し，高度経済成長を支えた．生死をさまよう体験が大いに経営方針，理念に影響したといえよう．私自身が中内の戦争体験から「貧すれば鈍する」ということを感じ取ったが，そうならないように考えるための「材料」を提供することであれば私にもできると思っ

た.

一方，交通史，鉄道史の研究を行ってきた者として，「物資の輸送がどれだけの人の生活に影響を与えてきたのか？」または「豊かにしてきたのか？」ということを常に思いながらすすめている．過去の統計で物資の輸送量については，ある程度把握できる．しかし，人々の「豊かさ」や「幸福の度合い」はそれだけで測るのには不十分である．消費者は必要なものを購入して使用し，満足感を得る．いわば，輸送による「物資の拡散」と売買による「所有権の移転」によってなされるのである．両者の実現で先の幸福度が測れるのである．ここに鉄道史を含む交通史と商業史を融合させることに意義があると考える．

さらに，今日直面している商業上の問題がある．たとえば，「シャッター街」，「ショッピングセンターの郊外進出」が「買い物難民」，「買い物弱者」を生み出した．原因は商店の後継者不足，大型店に加える規制・法律の影響，長期的な不況などが挙げられよう．また，「ネット通販」の成長によって「宅配業界」にも大きく支障が出てきた．総量の増加に対して人手不足が顕著となり，料金を少々上げて，求人を増やしたところで追い付かない状態になっている．さらに「時間指定」「再配達」などの日本流の「優良なサービス」も負担になっている．

シャッター街，買い物難民の問題には，鉄道駅，駅周辺の活性化などの議論から示唆を得ることはできないであろうか．ネット通販，宅配の問題には，かつて採用された小運送の問題を再検討することは無意味であろうか．どちらの局面においても「鉄道」にかかわらせても良いのではないか．すぐには解決しないにしても議論の価値はあるものと思われる．

本書刊行を通じて鉄道と商業に関するテーマの研究が継続，充実し，豊かな国を築くための一助となれば，また，今日の問題について検討・分析する機会に繋げられればと願っている．

執筆者を代表して　井田泰人

CONTENTS

まえがき

Introduction 鉄道史と商業史の融合 1

1 鉄道史学会第 33 回大会テーマ「鉄道と商業」 (1)
2 本書の構成 (2)

Chapter 1 「鉄道史」と「商業史」についての融合的研究 5

はじめに (5)
1 鉄道史研究の「場」と研究成果の蓄積 (5)
2 多様な学問領域からのアプローチ (9)
3 商業史研究の場と代表的成果 (12)
4 鉄道史と商業史の融合的研究 (16)
5 商業の立地・場・空間に関する研究 (22)
おわりに (24)

Chapter 2 小林一三の再評価 33
―― 箕面有馬電気軌道の創業時を中心に ――

はじめに (33)
1 小林一三研究をめぐって (34)
2 箕面有馬電気軌道とは？ (39)
3 『最も有望なる電車』をめぐって (42)
4 箕面の開発 (45)
5 「宝塚集中主義」 (47)
6 箕有から阪急へ (51)
おわりに (54)

CONTENTS v

Chapter 3

立地と規模から見た商業の変化の交通との関係 … *59*
── 名古屋市を事例として ──

はじめに （*59*）
1　名古屋市内における呉服系百貨店と電鉄系百貨店の展開　（*60*）
2　商業の変化と交通の変化　（*63*）
　── 70 年代までの動向 ──
3　鉄道と道路の交通整備と商業の変化　（*69*）
　── 80 年代以降の動向 ──
おわりに　（*73*）

Chapter 4

戦前期盛岡における百貨店の展開と旅関連催事 … *77*
── ジャパン・ツーリスト・ビューローと呉服系百貨店 ──

はじめに　（*77*）
1　明治・大正期の川徳呉服店　（*78*）
2　川徳・松屋の百貨店化　（*83*）
3　ジャパン・ツーリスト・ビューローと呉服系百貨店　（*93*）
おわりに　（*99*）

Chapter 5

ターミナルデパートの素人経営を編み出した阪急百貨店
……………………… *105*

はじめに　（*105*）
1　電鉄系百貨店およびターミナルデパートの勃興期　（*108*）
2　阪急百貨店の急成長の要因と経営方針　（*109*）
3　電鉄調査課長林藤之輔の百貨店販売員への転身と優秀な素人集団　（*114*）
4　阪急百貨店の各売場からみえる素人による営業方法とその独自性　（*121*）
おわりに　（*127*）

Chapter 6 阪急百貨店の経営戦略を受け継いだ東西の百貨店 … 135
―― 東横百貨店，岩田屋，天満屋，名鉄百貨店 ――

はじめに　(135)

1　東横百貨店の素人経営　(135)

2　岩田屋のターミナルデパート経営　(140)

3　天満屋のバスターミナルデパート経営　(143)

4　名鉄百貨店の素人経営　(147)

おわりに　(152)

Chapter 7 鉄道と行商 ………………………………………… 161

はじめに　(161)

1　近鉄の鮮魚列車　(162)

2　大阪の伊勢屋　(167)

3　山陰本線の昭和会　(173)

4　アキンドのネットワーク　(178)

おわりに　(183)
―― 鉄道利用の行商の盛衰とその背景 ――

Chapter 8 大阪の鉄道と地下街 ……………………………… 191

1　日本の地下街　(191)

2　大阪の鉄道と地下街　(193)

3　大阪駅前地下道と阪急三番街　(202)

Chapter 9 戦災復興と駅前商業空間の形成 …………………… 211
―― 姫路民衆駅を事例に ――

はじめに　(211)

1　姫路の戦災と復興　(211)

2　姫路駅前の商業地図　(214)

3　姫路民衆駅　(217)

CONTENTS vii

4 姫路民衆駅の完成と駅前商業空間の連絡 （*222*）

おわりに （*224*）

Chapter 10 駅前商業空間の発展 ……………………………… *239*
―― 姫路民衆駅と地元商業の関係 ――

はじめに （*239*）

1 山陽新幹線の開通と姫路駅デパート・地下街の増改築 （*239*）

2 商業施設の相次ぐリニューアルと大型小売店の進出 （*240*）

3 駅前商店街の近代化事業 （*244*）

4 姫路駅デパートの大改装 （*246*）

5 駅前商店街の反応と地下街の改装 （*247*）

おわりに （*251*）

あ と が き （*259*）

索 引 （*261*）

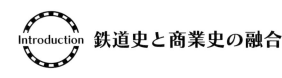

Introduction 鉄道史と商業史の融合

1 鉄道史学会第 33 回大会テーマ「鉄道と商業」

　鉄道史研究は鉄道史学会創設から約 40 年となり，初期の鉄道の歴史をまとめたものから，経済史・経営史・技術史・政治史などの分野からのアプローチで取り組まれたものへと進展し，日本，海外，時代も広がり，成果も十分蓄積されるようになった．

　編者は 2014 年の役員会で鉄道史学会第 33 回大会の開催校を引き受けた．そのテーマも編者が決めることとなった．どちらかというと，先に決めていたところで開催校として引き受けようと「手」を挙げた感じであった．テーマは「鉄道と商業」であった．そう決めた理由はいくつかあった．

　一つ目は，近世以降，商業の中心地であった大坂を取り上げたかった．多少，範囲を広げて関西，近畿という地域の商業と鉄道について考察しようとした．大阪の鉄道史に関するものといえば，小林一三と阪急電鉄，鉄道業を軸に兼営事業を展開したビジネスモデルを連想するであろう．これらについての研究は多くの研究者が取り組み，それなりの数になっている．また，その私鉄ビジネスモデルは各地に伝播し，特に東急や西武などの経営にも影響を与えている．鉄道と商業という視点からいうと，阪急百貨店の経営が挙げられるが，戦前，百貨店経営はドル箱として，阪急グループを牽引していた．今日百貨店の経営状況は必ずしも良いものとはいえない．それは単に小売業態に問題があるのか，もしかすると鉄道と百貨店の関係に変化があったのかもしれない．こうしたことから，今一度，小林のビジネスモデルを再検討，再評価しても良いのではないかと思った．また，小林のビジネスモデルを他社が模倣し，他地域で展開しても通用するものであるのか，という疑問についても検証すべきと考えた．

　二つ目は，商法・販売方法，商業従事者と鉄道の関係について取り上げた．たとえば，行商，行商人が遠方で営業する場合，鉄道の役割も小さくない．また，電鉄系百貨店の従業員などはどのように確保されたのか，こういった問題

についても迫りたかった.

　三つ目は，立地（location），場所（place），空間（space）という点から鉄道と商業の関係について検証することも考えた.

　以上のようなことを問題提起として大会当日に挙げた. 共通論題報告の報告者とタイトルは次のように設定した.

　　　第1報告　谷内正往「大阪の鉄道と地下街」
　　　第2報告　末田智樹「戦前戦後のターミナルデパート勃興期における素人経営は級の背景と影響——電鉄職員から百貨店販売員への転身——」
　　　第3報告　関谷次博「中京圏における百貨店の競争環境の変遷と名鉄百貨店」
　　　第4報告　鈴木勇一郎「小林一三の再評価」
　　　第5報告　山本志乃「鉄道と行商——〈カンカン部隊〉にみるアキンドたちのネットワーク——」
　　　第6報告　藤井英明「民衆駅と駅前商店街——姫路民衆駅を事例に——」

これらの報告で大会を開催した. 当日，順調に進み，質疑も活発に行われた.

2　本書の構成

　前節で示した大会内容をもとに本書では以下のような論考で構成した. 大会報告者に加え，加藤諭が執筆者に加わり，鉄道と商業の歴史について見ていくことにする.

　　　第1章　井田泰人　「『鉄道史』と『商業史』についての融合的研究」
　　　第2章　鈴木勇一郎　「小林一三の再評価——箕面有馬電気軌道の創業時を中心に——」
　　　第3章　関谷次博　「立地と規模から見た商業の変化の交通との関係——名古屋市を事例として——」
　　　第4章　加藤諭　「戦前期盛岡における百貨店の展開と旅関連催事——ジャパン・ツーリスト・ビューローと呉服系百貨店——」
　　　第5章　末田智樹　「ターミナルデパートの素人経営を編み出した阪急百

貨店」

第6章　末田智樹　「阪急百貨店経営戦略を受け継いだ東西の百貨店――
　　　　　　　　　東横百貨店，岩田屋，天満屋，名鉄百貨店――」

第7章　山本志乃　「鉄道と行商」

第8章　谷内正往　「大阪の鉄道と地下街」

第9章　藤井英明　「戦災復興と駅前商業空間の形成――姫路民衆駅を事
　　　　　　　　　例に――」

第10章　藤井英明　「駅前商業空間の発展――姫路民衆駅と地元商業の関
　　　　　　　　　　係――」

　第1章では，井田が「鉄道史」と「商業史」の研究の系譜，流れについてまとめ，両者の要素を含む研究史の整理を試みた．今後，鉄道と商業の研究を推進するための基本作業と位置づけている．これまで鉄道が商品を輸送する物流史が主たる研究となっているが，本書では，商業の概念をより広くとらえ，鉄道と関係させるようにした．

　先述の「一つ目」の問題である「小林一三のビジネスモデル」については，第2章で鈴木が箕面有馬電気軌道の頃を中心に再検討し，これまでの小林像に対して新たな評価を試みている．第3章では関谷が名鉄，名古屋を事例としてターミナルデパートの評価を行っている．阪急以外の鉄道会社のデパートと大阪以外の地域での様子を見た．また，第4章では，加藤が戦前にターミナルデパートが誕生しなかった地域・盛岡を取り上げ，地場の呉服商であり，鉄道資本と無縁の川徳，松屋が，地域名産や鉄道運輸局とタイアップした観光に関する催事の展開，鉄道案内所（ジャパン・ツーリスト・ビューロー）の設置で百貨店化する様子を明らかにしている．小林のビジネスモデル，ターミナルデパート以外から鉄道と商業とを結びつけた成果である．

　「二つ目」の問題に挙げた従業員という人的資源についての取り組みは，第5章で末田が阪急の従業員の確保を見ており，第6章でその手法が東横百貨店，岩田屋，天満屋へ伝播する様子を浮き彫りにしている．第7章では，山本が行商という商法・販売方法と鉄道の関係について検証している．行商自体は減少，衰退し，その列車も姿を消していくが，一部で近鉄の「鮮魚列車」として残っている．その盛衰・存廃の様子を浮き彫りにしている．

　谷内，藤井の論考は，「三つ目」の問題である場所，空間，立地に関する研

究成果である．第8章の谷内の論考は，大阪の鉄道と地下街の関係をテーマにしている．地下街の展開についての研究は必ずしも多くない．藤井はこれまでに民衆駅について取り組んできたが，関西をテーマにしたものはなく，今回が初めてである．第9章，第10章で，姫路を舞台に選び，戦後の復興の様子と地元の商業の展開をまとめ，民衆駅の特徴・性質を明らかにした．

　以上の論考で鉄道史，商業史の研究の進展を図っていこうと考えている．

（井田　泰人）

「鉄道史」と「商業史」についての融合的研究

 はじめに

　本章の課題は日本における鉄道史と近現代の商業史，二系統の研究動向と代表的成果について整理し，両者の学問，研究の特徴を明らかにするとともに，両者を融合した研究の将来性，可能性について考察することにある．また，鉄道史，商業史を組み合わせる研究の意義についても今日的な問題とかかわらせて言及していくことにする．

1　鉄道史研究の「場」と研究成果の蓄積

(1)　鉄道史研究の「場」

　まず，鉄道史研究の「場」について一瞥しておこう．鉄道史研究については，交通史研究会（現・交通史学会）において，その成果が発表された．しかし，同会では近世交通史の研究が中心となっており，交通経路は陸路，海路，空路を対象としているため，移動・輸送手段は徒歩，荷車，船舶，馬車，鉄道，自動車，飛行機などと多岐にわたる．より鉄道史研究に特化した学会の発足が望まれるようになったものと思われ，1983（昭和58）年に鉄道史学会がスタートした．同会も発足35年を迎え多くの成果を蓄積したのである．もちろん，交通史学会での鉄道史研究が全くなくなったわけではなく，並行してすすめられている．[1)]

　鉄道史学会の発足において日本経済評論社の支援は鉄道史研究に大きく寄与したといえる．研究者の著作の刊行だけでなく，同会の会誌『鉄道史学』の編集にも多大な協力を頂いた．また，鉄道史学会の発足10年，20年の時に記念事業が企画され，鉄道史学会［1994；2013］を発行した．さらに貴重な資料の復刻も研究進展に大きく影響した．たとえば，『明治期鉄道資料集成』で主要鉄道企業の沿革，代表的な鉄道会社の経営者の経歴や経営方針などを知ることが

できるようになった．また『鉄道局年報』，『鉄道院年報』などの統計において鉄道の発達をとらえられる，基礎的なデータを確認でき，引用できるようにもなった．さらに近年では『営業報告書集成』が刊行され，明治期の大手企業である日本鉄道，北海道炭礦鉄道，関西鉄道，山陽鉄道，九州鉄道の経営状態，動向を知ることができるようになった．これらの復刻版は広く使われ，鉄道史研究の進展に役立てられた．

(2)　総論的・概説的文献

　日本鉄道史の研究における代表的な研究成果について見ておこう．総論的，概説的文献には，鉄道局 [1921]，日本国有鉄道 [1972] がある．前者は官庁資料をもとに半世紀の様子をまとめ上げたものであり，後者は鉄道の創世期から100 年の展開が記されている．これらの文献で鉄道史の基礎的内容が理解できる．また，和久田 [1981] は「私鉄」，原田 [1984] は「国鉄」をテーマに，鉄道の発展を概説している．ただし，国鉄分割民営化前の文献であることから，その後の様子については他の文献に頼らなければならない．

　鉄道史叢書の野田・原田・青木・老川編 [1986] も鉄道史の基本的な流れが重要な問題，必須項目で整理されている．巻末資料には，統計資料，鉄道関係主要法令，鉄道発達年表が付されており，参考となるものが多い．さらに鉄道史上のキーパーソンについて経歴・事績をまとめた「人物紹介」が盛り込まれており，総論的文献の代表作といえる．その後も鉄道史について概説的文献は刊行されており，反町 [1982]，原田 [1991：1998]，宇田 [1995]，老川 [1996]，沢 [1993]，野田・老川 [2004] などが挙げられよう．

(3)　鉄道網の形成・拡大に関する文献

　日本国内での幹線鉄道が文字どおり「幹」として，都市近郊鉄道，地方小鉄道・局地鉄道が「枝」として広がるが，日本の鉄道網の形成を知るのに重要な文献については，全国各地の自治体史があり，それらの交通部門において確認できる．また，鉄道会社の社史においても確認できる．その数は頗る多いので，ここでは割愛する．

　1991 年の鉄道史学会大会で〔共通論題〕で「鉄道と地域社会」が設定され，中村尚史が創業期の九州鉄道の資金調達，大島登志彦が上毛電気鉄道，瀬古龍雄が鉄道忌避伝説，増田廣實が野蒜築港と日本鉄道について報告した〔鉄道史

学会編 1993：1-35]．こうした「地域社会」との関わりについての議論が高まった．

中村［1998］において，明治期の幹線である日本鉄道，九州鉄道を中心に，地域社会とのかかわりの中で鉄道が発展していく様子をまとめている．また武知［1990］で三重，和歌山を例に，鉄道の展開を地域社会，地場資本との関係から明らかにしている．

都市近郊鉄道の展開についてまとめたもの，またはそれに類する成果は多いが，青木・老川・野田編［1992］，田中・西藤・宇田編［1998］，武知［1986；1994］がある．局地鉄道については，三木［2000；2009］があり，三木［2009］はこれまで見られなかった局地鉄道の「通史」をまとめたものである．関谷［2014］において，北恵那鉄道の事例を挙げて地方の小鉄道の成立，地方の経営基盤の弱い鉄道会社の経営状態，動向を記述している．

研究は地上だけでなく，地下にも及ぶ．地下鉄は上野―浅草間で開通したのが最初であり，それは 1927 年のことである．地下鉄の歴史については，和久田［1987］を読むとその概説はわかろう．中村［2007］では，地下鉄を展開する早川徳次，五島慶太の経営思想・方針を記している．

また，鉄道会社の希望が実現しなかったケースを示した成果には，宇田［1999；2001］がある．両書ですべてが鉄道を扱っているわけではないが，宇田正の論考は鉄道史に関する研究成果である．前者で宇田は山陽鉄道のもともとの路線，神戸―下関間に会社が官線の神戸―大阪間を加えようと払い下げを求めたが，実現しなかった事情やその時の様子をまとめている．後者では阪鶴鉄道の敷設に注目している．神崎を終点として免許が下付された会社は大阪市内への延長を求めたが，かなわなかった．その理由が詳述されている．また両論考において，貴重な資料が紹介されている点は魅力的である．

鉄道の建設・拡充の構想については，老川［2008］があり，同書で著名な政治家，鉄道庁（院）の高官，財界主流，鉄道会社の経営者，経済評論家，技術者などの鉄道構想を紹介し，これまでの人物評価，イメージを修正，刷新したのであった．また，こうした人物の方針・構想と交通の発達・経済発展とをかかわらせてもいる．その他，これまで井上勝については官が鉄道敷設，運営をすすめるべきという「官設官営論者」としての人物評価で支配されてきたが，老川［2013］は時機によって私設鉄道を認め，柔軟に鉄道建設を行っていくという「鉄道拡充論者」としての一面を出した．

(4) 鉄道国有化・民営化，運営形態に関する成果

鉄道の運営形態について，鉄道国有化，国鉄およびその民営化の点から活発に議論されてきている．国有化についての議論は，鉄道史学会でも発足間もない，1985 年の大会の〔共通論題〕として「鉄道史から見た国鉄問題」が設定されて，改革における諸問題，国有化前と後の比較，歴史的背景などが議論された〔鉄道史学会編 1986；1-23〕．

明治期の国有化の実現については，中西［1979；1985］で，松下［2004］で検討されている．老川［2008］においても，鉄道関係者の主義主張が取り扱われて，官設官営の議論を取り扱っている．かたや国鉄の解体，民営化をテーマにしたものには，原田［1988］，葛西［2007］がある．今城［1999］では国際比較を試みてもいる．

2018 年の鉄道史学会大会の〔共通論題〕は「日本国有鉄道（JNR）の再検討」に決められた．組織的特質，経営分析などに注目して報告も組まれている（鉄道史学会大会プログラム）．民営化後，30 年が経過し，「国鉄民営化」という事実については歴史研究の範囲に入り，その価値の再検討，再評価を試みることは有益である．

その他，鉄道の運営主体についての研究には，「官」と「民」，両方の性質を有する「第 3 セクター」をテーマとしたものがあり，その代表的な成果には，香川［2000；2008］がある．

(5) 戦間期および戦後の鉄道史

研究対象となる時期，時間軸との関係について見ておくと，老川慶喜が「国有化までの分厚い研究史に比較して戦間期から戦時にかけての研究が薄いように思われる」［経営史学会編 2015：262］，「戦後の鉄道史研究はさらに手薄で，一次史料を用いた研究はあまりない」［同：262-263］と指摘している．これまで鉄道史研究は戦前のものが中心であった．終戦から 70 年を超え，戦後鉄道史は十分に歴史研究の対象となろう．

その点を解決すべく，老川自身が中心となって着々と研究をすすめている．代表的なものとして老川編［2009］があり，同書の第 7 章では戦後，特に東京オリンピック開催時にインフラの整備がすすめられるが，十河信二の国鉄経営に焦点をあてて，東海道新幹線の開業の様子がまとめられている．その他，戦間期については老川編［2010］があり，研究成果の薄い時期を自ら補強し

ている.

2 多様な学問領域からのアプローチ

　前節で鉄道史の基本的研究動向を見た．本節においてはこれを踏まえて，他の学問領域からのアプローチで鉄道史研究が深化する様子について見ていく．鉄道の登場については，産業革命期以降に移植・発達する，新しい輸送手段であり，日本の場合は1世紀半と短い．それでも日本鉄道史の研究は発展し，地理学，経済史，経営史，政治史，政策史，技術史，文化史，民俗学，観光論，産業考古学などの分野で多くの成果が生み出され，学際化が進んでいった．

(1) 歴史地理学・交通地理学

　歴史地理学，交通地理学の分野から鉄道史研究を行い，成果をあげている．特に地方鉄道の展開の研究に大きく寄与したものとして，青木 [2008a] がある．また，交通地理学の展開とその接近方法，資料，鉄道地図，メソスケール鉄道史，鉄道研究と趣味，世界的視野での交通の検証，交通地理学の将来性についてまとめたものには，青木 [2008b] がある．こうした手法を取り入れながら三木 [2000] は三重県，岡山県の「局地鉄道」を例にその展開を明らかにしている．

(2) 政治史・鉄道政策・鉄道法規

　鉄道史と政治史との研究については，1992年の鉄道史学会大会での共通論題テーマは「鉄道史と政治」に決められ，原田勝正，白土貞夫，在間宣久，青木栄一が報告している [鉄道史学会編 1993：37-65]．

　鉄道政策に関する成果としては，松下 [2004] が代表的なものとして挙げられよう．1890〜1922年という期間で近代日本の鉄道政策がまとめられている．また，『鉄道史学』に掲載された，松永 [2007]，中西 [2009] の論考も政治史的研究として挙げられる．

　鉄道法規に関するものとしては，青木 [2013] は鉄道敷設法の成立過程について，松下 [2004] はさらに詳細に同法の本質，構造，影響などを明らかにしている．また，渡邉 [1990] は軽便鉄道法，三浦 [2009] は小運送2法（小運送業法，日本通運株式会社法）をテーマとした論考である．その他，研究書，学術書

とはいえないが，和久田［1997］は鉄道法規についてまとめられており，参考
となる文献である．

(3) 車輌工業史・技術史

　1988年の鉄道史学会大会で〔共通論題〕に「鉄道史研究の方法——技術史
を中心として——」が組まれた．鉄道車輌の技術的変遷について原田勝正，青
木栄一，真鍋裕司，山岡茂樹，沢井実が報告した［鉄道史学会編 1991a：1-33（編
集後記）］．

　車輌に関する研究については，蓄積が多い．五十嵐［1974］，原田［1989；
2001］，坂上［2005］，斉藤［2007］が主たる成果として挙げられる．上浦・小野
田・須長編［2000］では，鉄道の車輌の歴史についても触れられている．持永
芳文・宮本編［2012］は140年にわたる技術史を説明したものである．

　また，車輌工業史については，沢井［1998］があり，体系化したものとして
挙げられる．その後，世界の車輌産業とわが国の鉄道業の発展との関係につい
て取り扱った成果として中村［2016］が刊行された．

(4) 産業考古学

　産業考古学の分野でも「鉄道」および関連の研究論文が見られる．たとえば
小野田［2004；2013；2014］があり，鉄道遺産についての成果を上梓している．
また，地方鉄道，局地鉄道の遺産をテーマにしたものとして，鈴木［2010；
2012］がある．両稿では明治期の山陽鉄道の隧道・橋梁に使用された煉瓦につ
いて調査しており，その時期によって特徴に差異があることを指摘している．
その他，小西伸彦は，小西［2007a；2007b；2010；2012a；2012b；2013a；2013b；
2016；2017］と，岡山県を中心とした中国地方にある鉄道遺産の論考を数多く
発表しており，蓄積が多い分野といえる．

(5) 経済史・経営史

　経営史・経済史，またはその要素を含む成果について見ておこう．鉄道会社
の資金調達の仕組み，その方法について詳細にまとめたものとしては，野田
［1980］がある．鉄道の金融史研究の嚆矢ともいえる成果であり，今日でも必読
の書として挙げられる．さらに片岡豊［2006］において様々な経営指標を用い
ながら，鉄道会社の資金調達について分析を加えている．鉄道会計について注

目した成果に中村 [1997] がある.

　また，鉄道会社は巨額の資本を調達して初めて設立・建設が可能となるが，それが必ずうまくいくわけではない．小川 [2002；2009] では，企業経営の資金調達とその負担，破綻，整理などマイナス面に注目した．小川の研究はバブル経済崩壊後の企業経営と重ね合わせられるものが多い．制度などの条件が異なることから全く同一ではないが，古今問わず，企業経営上の問題は類似点が多いことを確認できる.

　労働史研究としては，中西編 [1987：Ch. 4] において国有鉄道の労使関係，職員教育・組合教育について言及したものがある．また，武知 [1992] も労働史研究の代表的な成果に挙げられる.

(6)　文化史・民俗学・宗教史・観光論

　この項はかなり苦しい分類といえる．それぞれリンクしており，このようにまとめて設定した．鉄道史学会大会で〔共通論題〕に「鉄道と文化」が設定されたのは，1990 年のことである［鉄道史学会編 1991b：1-35］．その文化を接点とした研究については，原田・小池・青木・宇田編 [1986]，中川 [1984]，宇田 [2007] などがある.

　東西の鉄道会社とその文化を題材にしたもので，青木・老川・野田編 [1992] があり，その後，姉妹編の宇田・浅香・武知編 [1995] も刊行された．鉄道史学会の創設期の会員が文化史的な研究をリードしてきたといえる.

　民俗学，宗教史と多方面の学問とかかわらせた研究としては，平山 [2012；2015] がある．これら 2 冊の文献では，恵方詣，初詣などの日本国民の慣習について非常に丹念に調べ，初詣は昔から行われてきたという強いイメージがあるが，そうでなく，鉄道の発達によって定着していくという興味深い内容のものである．もう一点の魅力は神社の史料を用いて，神社の伝統を守ろうとする姿勢と鉄道会社の神社のイベントへの集客や旅客収入増加の目論みとを対比していることにある．両者の思惑に開きのあることが記されている.

　同じく鉄道会社と寺院との関係を調べた成果に，卯田 [2014；2015] の論考がある.

　1993 年度の鉄道史学会の大会で共通論題に「鉄道史における観光」が設定された［鉄道史学会編 1994：1-29］．その後も観光の視点から鉄道史研究は，活発化しており，小川 [2014] が発表されている．鈴木 [2013] は，「鉄道」という

「近代の装置」が各地で様々な名産，名物を作り上げていく様子を描いている．先の平山の成果と同様，地域の名産・名物は意外と最近生み出されており，鉄道企業の活発な営業とあいまって定着していくようにとらえている．また，老川［2017a］は，著者の勤務校での「観光と鉄道」という講義内容を元にまとめあげたものである．同書でのテーマは，① 行楽・寺社参詣，② 回遊列車，③ 温泉地，④ 海辺・高原リゾート，⑤ 私鉄経営者の戦略における観光開発，⑥ 日帰り旅行，⑦ 外国人観光客，⑧ 戦時から戦後へ，である．興味深い内容であるのと同時に，観光と鉄道との関係上，必要な要素が凝縮されたものといえる．近年のインバウンド効果でも明らかなように，観光は商業との関係が深い．

　鉄道史研究について概観できたが，上述の分類・カテゴライズが必ずしも適当とはいえないであろう．学際性の強い分野であることはまちがいなく，多様なアプローチによる鉄道史研究が積み重ねられている．研究の傾向としては，幹線鉄道，都市近郊鉄道，局地鉄道という順序で「都市」から「地方」，「幹」から「枝」へ広がっていった．時代については「戦前重厚，戦後薄弱」という問題が指摘されたが，少しずつ戦後の研究も充実している．

　今後の研究においてはアプローチ，視点など学問領域・分野の組み合わせ方を変えると，より多くの成果を生み出せる可能性も出てこよう．

3 商業史研究の場と代表的成果

(1) 商業史研究の「場」

　商業史については，社会経済史学会，経営史学会などで研究が行われきたといえる．

　社会経済史学会は 1930 年に発足し，80 年を超え，90 年を迎えようしている［社会経済史学会編 2012：i-ii］．確実に研究成果は蓄積されている．経営史学会は社会経済史学会，日本経営学会の会員が中心となって 1964 年 11 月に設立された．最初の 10 年は方法論の研究，次の 10 年は事例研究が活発に行われ，蓄積されていくことになった［経営史学会編 1985：ix-x］．その流れで商業経営史の成果も多く生み出された．同学会は発足 20 年の時には，それまでの研究成果を振り返るために，経営史学会編［1985］を刊行した．30 年後には，50 年記念事業として経営史学会編［2015］を発行して，各分野の研究者が動向を整理し，取り組むべき課題をまとめた．

また，1984 年 5 月に新たな研究活動の場として市場史研究会が発足した．産業革命による工業化，工業製品偏重の研究に対して，食料品など日用品の流通の再認識から発足するに至った［市場史研究会編 1985：1-2］．また，同会発足により，「商業」，「流通」，「市場」に関する研究に特化され，他の研究要素や対象が明確に分けられることとなった．

(2) 商業史および流通史の基礎的研究

流通の歴史を扱ったものとして，古典的な文献には，豊田・児玉［1969］がある．経済史，経営史に関する文献は多いが，日本商業史に関する概説的な文献は数が少ないように思われる．また，時代別でみると，近世は豊富で，蓄積が多いのに対して，近現代の商業史に関するものは少なかった．基礎的，総論的な文献には，山口・石井編［1986］，山口［1988］，森編［1995］，石井［2003］，石井編［2005］などがある．最近に至っては，廣田・山田・木山・長廣・藤岡編［2017］が刊行された．各執筆者が取り組んできた研究成果をまとめたものといえる．

マーケティング・流通論・商業学を専門とする研究者が歴史的研究を行うことも多い．たとえば，マーケティング史研究会編［2001］と石原・矢作編［2004］が，商品別流通経路の展開を明らかにしている．田島［2004］が海外，日本の流通の史的展開を記している．小原［1994］では日本の主要メーカーのマーケティング活動の変遷，流通系列化の形成などを明らかにしている．

(3) 流通業者

中間業者である卸売業者を対象とした研究成果も見られる．卸売業者には，各種問屋，中央・地方卸売市場，農協（JA），商社などがある．これらのうちで年史を発行しているところもあり，その歴史を知ることができる．

商品の集散，価格の決定という機能を果たす重要な存在であった中央卸売市場についての歴史的研究には宮本・作道編［1964］，枠谷［1977］がある．また京都市中央卸売市場の開場についての研究には，藤田［1972；2004］がある．

次いで総合商社の歴史には，新旧，様々な研究成果があり，充実している．初期の経営史的な成果として栂井［1974］，宮本・栂井・三島編［1976］が挙げられよう．栂井は三井物産の展開を明らかにしている．その後も川辺［1982］，桂［1987］，長沢［1990］，辻［2000］，木山［2009］が刊行されている．これらも

組織の形成，拡大を中心に描かれた経営史的な成果といえる．また大森・木山・大島 [2011] もある．川辺については，戦前の三菱商事のアメリカでの活動を明らかにしている．桂の文献は，鈴木商店を中心に，日商岩井，伊藤忠商事，丸紅という「関西系商社」の経営史的研究の成果である．長沢は三菱商事をテーマにし，辻は，関西の商社 10 社が総合商社化していく様子をまとめている．個々のケースから普遍性を示した研究である．木山は総合商社の起源である三井物産の展開を梅井とは別の視点で明らかにしている．

商社の研究については，歴史的研究だけでなく，「商社論」も充実している．たとえば，梅津 [1967]，井上 [1983]，山中 [1989] などがあり，当時最新の情報を入手して分析した成果といえる．時間が経過した現在となれば，これらの内容を取り込んだり，援用したりすることも有益である．

その他，各企業が発行する社史や年史がある．総合商社はもちろんのこと，専門商社もかなりの数が確認できるが，ここでは割愛する．

次に小売業者について見ていこう．業態でいえば，百貨店，スーパーマーケット，コンビニエンス・ストアが主要なものとして挙げられよう．百貨店についての，近年の研究成果では，末田 [2010]，加藤 [2014]，谷内 [2015]，飛田 [2016] がある．研究が活発化している業態といえる．なお，ここで取り上げなかった文献については末田 [2010] において，「百貨店業研究文献一覧」が付され，百貨店研究およびそれに関する文献が幅広く挙げられている．かなりの紙数を費やしており，研究上，重要な手がかりとなるので，参照されたい．

高度経済成長期に成長し，大衆消費社会の形成に寄与したスーパーマーケットであるが，それについては，建野 [1995] がある．スーパーマーケットに関する事項が詳細な年表としてまとめ上げられ，スーパーマーケット研究をすすめる上で必読の書となっている．売上高において百貨店を超え，小売業界で首位にたち，高度経済成長期からバブル経済最盛期にかけて，巨大な流通企業グループを形成したダイエーとその創業者である中内㓛については，石井 [2017] が上梓された．また，井田 [2005] において，中内㓛は小林一三を信奉し，その経営手法を模倣するがうまくいかなかったことをまとめている．

コンビニエンス・ストアの沿革については，川辺 [2003] が代表的な成果として挙げられる．井田 [2009a；2009b；2016] においてもコンビニエンス・ストアの沿革，業界動向，最近のセブン-イレブンの経営史を明らかにした．

また「革新」をキーワードとした成果に，矢作 [1994]，金 [2001] がある．

さらにコンビニエンス・ストアの機能の多様化についてのものとして，川辺 [2011] があり，東北の震災後のコンビニエンス・ストアの様子を記している．もはやコンビニエンス・ストアは商品の供給機能の担い手だけでなく，地域社会の再生支援の主体となり，新たな役割・機能が加わったことを指摘している．

日用品，消費財に注目し，公設市場が果たしてきた役割についての研究には，藤田・京都市経済局消費経済課編 [1969]，廣田 [2006 ; 2007] がある．

(4) 流通政策史・商業政策史

商業の変遷には，その時代の法規制が大きく影響する．特に大型店に対する法規（第1・2次百貨店法，大店法，大店立地法など）については，その傾向が強い．政策史についての研究には，坂本 [1999]，岩永 [2004]，南方 [2005 ; 2013]，加藤・佐々木・真部 [2006] などがある．

今日の問題として浮上している商業施設の郊外化，都市空洞化，シャッター街，買い物難民・弱者について企業の戦略上の問題，社会構造の変化によるものであることはまちがいないが，法規による影響も少なからずあり，無視できないことといえよう．また，こうした問題は交通とも関係の深い事柄でもある．

(5) その他

上記のとおり，今日「商店街」が衰退し，「買い物弱者」，「買い物難民」の増加が問題になっており，その対応は重要な課題である．中小小売商で形成される商店街の分析を中心とした成果については，中沢 [2001]，満薗 [2015]，新 [2012] などがある．また，足立 [2010] は，「シャッター街」について取り扱っている．一方で，「巨大モール」の郊外化の進展も買い物弱者を生み出す一因となっており，その「巨大モール」の研究については，斎藤 [2017] が上梓されている．

ここで紹介したもの以外にも多数発表されていることはいうまでもない．商業史，流通史の研究は確実に蓄積されている．商業史と関係の深い経営史，経済史の研究者だけでなく，商業学，流通論，マーケティング論の研究者が歴史的な分析を行っており，本稿では紹介しきれないほどの量となっている．逆に，同じような問題意識，発想で取り組むこともあり，内容的に変化のない成果が生み出される可能性も考えられる．差別化を図る必要があろう．

4 鉄道史と商業史の融合的研究

(1) 物流史・市場形成史研究の蓄積

さて，上述のように鉄道史研究は非常に学際的な性格を有するものであったが，その一方で商業史については，経済のなかのサブシステム，生産，流通，消費の流通に注目しており，基本は社会科学分野のなかで完結している．そうした特徴・性質で鉄道史と商業史とを結び付ける接点は，商業・流通の機能「物流」，鉄道の役割「輸送」にあるといえよう．鉄道の発達によって市場の形成に寄与したり，在来異種交通機関の関係を変化させたり，消費地や地域経済に影響を及してきた．

物流史，市場形成史の代表的成果について見ていこう．老川［1983；1992］，三浦［1996］がある．老川の前者で地方鉄道と市場形成史についてまとめており，この分野では初期の研究といえる．後者で東京はもちろん，茨城，群馬，埼玉など関東広域にわたる鉄道と商品流通をテーマにしている．また輸送における既存の異種交通機関である舟運と鉄道との関係について導き出した．そして三浦は九州の卸売市場の発達と鉄道の発展との関係について見ている．その後も物流史研究は蓄積されている．渡邊［2005］は近代企業家の一人である浅野総一郎を取り上げた，セメント輸送についての研究である．青木編［2006］は，「地方史的アプローチ」による研究成果であるが，Ⅱ．民営鉄道と地域産業において「貨物輸送」に多くの紙数を費やしており，石灰石・セメント，砂利などの輸送，鉱山への展開を描いている．落合［2012］は，山陽鉄道の開通によって塩の販路が拡大する様子を浮き彫りにしている．

物流史，市場形成史研究は，老川・大豆生田編［2000］でより一層の高まりを見せたといえる．同書は首都圏形成史研究会のメンバーによる研究成果である．同会では研究会，シンポジウムを何度も行っており，第1編は「東京市場の形成」，第2編が「鉄道の登場と商品流通」，第3編が「都市化と輸送問題」の3編で構成されており，これらのなかに11の論文が収められている．ここでは，特に鉄道輸送を中心に扱った第2編について注目し，各論考を簡潔にまとめておく．第5章，第6章では肥料の流通をテーマとしている．第5章で酒井智晴が新河岸川筋海岸を例に在来肥料の交代および鉄道開通後の肥料の流通への影響を検証している．第6章では，市川大祐が農業後進地帯であった茨城

県を取り上げ、1900〜1910年の肥料流通網形成の様子を、鉄道輸送と水運輸送との関係、過燐酸石灰（人造肥料）登場後の輸送問題を意識しながらまとめている。中林真幸は第7章で養蚕業の発展と原料繭流通について考察している。第8章の大豆生田の論考は、1890年代における東京に移入する米穀（関東で生産される地廻米、東北・九州などで生産される遠国米）をテーマにしており、舟運と鉄道の輸送の影響、東京市場での需要と産地の動向について探っている。第9章で岩下祥子が明治期における陶磁器業に注目し、舟運から鉄道への変化を視野に入れ、その輸送網の展開について記している。

　もう一点、廣田編［2011］も鉄道史（または交通史）と商業史の融合的研究として挙げられる。同書は7章構成であり、それらのうちの鉄道に関する論考を見ておく。Ⅰでは、牛島利明が鉄道輸送の発達と山梨県経済への影響をまとめている。鉄道の開通により、従来の舟運による物流ルートの利用が変化した。新たに県内の物流を支える中央線、そこから派生する見延線、富士電気軌道・富士山麓電気鉄道について、それぞれの展開を明らかにしている。それらの影響はさまざまであるが、幹線と支線の競合・補完関係について明らかにしている。Ⅱで赤坂義浩は近代神戸市の交通と商業を事例として、それぞれ概観し、消費者の購買行動をもとに両者の関係をまとめた。また、今日の問題となっている「シャッター街」を意識しながら、その要因についての見解を示した。Ⅴでは、関谷次博が小運送を取り扱った論考である。戦前の民間による小業乱立を政府が介入して是正しようとするも、労働集約的な性質に変化はなかった。また戦後のトラック輸送の長距離参入によって鉄道貨物の後退が確認された。Ⅵの廣田の論考では、播磨地域で山陽本線の主要都市（姫路市、加古川市、龍野市、相生市、上郡町、赤穂市）における鉄道の電化が小売業に及ぼす影響について考察している。昭和30年代前半の鉄道電化は地域の小売業者は危機感を強めて、流通の近代化を推しすすめた。購買者の神戸への流出を食い止め、姫路で買い物を可能にした点を強調している。

　また、沢井［1998］、中村［2016］において、既に見てきたとおり、技術史的な要素を含む成果であるとともに鉄道車輌の市場について詳細な検証がなされている。鉄道の移植、草創期では輸入時における商社の役割も大きかった。徐々に国産化していくのである。

(2) 「商流」と「情報流」の視点

商業学，流通論の範囲といえるが，「商業」「流通」はそもそも３つの流れから構成されている．すなわち，「商流」，「物流」，「情報流」である．商流は金銭の流れ，および所有権の移転を指す．物流は文字通り，物の物理的移転を意味する．情報流は商取引，流通上必要な情報の流れである．これらの３つの流れのうち，上述のように物流は多くの成果がある．その一方，商流および情報流については，物流に比較して少ない．

「商流」「物流」「情報流」について注目した成果については，中村・中西編[2003]がある．同書の「序章」において中村は「近代日本における商品流通と市場形成との関係を，物流（物的流通），商流（商的流通），情報流通という商品流通の三つの要素に注目しながら再検討することにある」と課題を挙げている．さらに，そこでは，山口・石井編[1986]，森編[1995]，老川・大豆生田編[2000]の３点を挙げ，先行研究の問題意識を踏襲しながら，①商品流通の要素分解，物流を軸とした商品流通史の再構築，②流通構造変化の生産・消費へのフィードバック，③商品流通がつくる多様な市場のあり方への注目，という３つの視角を設定している．

同書は第Ⅰ部　社会資本整備と商品流通，第Ⅱ部　企業と商品流通，第Ⅲ部　市場統合と商品流通で構成されている．鉄道を題材としているもの，特に商流についてのものに少しコメントを試みよう．第Ⅰ部の第１章では大豆生田が本石米（宮城産米）の鉄道輸送によって東京市場に拡大していく諸条件を検討している．第２章で中村は北部九州における肥後米移出を中心とした商品流通について鉄道開通前後の変化をテーマにしており，物流米券倉庫の登場で中継地問屋の排除が進むという商流の変化を明らかにした．第３章で中西が大阪，畿内における魚肥，大豆粕，人造肥料への移り変わり，輸送方法についてまとめている．特に兵庫の多木製肥所と富山で特約販売契約を結んでいた岡本商店との決済方法の変化について言及している点は「商流」を結び付けたことで評価できる．第８章では井奥は房総半島を舞台に鉄道の発達をうまく利用した醤油メーカーの大手ヤマサ醤油と鉄道が開通しても従来の舟運を利用した中小業者・宮家の市場開拓・販売網形成を対比している．

これまでの研究成果にも「商流」「情報流」について扱ったものはあるにはあったが，同書でその点を明示し，分解して考証したことで，より流通の細部にまで踏み込めた点に意味があると思われる．中村が「抽象的な流通である商

的（取引）流通」［中村・中西編 2003：4］と，商的流通は物的流通と比較して把握しにくい点を指摘している．上述の通り，商流はカネの流れ，所有権の移転を指すもので違いはないが，今日において進歩し，多様化する商業を考えると，「商流」の捉え方を広げても良いかと思われる．従来通りの商流の捉え方に加え，決済方法，それらにかかわる管理全般，付随するものを入れることで，より広範な商業に対応でき，現代的な商業も取り込むことができる．

(3) 鉄道会社の兼営事業

　鉄道会社の兼営事業について見ていこう．代表的企業は阪急電鉄であるが，その創業者の一人である小林一三は鉄道会社の経営を軸に住宅地・娯楽施設・百貨店などの兼営事業を展開して成功した者である．小林に関する文献については，本書の第2章を参照されたいが，基本的な文献に小林［1961-62］『小林一三全集』があり，小林研究に際しては必読の書として挙げられる．これをひもとき，小林の研究成果が生み出されている．

　小林一三の経歴，人物像についての文献は頗る多い．それ故に絞り込むことが難しいが，まず前田［1978］を挙げておこう．小林一三の事績について大衆本位主義，堅実経営，顧客創造型の経営を評価したものである．小林評価の「原点」ともいえるものである．一方，小林の事績の目新しさだけを指して革新性を唱えるのではなく，精神構成と環境において，いわば経営戦略の観点から「革新性」を求めようとした成果に西藤［1987a］がある．その続編にあたる西藤［1987b］では小林の経営理念が組織で，いかに継承されたのかについて迫っている．その他，津金沢［1991］，作道［1997；1998］において，阪急を例に都市文化の形成について言及した成果がある．最近の小林を扱ったものには，老川［2017b］が刊行に至った．

　小林一三のビジネスモデルを模倣して鉄道業を軸に兼営事業を展開した人物には，東急の五島慶太，西武の堤康次郎がいる．渡邉［2013］は五島の鉄道構想を明らかにしている．大西・斎藤・川口［2006］では，堤康次郎，西武グループについてまとめている．また，西藤は堤の経営について西藤［2007；2013］を発表した．前者で箱根土地に注目し草創期の事業展開を検証し，後者で土地開発事業に必要な鉄道会社として駿豆鉄道の買収の背景や戦略について考察した．他には，南［1965］，島原［2003］などがある．宮本［2011］では，阪急，阪神，近鉄，京阪，南海の業績を分析し，その変遷と今日までの各社の兼営事業

の特性を示している．鉄道会社の兼営事業の一環である沿線開発についての研究には，鈴木［2004］，高嶋［2013］，鈴木・松本・高嶋編［2013］が挙げられる．西武，東急以外にも小田急，京王をテーマに永江［2016；2017］で沿線開発事業をまとめている．廣田［2013］においても鉄道会社の展開する兼営事業について言及している．

　小林のビジネスモデルでも特に中核となったのは，ターミナルデパート，電鉄系百貨店である．鉄道と商業をテーマにする際には無視できないテーマとなる．広く他の鉄道会社のターミナルデパートの研究については，次のようなものがある．藤本［2006］がある．電鉄系ターミナルデパートの展開については，谷内［2015］がある．同書は阪急グループにおける阪急百貨店の位置付けを行っており，戦前，百貨店がグループをリードしていたことについて言及している．末田［2010］においてもターミナルデパートの記述が盛り込まれている．

　先に挙げた廣田編［2011］のⅣにおいて末田智樹は昭和初期から戦前期までを対象として大阪で展開されたターミナルデパートについて記している．また，小林一三の阪急のビジネスモデルやその基本方針が，昭和戦前期の地方のターミナルデパートに伝播し，影響を与えたことを明らかにした．

　今日，百貨店という小売業態を見ると，その業績は，他のスーパーマーケット，コンビニエンス・ストアという業態に比べて伸びず，低迷している．老舗百貨店，地方百貨店，電鉄系百貨店，いずれも苦境に立たされている．そうしたなかで電鉄系百貨店は戦前ドル箱であったにもかかわらず，今日衰退したのは単に業態の問題か，それとも鉄道との関係が変化したのか，検証の余地があろう．

⑷　販売方法・商法・従業員・商業従事者についての研究

　これまで鉄道と商業に関する歴史的研究は，既述のとおり，物流と市場の形成についての考察が中心であったが，販売方法・商法，従業員・商業従事者などと鉄道を関わらせた成果について，ここで見ておこう．

　山本［2012］は，鉄道を利用した行商に注目した成果である．近畿日本鉄道の「鮮魚列車」を利用する伊勢志摩の魚の行商人を例に，大阪方面へ展開していく様子をまとめている．行商人はブリキ製の運搬具（通称カンカン）を背負い，巨大消費地大阪に伊勢志摩の鮮魚を供給している．鮮魚列車は現在（2018 年 12 月段階）でも運行されている．

また，山本はその内容を取り入れながら，現地調査，聞き取りを行って山陰地方の様子を追加した山本 [2015] を上梓した．同書では「行商」および「行商人」について詳しく記されている．行商のルーツは中世に確認されているが，近世には「振り売り」などといい，その後，今日まで減少傾向にあるが，存続している．高度成長期あたりまでは魚を消費地に販売に行く行商人が各地で見られ，その移動手段として，鉄道が利用された．同書から，魚の行商人には実にいろいろなタイプがあったことが知られる．たとえば，漁師をしてその後販売に行く，いわば生産と販売が分離していない漁師兼行商人がいる．また，行商人といえば，「小売」だけを業とするイメージが強くあるが，「卸売」を専門とした者もおり，車内で他の商売人，行商人に販売していた．そして，無店舗で販売する者もいれば，消費地で店舗を構えて商売する者もいた．多様な行商人が紹介されている．今はないが山陰での行商列車と今なお存続する近鉄の行商列車，鮮魚列車との対比が興味深い．販売方法，スタイルを存続させる．また，行商人の組合を組織した事例も各地で見られ，ネットワークの形成が進み，有益な情報を共有することができた．三重の魚が奈良で良い値段で売れ，それが大阪に出るとさらに高価に売れるというような会話が行商人の間であった．先の「情報流」にもつなげられていることが同書から確認できる．同書は鉄道史のみならず，商業史，民俗学と関係の深い成果といえる．

谷内 [2015] では，第 8 章，第 9 章で百貨店の従業員の確保や養成の様子が記されている．第 8 章では昭和初期における大阪の百貨店女子店員とその養成について高島屋，松坂屋，三越，十合，大丸といった老舗百貨店に加え，電鉄系百貨店である阪急百貨店の女子店員の様子が描かれている．阪急の百貨店事業の開始が他社に比べ，遅れていたことから不十分な部分が見受けられた．退勤後のサラリーマンが押し寄せるほどの盛況ぶりで，接客に追われる女子店員は1500 人に及んだが，洗練されていない「素人」が多かった．たとえば，庶民が食する物（「からすみ」など）の呼称，符丁を知らず，戸惑うことがあったという．それについて筆者は沿線の良家の子女を採用したためであったと推し量っている．

第 9 章において当時の電鉄会社，電鉄系百貨店が女子商業学校を設立したことに注目し，店員養成に乗り出した事情を探っている．具体的には，阪急，大鉄，大軌とその系列百貨店の事例研究を試みている．阪急は曽根実業専修女学校を設立した．こうした行動にでたのは当時の阪急百貨店は女子店員の確保に

苦労したためであった．大鉄百貨店の城南女子商業学校については，設立の事情は阪急と同じであったといえようが，大鉄以外の百貨店，他の流通企業への就職者も多く，計画通りにはいかず「失敗」した．他に大軌の大軌商業専修女学校の沿革についても触れている．また谷内はこうした女子商業学校の設立は店員養成のためだけでなく，乗降者の増加を図った沿線培養を目的としている点を指摘してもいる．

5 商業の立地・場・空間に関する研究

　鉄道と商業とが関係する立地，場所，空間について，具体的には駅舎，駅構内，駅周辺商店街，地下街などに注目した研究成果を見ていこう．

　ごく最近の成果に谷内［2017a］がある．同書は「鉄道駅」と小売業についての既発表の論考を収めたものである．序章で戦前大阪のターミナルデパートについて概説し，第1章では戦前阪急百貨店が展開する大型化とアミューズメント化の革新性を強調している．また，第2章では，昭和初期大阪の専門大店，第3章では，実現しなかった大鉄百貨店案に注目し，鉄道駅と小売業との関係を明らかにしたものである．これらの3章で梅田駅，中之島周辺，阿倍野駅の開発およびその構想が窺える．

　また近年注目されつつある「駅ナカビジネス」についても研究成果が増えてきている．はたして歴史の対象といえるほど時間が経過しているのかという疑問も起こるが，国鉄駅の売店のルーツといえる「鉄道弘済会」は古くからある．もともと同会は鉄道事故などの遺族の家計を助けられるように働ける場を提供する組織として誕生している．また今日ではJR，私鉄の駅の売店に大手コンビニエンス・ストアが入ってきている．谷内は国鉄の駅ナカビジネスを研究の対象としており，2017年の交通史学会の大会において共通論題のテーマ「近世・近代の小売り」が設定されたが，その時，鉄道弘済会の報告をした［谷内2017b］．武藤・小宮・村里［2011］では，東京メトロの池袋駅を例に，鉄道と商業の融合を目指した開発の様子がまとめられている．

　また，駅舎，駅ビルの発展によって大きく商業は変わり，その点について建築史，都市住宅学の分野から示唆を得られる論考が発表されている．たとえば，長岡［2013］ではJR東日本グループを事例に駅ビル・駅ナカの展開を明らかにしており，吉岡［2013］では，JR西日本グループの大阪駅開発プロジェクト

に注目し，最大級の駅ナカ商業施設「エキマルシェ大阪」について紹介している．

駅周辺の商業についての研究には，石村［2004］がある．京阪電鉄の千林駅を取り上げて，現地調査，ヒアリングを行い，ダイエーの創業地としても有名な千林商店街と周辺の商業の展開についてまとめ上げている．昔から鉄道で商店街に買い物に来る顧客が多かった地域で，地元の商店が新たな業態であるスーパーマーケットと共生していく様子が記されている．趙・阪本［2012］では，1979年以降の東京における駅前商業地の役割とその変遷を，買回品，最寄品の販売額に注目して明らかにしている．マーケティングの要素を取り入れた点が魅力的である．

鉄道の駅に地元の商業が深くかかわって形成されていく「民衆駅」についての論考がある．民衆駅の定義は，本書の第9章で言及されているのでそれを参照されたい．これまで「民衆駅」のテーマで研究をすすめている一人に藤井英明がいる．藤井の代表的な成果には，藤井［2013a；2013b］があり，これまで関東・北陸の民衆駅を研究対象としてきた．全国に数十カ所ある民衆駅であるが，その性質はどのような差異があるのかどうか，その疑問を明らかにしても良いかと思われる．また，戦後間もない，正常な流通が回復していない頃の「闇市」と「駅前」，「駅周辺」に注目して民衆駅へと変化する様子をまとめた成果に石樽［2016；2017］がある．東京の中心地（新宿・池袋・渋谷）に注目し，戦後の闇市，露店，マーケットなどの様子を調べ，巨大な民衆駅，ターミナルに移行していく過程を明らかにしている．

鉄道と商業が展開されるのは地上だけはない．地下にも路線が敷かれ，その際，地下街の発展をみることができる．その先駆的研究として杉村［1983］がある．また，前述の谷内［2017a］の第4章，第6章においても確認できる．谷内［2017c］では，戦前における東京と大阪の地下街について両者の差違を検証し，戦後本格化する大阪の地下街の発展について記述している．

近年，立地，場所，空間についての研究では，「土木史」，「建築史」の要素が必要とされる場合もある．さらには「都市計画」，「地域デザイン」といった比較的新しい研究分野での議論，研究動向に注目しておくことも大事なことといえる．援用できるものも少なくない．

◗ おわりに

　以上，鉄道史と商業史の両者の研究を概観し，学問的な性質を再確認した．鉄道史研究は学際性に富んだ分野である．明治以降の鉄道の拡大を中心に記述した鉄道史から人文科学，社会科学，自然科学などの学問分野との関係を追いながら，新たな鉄道史研究が取り組まれるようになった．

　一方，商業史は基本的に生産，消費をつなぐ流通に注目した研究分野であり，商業の変化による多様性は見られるが，学際性はこれまで強くなかったといえる．もちろん，ないわけではないが，経済学，経営学などの社会科学的な学問分野で完結していることが多い．

　鉄道と商業についての歴史的研究では，基本的な接点である「物流史」，「市場形成史」は多くの研究者から取り組まれており，対象とする鉄道企業，時期，地域，商品・物産において広がりが見られた．この物流史，市場形成史の研究は今後も継続的に取り組まれ，着実に蓄積されていくであろう．

　その一方で中村，中西らによる商業学や流通論で扱う流通の要素である「商流」や「情報流」に注目した成果も出始めた．従来の「物流」中心の鉄道史研究から「脱皮」したことは大いに評価できるものといえる．捉えにくいものであはるが，「商流」を，単に金銭の流れ，決済についてという部分だけでなく，それにかかわる全ての管理活動にまで広げることで鉄道史研究とも十分に関連付けられ，新たな研究成果の創出も期待できよう．

　さらにこれまで関係の薄かった学問分野の成果を取り入れたり，援用したりすることで新たな鉄道史と商業史の融合的研究ができるといえる．たとえば，山本［2016］のような鉄道史，商業史，民俗学といった複数の要素・性質を内包した成果は今後の可能性を広げられる．組み合わせを増やし，または変えて，取り組むことで新たな鉄道と商業の歴史的成果を生み出せよう．

　なお，本章で紙数制限上取り上げることができなかった文献，論文については別の機会で見ていくことにする．

注

1）交通史研究会（現・交通史学会），鉄道史学会の発足についての経緯は，交通史研究会編［1976：1］鉄道史学会編［2012：27-47］「『鉄道史学』30号記念座談会」に詳し

い. 参照されたい.

参考文献
青木栄一［2008a］『交通地理学の方法と展開』古今書院.

青木栄一［2008b］『鉄道の地理学――鉄道の成り立ちがわかる事典――』WAVE.

青木栄一［2013］「鉄道敷設法の成立過程の一考察」, 宇田正・畠山秀樹編『日本鉄道史像の多面的考察』日本経済評論社.

青木栄一編［2006］『日本の地方民鉄と地域社会』古今書院.

青木栄一・老川慶喜・野田正穂編［1992］『民鉄経営の歴史と文化　東日本編』古今書院.

足立基浩［2010］『シャッター通り再生計画――明日からはじめる活性化の極意――』ミネルヴァ書房.

新雅史［2012］『商店街はなぜ滅びるのか　社会・政治・経済史から探る再生の道』光文社

五十嵐修蔵［1974］『鉄道100年の技術――車両と機械の歩み――』工業調査会.

石井寛治［2003］『日本流通史』有斐閣.

石井寛治編［2005］『近代日本流通史』東京堂出版.

石井淳蔵［2017］『中内功――理想に燃えた流通革命の先導者――』PHP研究所.

石榑督和［2016］『戦後東京と闇市――新宿・池袋・渋谷の形成過程と都市組織――』鹿島出版会.

石榑督和［2017］「池袋西口民衆駅の計画と建設」, 日本建築学会『日本建築学会計画系論文集』82(737).

石原武政・矢作敏行編［2004］『日本の流通100年』有斐閣.

石村眞一［2004］『元気のある商店街の形成――千林商店街とその周辺――』東方出版.

井田泰人［2005］「模倣的経営の実践と顛末――小林一三と中内功の経営――」『近畿大学短大論集』38(1).

井田泰人［2009a］「黎明期のコンビニエンス・ストア」『生駒経済論叢』7(1).

井田泰人［2009b］「1980年代のコンビニエンス・ストア」『商経学叢』56(2).

井田泰人［2016］「1990年以降「四半世紀」のセブンイレブン」『短大論集』49(1).

井上宗迪勇［1983］『総合商社』TBSブリタニカ.

今城光英［1999］『鉄道改革の国際比較』日本経済評論社.

岩永忠康［2004］『現代日本の流通政策――小売業政策の特徴と展開――』創成社.

宇田正［1995］『近代日本と鉄道史の展開』日本経済評論社.

宇田正［1999］「私設山陽鉄道による阪神間路線延長計画の策定事情」, 宇田正・畠山秀樹編『新しい大阪の歴史像を求めて』嵯峨野書院.

宇田正［2001］「明治中期・私設阪鶴鉄道による大阪市内交通事業参入計画」, 宇田正・畠山秀樹編『歴史都市圏大阪の新接近』嵯峨野書院.

宇田正［2007］『鉄道日本文化史考』思文閣出版.

宇田正・浅香勝輔・武知京三編［1995］『民鉄経営の歴史と文化　西日本編』古今書院.

宇田正・畠山秀樹編［2013］『日本鉄道史像の多面的考察』日本経済評論社.

卯田卓矢［2014］「比叡山への鋼索鉄道建設における延暦寺の動向」『交通史研究』84.

卯田卓矢［2015］「比叡山における鉄道敷設と延暦寺」『歴史地理学』57(3).

梅津和郎［1967］『日本の貿易商社』日本評論社.

老川慶喜［1983］『明治地方鉄道史研究――地方鉄道の展開と市場形成――』日本経済評論社.

老川慶喜［1992］『産業革命期の地域交通と輸送』日本経済評論社.

老川慶喜［1996］『日本史小百科――近代　鉄道――』東京堂出版.

老川慶喜［2008］『近代日本の鉄道構想』日本経済評論社.

老川慶喜［2013］『井上勝』ミネルヴァ書房.

老川慶喜［2017a］『鉄道と観光の近現代史』河出書房新社.

老川慶喜［2017b］『小林一三――都市型第三次産業の先駆的創造者――』PHP研究所.

老川慶喜編［2009］『東京オリンピックの社会経済史』日本経済評論社.

老川慶喜編［2010］『両大戦間期の都市交通と運輸』日本経済評論社.

老川慶喜・大豆生田稔編［2000］『商品流通と東京市場』日本経済評論社.

大西健夫・斎藤憲・川口浩編［2006］『堤康次郎と西武グループの形成』知泉書館.

大森一宏・木山実・大島久幸編［2011］『総合商社の歴史』関西学院大学出版会.

小川功［2002］『企業破綻と金融破綻――負の連鎖とリスク増幅のメカニズム――』九州大学出版会.

小川功［2009］『虚構ビジネス・モデル――観光鉱業金融の大正バブル史――』日本経済評論社.

小川功［2014］『観光デザインとコミュニティデザイン――地域融合型観光ビジネスモデルの創造者"観光デザイナー"――』日本経済評論社.

小川功［2017］『非日常の観光社会学――森林鉄道・虚構性――』日本経済評論社.

落合功［2012］『近代塩業と商品流通』日本経済評論社.

小野田滋［2004］『鉄道と煉瓦――その歴史とデザイン――』鹿島出版会.

小野田滋［2013］『東京鉄道遺産』講談社.

小野田滋［2014］『関西鉄道遺産――私鉄と国鉄が競った技術史――』講談社.

香川正俊［2000］『第3セクター鉄道』成山堂書店.

香川正俊［2008］『第3セクター鉄道と地域振興』御茶の水書房.

葛西敬之［2007］『国鉄改革の真実――「宮廷革命」と「啓蒙運動」――』中央公論新社.

片岡豊［2006］『鉄道企業と証券市場――近代日本と社会と交通――』日本経済評論社.

桂芳男［1987］『関西系総合商社の原像――鈴木・日商岩井・伊藤忠商事・丸紅の経営史――』啓文社.

加藤諭［2014］「戦前期東北における百貨店の展開過程――岩手・宮城・山形・福島を中心に――」，平川新・千葉正樹編『講座　東北の歴史　第2巻　都市と村』清文堂出版.

加藤義忠・真部和義・佐々木保幸［2006］『小売商業政策の展開　改訂版』同文舘出版.

上浦正樹・小野田滋・須長誠編［2000］『鉄道工学』森北出版.

川辺信雄［1982］『総合商社の研究　戦前三菱の在米活動』実教出版.

川辺信雄［2003］『新版 セブン－イレブンの経営史——日本型情報企業への挑戦——』有斐閣.

川辺信雄［2011］『東日本大震災とコンビニ』早稲田大学出版部.

木山実［2009］『近代日本と三井物産——総合商社の起源——』ミネルヴァ書房.

金顕哲［2001］『コンビニエンス・ストア業態の革新』有斐閣.

経営史学会編［1985］『経営史学の二十年』東京大学出版会.

経営史学会編［2015］『経営史学の50年』日本経済評論社.

交通史研究会編［1976］『交通史研究』創刊号.

小西伸彦［2007a］「津山蒸気機関車庫の現状」『産業考古学』123.

小西伸彦［2007b］「因美線美作河井駅に残る40ft転車台の現状」『産業考古学』125.

小西伸彦［2010］「山陽鉄道姫路駅初代転車台の調査と考察」『産業考古学』138.

小西伸彦［2012a］「吉岡銅山の歴史と遺構の概要(1)」『産業考古学』144.

小西伸彦［2012b］「吉岡銅山の歴史と遺構の概要(2)」『産業考古学』145.

小西伸彦［2013a］「津山線の鉄道遺産(1)」『産業考古学』148.

小西伸彦［2013b］「津山線の鉄道遺産(2)」『産業考古学』149.

小西伸彦［2016］「吉備線の歴史と鉄道遺産」『産業考古学』153.

小西伸彦［2017］「山陽鉄道吉井川橋梁についての考察」『産業考古学』154.

小原博［1994］『日本マーケティング史——現代流通の史的展開——』中央経済社.

斉藤晃［2007］『蒸気機関車200年史』NTT出版.

西藤二郎［1987a］「小林一三における革新性——戦略論の観点から——」『京都学園大学論集』15(3).

西藤二郎［1987b］「小林一三における戦略と組織風土」『京都学園大学論集』16(3).

西藤二郎［2007］「環境変化を活用する経営者——堤康次郎における草創期の箱根土地を中心として——」『京都学園経済学部論集』16(2).

西藤二郎［2013］「堤康次郎における駿豆鉄道支配の背景と戦略」, 宇田・畠山編『日本鉄道史像の多面的考察』.

斎藤徹［2017］『ショッピングモールの社会史』彩流社.

坂上茂樹［2005］『鉄道車輌工業と自動車工業』日本経済評論社.

坂本秀夫［1999］『大型店出店調整問題』信山社.

作道洋太郎［1997］『関西企業経営史の研究』御茶の水書房.

作道洋太郎［1998］『阪神地域経済史の研究』御茶の水書房.

沢和哉［1993］『日本の鉄道120年の話』築地書館.

沢井実［1998］『日本鉄道車輌工業史』日本経済評論社.

市場史研究会編［1985］『市場史研究』1.

島原琢［2003］『鉄道事業経営研究試論──京王電鉄を中心として──』八朔社.

社会経済史学会編［2012］『社会経済史学の課題と展望』有斐閣.

末田智樹［2010］『日本百貨店業成立史──企業家の革新と経営組織の確立──』ミネルヴァ書房.

杉村暢二［1983］『日本の地下街──その商業機能──』大明堂.

鈴木敬二［2010］「旧山陽鉄道（兵庫〜姫路間）開通時の煉瓦造構造物──橋梁，アーチ橋等の調査報告──」『塵界──兵庫県立歴史博物館紀要──』21.

鈴木敬二［2012］「山陽鉄道の建設と煉瓦──船坂トンネル周辺の構造物調査より──」『塵界：兵庫県立歴史博物館紀要』23.

鈴木勇一郎［2004］『近代日本の大都市形成』岩田書院.

鈴木勇一郎［2013］『おみやげと鉄道──名物で語る日本近代史──』講談社.

鈴木勇一郎・松本洋幸・高嶋修一編［2013］『近代都市の装置と統治── 1910〜30年代──』日本経済評論社.

関谷次博［2014］『費用負担の経済学：地方公共交通の歴史分析』学文社.

反町昭治［1982］『鉄道の日本史』文献出版.

高嶋修一［2013］『都市近郊の耕地整理と地域社会：東京・世田谷の郊外開発』日本経済評論社.

武知京三［1986］『都市近郊鉄道の史的展開』日本経済評論社.

武知京三［1990］『日本の地方鉄道網形成史』柏書房.

武知京三［1992］『近代日本交通労働史研究──都市交通と国鉄労働問題──』日本経済評論社.

武知京三［1994］『近代日本と地域交通──伊勢電と大軌系（近鉄）資本の動向──』臨川書店.

田島義博［2004］『歴史に学ぶ流通の進化』日経事業出版センター.

建野堅誠［1995］『日本スーパー発達史年表』創成社.

田中真人・西藤二郎・宇田正編［1998］『京都滋賀・鉄道の歴史』京都新聞社.

谷内正往［2015］『戦前大阪の鉄道とデパート──都市交通による沿線の研究──』東方出版.

谷内正往［2017a］『戦前大阪の鉄道駅小売事業』五絃舎.

谷内正往［2017b］「報告要旨駅ナカ・ビジネスの源流──鉄道弘済会を中心として──」『交通史研究会』91.

谷内正往［2017c］「大阪の地下鉄と地下街の形成── 1970年頃を中心として──」『都市と公共交通』41.

津金沢聡廣［1991］『宝塚戦略──小林一三の生活文化論──』講談社.

辻節男［2000］『関西系総合商社──総合商社化過程研究──』晃洋書房.

鉄道局［1921］『日本鉄道史　上・中・下巻』鉄道省.

鉄道史学会［1994］『鉄道史文献目録：私鉄社史・人物史編』日本経済評論社.

鉄道史学会［2013］『鉄道史人物事典』日本経済評論社.

鉄道史学会編［1986］『鉄道史学』4.

鉄道史学会編［1991a］『鉄道史学』9.

鉄道史学会編［1991b］『鉄道史学』10.

鉄道史学会編［1993］『鉄道史学』12.

鉄道史学会編［1994］『鉄道史学』13.

鉄道史学会編［2012］『鉄道史学』30.

梅井義雄［1974］『三井物産会社の経営史的研究：「元」三井物産会社の定着・発展・解散』東洋経済新報社.

飛田健彦［2016］『百貨店とは』国書刊行会.

豊田武・児玉幸多［1969］『流通史Ⅰ・Ⅱ』山川出版会.

永江雅和［2016］『小田急沿線の近現代史』クロスカルチャー社.

永江雅和［2017］『京王沿線の近現代史』クロスカルチャー社.

長岡亮介［2013］「鉄道会社による駅ビル・駅ナカ事業の展開：JR東日本グループを事例として」『法政地理』45.

中川浩一［1984］『地下鉄の文化史』筑摩書房.

中沢孝夫［2001］『変わる商店街』岩波書店.

長沢康昭［1990］『三菱商事成立史の研究──総合商社の誕生──』日本経済評論社.

中西健一［1979］『日本私有鉄道史研究──都市交通の発展とその構造──』ミネルヴァ書房.

中西健一［1985］『戦後日本国有鉄道論』東洋経済新報社.

中西健一編［1987］『現代の交通問題──交通政策と交通産業──』ミネルヴァ書房.

中西正紀［2009］「社会党が提出した「交通関係法案」の変遷に関する研究」『鉄道史学』26.

中村建治［2007］『メトロ誕生──地下鉄を拓いた早川徳次と五島慶太の攻防──』交通新聞社.

中村尚史［1998］『日本鉄道業の形成──1896〜1894年──』日本経済評論社.

中村尚史［2016］『海をわたる機関車──近代日本の鉄道とグローバル化──』吉川弘文館.

中村尚史・中西聡編［2003］『商品流通の近代史』日本経済評論社.

中村萬次［1997］『恐慌と会計──鉄道会計史の視座──』晃洋書房.

日本国有鉄道［1972］『日本国有鉄道百年史』日本国有鉄道.

野田正穂［1980］『日本証券市場成立史』有斐閣.

野田正穂・老川慶喜編［2004］『日本鉄道史の研究──政策・経営／金融・地域社会──』八朔社.

野田正穂・原田勝正・青木栄一・老川慶喜編［1986］『日本の鉄道──成立と展開──』日本経済評論社.

原田勝正［1984］『日本の国鉄』岩波書店.

原田勝正［1988］『国鉄解体──戦後40年の歩み──』筑摩書房.

原田勝正［1989］『鉄道史研究試論──近代化における技術と社会──』日本経済評論社.

原田勝正［1991］『日本の鉄道』吉川弘文館.

原田勝正［1998］『鉄道と近代化』吉川弘文館.

原田勝正［2001］『日本鉄道史──技術と人間──』刀水書房.

原田勝正・小池滋・青木栄一・宇田正編［1986］『鉄道と文化』日本経済評論社.

平山昇［2012］『鉄道が変えた社寺参詣：初詣は鉄道とともに生まれ育った』交通新聞社.

平山昇［2015］『初詣の社会史：鉄道が生んだ娯楽とナショナリズム』東京大学出版会.

廣田誠［2006］「両大戦間期の東京市における公設市場政策」『社会経済史学』71(5).

廣田誠［2007］『近代日本の日用品小売市場』清文堂.

廣田誠［2013］『日本の流通・サービス産業──歴史と現状──』大阪大学出版会.

廣田誠編［2011］『近代日本の交通と流通・市場』清文堂.

廣田誠・山田雄久・木山実・長廣利嵩・藤岡理圭編［2017］『日本商業史──商業・流通の発展プロセスを捉える──』有斐閣.

藤井英明［2013a］「1970～80年代における富山市駅前再開発と中心商店街──「商業近代化」政策とコミュニティー・マート事業──」『立教経済学研究』66(3).

藤井英明［2013b］「第2次世界大戦における駅と商業の復興──富山民衆駅の事例より──」，篠崎尚夫編『鉄道と地域の社会経済史』日本経済評論社.

藤田貞一郎［1972］『近代生鮮食料品市場の史的研究　中央卸売市場をめぐって』清文堂出版.

藤田貞一郎［2004］「京都中央卸売市場開場への歩み──近代日本中央卸売市場の先導者として──」『同志社商学』55(4-6).

藤田貞一郎・京都市経済局消費経済課編［1969］『京都市公設小売市場の50年──公設小売市場と日本資本主義──』京都市公設小売市場連合会.

藤本均［2006］『私鉄ターミナル物語』たちばな出版.

前田和利［1978］「小林一三──消費者指向の第三次産業企業集団の創造──」，森川英正・中村青志・前田和利・杉山和雄・石川健次郎『日本の企業家(3)昭和編新時代のパイオニア』有斐閣.

マーケティング史研究会編［2001］『日本流通産業史──日本的マーケティングの展開──』同文舘出版.

松下孝昭［2004］『鉄道敷設と地方政治── 1890～1922年──』日本経済評論社.

松永州正［2007］「鉄道敷設運動の性格とその現代的意味──地域交通政策における地方分権を念頭に──」『鉄道史学』24.

松本和明［2010］「東京地下鉄道の経営と資金調達」『鉄道史学』17.

三浦忍［1996］『近代地方交通の発達と市場──九州地方の卸売市場・鉄道・海運──』日本経済評論社.

三浦忍［2009］「小運送二法の制定と鉄道小運送業──昭和10年代の九州について──」『生駒経済論叢』7(1).

三木理史［2000］『地域交通体系と局地鉄道──その史的展開──』日本経済評論社.

三木理史［2009］『局地鉄道』塙書房.

満薗勇［2015］『商店街は今必要なのか──「日本型流通」の近現代史──』講談社.

南方建明［2005］『日本の小売業と流通政策』中央経済社.

南方建明［2013］『流通政策と小売業の発展』中央経済社.

南亮進［1965］『鉄道と電力』東洋経済新報社.

宮本又次・作道洋太郎編［1964］『中央卸売市場──大阪市中央卸売市場の歴史と構造──』創元社.

宮本又次・栂井義雄・三島康雄編［1976］『総合商社の経営史』東洋経済新報社.

宮本又郎［2011］「在阪大手5私鉄経営史への視点──戦後を中心に──」『鉄道史学』28.

武藤義彦・小宮朗・村里誠［2011］「既存地下駅における空間利用──東京メトロ池袋の事例──」『地下空間シンポジウム論文・報告集』16.

持永芳文・宮本昌幸編［2012］『鉄道技術140のあゆみ』コロナ社.

森泰博編［1995］『物流史の研究──近世・近代の物流の諸断面──』御茶ノ水書房.

矢作敏行［1994］『コンビニエンスストアの革新性』日本経済新聞社.

山口和雄［1988］『流通の経営史』日本経営史研究所.

山口和雄・石井寛治編［1986］『近代日本の商品流通』東京大学出版会.

山中豊国［1989］『総合商社』文眞堂.

山本志乃［2012］「鉄道利用の魚行商に関する一考察──伊勢志摩地方における戦後のカンカン部隊と鮮魚列車を事例として──」『国立歴史民俗博物館研究報告』167.

山本志乃［2015］『行商列車〈カンカン部隊〉を追いかけて』創元社.

吉岡真由［2013］「JR西日本エリア最大級のエキナカ商業施設「エキマルシェ大阪」の開業」『JREA：日本鉄道技術協会誌』56(4).

和久田康雄［1981］『日本の私鉄』岩波書店.

和久田康雄［1987］『日本の地下鉄』岩波書店.

和久田康雄［1997］『やさしい鉄道の法規── JRと私鉄の実例──』交通研究会.

枠谷光晴［1977］『中央卸売市場の成立と展開』白桃書房.

渡邉恵一［1990］「軽便鉄道法の成立──国有化後における鉄道政策の一側面──」『立教経済学論叢』37.

渡邊恵一［2005］『浅野セメントの物流史──近代日本の産業発展と輸送──』日本経済評論社.

渡邊恵一［2013］「戦間期における五島慶太の鉄道事業構想」『鉄道史学』31.

各種資料・関連文献

野田正穂・原田勝正・青木栄一監修『明治期鉄道資料集成』第Ⅰ期，日本経済評論社.

〈第1集〉鉄道局（庁）年報

〈第2集〉地方鉄道史　社史・実業家伝

野田正穂・原田勝正・青木栄一監修『明治期鉄道資料集成』第Ⅱ期，日本経済評論社

〈第1集〉鉄道作業局年報・帝国鉄道庁年報

〈第2集〉鉄道会議議事録・鉄道論集

野田正穂・原田勝正・青木栄一監修『大正期鉄道史資料』〈第Ⅰ期〉

〈第1集〉鉄道院（省）年報

〈第2集〉国有・民営鉄道史

野田正穂・原田勝正・青木栄一・老川慶喜監修『大正期鉄道史資料』〈第Ⅱ期〉

野田正穂・原田勝正・青木栄一・老川慶喜監修［1992］『昭和期鉄道資料』

〈鉄道省年報〉

〈鉄道省鉄道統計資料〉

老川慶喜（代表）・宮下弘美・渡邉恵一・三木理史・中村尚史・松本和明編『明治期私鉄
　　営業報告書集成』

(1) 日本鉄道

(2) 北海道炭礦鉄道

(3) 関西鉄道

(4) 山陽鉄道

(5) 九州鉄道

小林一三［1961-62］『小林一三全集』ダイヤモンド社.

（井田　泰人）

小林一三の再評価
──箕面有馬電気軌道の創業時を中心に──

 はじめに

　本書の他の論文は，いずれも鉄道にかかわる商業施設を扱っているが，本章は直接そうしたものを論じるものではない．ターミナルデパートをはじめとする鉄道における商業施設の創設に深くかかわった，阪急電鉄の小林一三の事業について，その意義を再検討することで，鉄道と商業との関係を考える基礎材料を提供しようとするものである．

　小林一三といえば，阪急電鉄を実質的に立ち上げただけでなく，郊外住宅地や宝塚歌劇，さらにはターミナルデパートといった，20世紀型都市開発のビジネスモデルを創造した人物として知られている．小林をめぐっては多くの研究が行われてきたが，そこで描かれる小林像は，単にビジネスの革新者というだけでなく，「清く正しく美し」い，健全で健康的な都市空間の形成に力をつくした，という都市文化の創造者としてのイメージを持たれている［作道1977］．そうした意味で小林は20世紀における鉄道と商業を考えるためには，避けて通ることのできない人物である．だが，本章で触れるように，小林をめぐる研究では『逸翁自叙伝』など，彼自身やその周辺の人物による回想など，一部の二次的な史料によって発信されてきた物語を踏襲する形で，こうした「小林一三神話」を拡大再生産する傾向があった．

　そこで本章では，これまでの小林に関する研究が，どのように行なわれてきたのかを振り返るとともに，彼の事業をできるだけ同時代の史料から再検討して捉えなおすことで，新たな小林像を打ち出していきたい．特に，事業のスタイルの基礎が形作られ，箕面有馬電気軌道創立から阪急電鉄へと変貌を遂げていくまで時期に焦点を当てる．

1 小林一三研究をめぐって

　最初に小林一三についての研究がどのように行なわれてきたのか，簡単に振り返っておきたい．小林は生きているうちから，伝記が出されていたが[1]，本格的に小林に関する研究が始まったのは，1970年代に入ってからのことであった．当初は，企業経営者としての小林の革新性を強調する研究が主流を占めていた．作道洋太郎などがこの時期における代表的な研究だが[作道 1977]，こうした視点に基づく研究はその後も数多く出され続けている．

　それらが打ち出した経営者としての小林の評価を最大公約数的にまとめると，「乗客誘致と沿線振興を企図して住宅地開発，動物園・野球場・温泉などの娯楽施設，百貨店などの事業を沿線で展開し，日本型私鉄経営と呼ばれるビジネスモデルを樹立」した，あたりになるだろうか．

　1980年代に入ると，こうした経営の革新者としての位置づけを前提としつつも，小林の事業を総体として捉えようとする研究が出現するようになる[西藤 1987]．

　さらに，こうした小林の事業を総合的に把握するという視点の延長線上に，目立つようになってきたのが，生活文化の創造者として位置づけた研究であった[竹村 1988：津金澤 1991]．こうした生活文化論的な立場から打ち出される小林像は，次のようなものである．

> 「小林の箕有電軌＝阪急電鉄を基軸とした沿線及び宝塚開発モデルは，沿線各地の郊外住宅地に移住してきた中産階層上層のために規格化されたモダンな郊外住宅地の大量供給を実現させただけでなく，市民大衆のなかでも良家の子女たちが低料金，短時間でお手軽に遊べる「民主的な」レジャーの典型となった」[竹村 2008]．

これは近年の竹村民郎による評価だが，多くの論者もここからそう離れたものではないだろう．多くの研究は，こうした小林の革新性を強調し，その「神話」を増幅する役割を果たしてきた．

　小林に限らず，1970年代から90年代にかけて，私鉄が作り出した空間文化に関する研究が盛んになった背景には，郊外空間が拡大し続けることを前提にした，20世紀後半の大都市のライフスタイルの源流を，そこに求めるという

意識があったことは，まちがいないだろう．

　大都市化の傾向が頂点に達した 1990 年代初頭に，小林の作り出した一連の生活文化を「宝塚戦略」と総称した津金澤聰廣などは，こうした流れの中で捉えると，理解しやすいだろう．

　1990 年代後半になると，小林による阪急の一連の活動を，「帝国」的秩序から相対的に自立した「民都」大阪の構築にあったことを主張する研究も現れるが［原 1998］，小林が一貫してモダン都市空間づくりを志向していたことを前提にしているという点では，実は津金澤らの研究の延長線上に位置づけることができる．

　一方，21 世紀に入るころから，こうした流れとは異なった研究の潮流が出てくるようになった．たとえば，箕面有馬の土地買収の実態に迫ったり［中村 2007］，宝塚温泉や遊園地を建築の面から検討し，花街との関係を指摘したり［安野 2003］，箕面開発の一連の取り組みの中から宝塚歌劇のコンセプトが生まれてきたことを明らかにしたりするなど［伊井 2017］，個々の事業や活動について実証研究を積み重ねることで，これまでのイメージを修正する研究が行われるようになってはきている．

　こうした研究の流れが出てきた背景には，1990 年代半ば以降，20 世紀型大都市のあり方の多くが，歴史的存在となってきたことがある．つまり大都市が成長し続けるという，20 世紀の大都市のあり方も，前近代から続く都市の一類型として相対化して考える時期に来ている，といえるのだ．

　もちろん小林に対しては，従来から「清く正しく美しく」といったキャッチフレーズだけではとらえきることができない，という見方がなかったわけではない．後で触れる阪田寛夫による評伝が代表的なものだが［阪田 1991］，小林一三神話の流布に大きな役割を果たしてきたとみられる津金澤や竹村の研究も，よく読むとこうした指摘があり，そう単純に捉えていたわけでもない．

　だがそれにもかかわらず，現在でも全体としてみると小林のイメージはさほど変化がないというのも事実である（たとえば老川［2017］など）．依然として，従来からのイメージが固定化しているのだ．

　碓井和弘は，小林の事業について「日本初の」という形容詞がやたらに多いことを指摘し，その理由を「閉塞感を打ち破る新しい発想が小林から学べるのではないか，という期待」［碓井 2012］が小林にかけられていることを指摘している．つまり現状打破のモデルとして捉えられているのだ．こうした小林に

対するイメージは彼の死後に形づくられたものではなく，すでに戦前から流布されていた．

　小林についての最初期の伝記のひとつに，中外商業新報の記者田中仁が1936年に著した『小林一三：今日を築くまで』がある．この本の中でも「彼のやり方は独創的で新鮮味が溢れ，信念に満ちている」[田中 1936：序] といったように，革新者としての小林像が強調されている．

　しかし実際には，小林の事業の多くにすでに先行事例があったわけであり[西藤 1987]，そうした意味でも，かなり実態とは離れた形でのイメージが形作られてきている．

　たとえば，讃岐鉄道の大塚惟明は，ホテル経営，水族館の誘致など，沿線開発に力を注ぎ，1905年に南海鉄道に移ってからも，喫茶室や淡輪遊園の開発などに力を注ぐなど，私鉄の兼業に力を注いだ [井田 2017]．こうした蒸気鉄道による私鉄経営とその後の電鉄業との関係性もほとんど考慮されてきたとはいえない．[2]

　さまざまな指摘にもかかわらず，小林のイメージが固定化している理由は，周囲が小林にそうした人物像を期待してきたということもあるだろうが，その語りの基本が小林自身のことばによっているところも大きいのではないではないだろうか．つまり，小林自身による自伝『逸翁自叙伝』が発信した物語の拘束力の強さを見ることができる．

　実は学術的な研究に限らず，その死後に小林について扱った文献は，基本的な足跡はほぼ例外なく，その記述をなぞっている．もちろん，他に依拠するものがないので仕方がないわけだが，注意しなければならないのは，この自叙伝は1952年に書かれたものであり，彼の事業の成果が固まってから，かなりの時間がたった時点の視点で書かれたものだということである．

　だが，この自叙伝が「自分の歴史を自分の流儀で管理している」[阪田 1991：106] として作為性が強いことは，小林の詳細な評伝を手がけた阪田寛夫が早くから指摘している．

　一例を挙げると，16歳の小林が韮崎から上京して，慶応義塾に入学した時のことを「初めて海を見た日」と表現している箇所がある [小林 1990：7]．だが当時，韮崎から東京に出るには身延川沿いに南下して，東海道線で東京に入るのが一般的だった．だとすれば，小林がそれまで海を見たことがなかったというのは，おかしいのではないかというものである．しかし，小林が自ら語る

人生では，ここで海を初めて見たとした方が，構成上劇的な効果を与えると考えたものだろうと阪田 [1991：110-17] は推測している．

　近年その所在が明らかになったこの時期の小林自身の日記によると，甲府・笹子峠・小仏峠・八王子という甲州道中を通って東京に出てきているので [伊井 2015：34-43]，三田を訪れた日に初めて海を見たということは十分に考えられる．「意外な」ことに基本的な事実関係については，明確な創作は少ないのかもしれない．

　だが，そうではない部分もあるようだ．もうひとつ阪田が疑問を投げかけているのは，宝塚歌劇を始める際，当初は室内プールとして建設した空間を，その運営に失敗したために，急遽歌劇場として転用したというエピソードである．自叙伝では怪我の功名として誇らしげに記しているが，阪田 [1991：171] は小林がそこまで無計画に事業をすすめるわけがないと，疑いの目を向けていた．

　これに関して，当初から水を抜くことでプールを劇場として利用できるように設計されていたことが，近年明らかになったように [伊井 2017：223-224]，その語りはやはり小林の「文学上の好み」[阪田 1991：28] で脚色されたものであった．多くの場合，こうした小林の発信する物語に引きずられがちなことはたしかで，できるだけ同時代史料に基づいてそのストーリーを相対化していくことが必要だろう．

　小林は学生時代に作家となることをめざし，盛んに作品を書いていたことからも明らかなように，実業家としては相当筆が立つ人物であり，それだけに自身の発信力が強力であった．実際，小林の伝記は，いずれもこうした小林の語りに乗っかった記述となっている．このような小林の特性が，彼自身が生きているうちから，「神話」を流布させた大きな要因のひとつだといえよう．

　こうした作為性をえぐり出したという点で，阪田による評伝は，極めて優れたものだが，そこで提出されたさまざまな論点が，その後の研究に引き継がれたわけではなく，小林をめぐる神話の再検討はそれほど進んできたとはいえない．

　その要因はいくつかあるだろうが，史料的な問題は相当大きいだろう．自叙伝も含めて彼が書き残した文章は数多いが，実はそれ以外にはあまりめぼしい史料が少ない．

　小林には『小林一三全集』[小林 1961-62] という，全 7 巻に及ぶ大部な著作集があり，日本の企業経営者としては書き残した文章は非常に多い．しかし，

全集に収録された文章は，主に彼の文化人としての側面に光を当てるものであり，実業家としての足跡を明らかにするものは案外少ない．

　日記も残されているが，刊行されているのは，明治30年代と昭和10年代以降のものであり［小林 1991］，「肝心の」阪急を立ち上げて軌道に乗せていく時代の分は含まれていない．小林や阪急にとって不都合なことが書かれているから，阪急側がその存在を隠蔽しているのではないかと疑いたくもなるが，池田文庫の館長を務めた伊井春樹［2015：34］によると，日記刊行の段階ですでにその存在を確認できなかったという．そもそも書かれていたのかどうかということも含めてわからない，というのが実情のようである．だが，この時代の日記がないことで，その分，小林やその後継者たちの発信する言説の力が相対的に増したこともたしかだろう．

　また阪急電鉄では，創立以来25周年や50周年など，折に触れて社史を編纂してきたが，同業他社と比べると，簡便なものであることは否めない[3]．従って，社史編纂を通じて新史料の発掘が進んだわけでもない[4]．

　要するに，小林を語る際の史料は豊富なようで，実は意外に限られたものなのだ．また，多くの論者が小林に求めるイメージも，ビジネスの革新者，生活文化の創造者といったものが多く，似通っている．当然，そこから導き出される小林像も似たようなものになるということだろうか．

　20世紀の大都市の私鉄のイメージを大雑把にまとめると，郊外住宅地に生活する俸給生活者を中心とした需要を前提に，デパートや遊園地など都市生活にかかわる事業を展開してきたというものである．小林はそのビジネスモデルの創始者として特に光が当てられてきた．

　しかし，かつて中西健一［1963：251］が指摘したように，戦前の大都市私鉄は，長らくビジネス客とレジャー客に多くを依存していた．つまり，通勤客が私鉄の主体だということは，当初から所与の前提ではなかったということになる．

　もちろん，20世紀を通じた長期的な視点で見ると，次第に重点が通勤客になっていったこと自体はたしかだが，従来の研究はそのことを無自覚に前提とし過ぎていたのではないだろうか．

　阪急をはじめとする私鉄の性格も，当初からずっと同じだったわけではなく，時期によって大きく変化してきたと考えるほうが自然だろう．つまり創業当初の性格は，後世のそれとは大きく異なっていたということである．こうした視

点の重要性は，鉄道史研究者以外から提起されている．美術史の木下直之[1997] は社寺参詣との関係を，政治史の御厨貴も，初期の私鉄の経営者のアウトロー的性格とその後の「紳士的な」私鉄経営との落差を指摘している［御厨1996：62-63].

いずれも，20世紀の私鉄の性格を相対化する上では貴重な見解だが，あくまでも問題提起に止まるものであり，その後まともに検討されてきたとはいえない．

つまり，20世紀の私鉄とその経営や作り出した沿線文化について，相対化する必要性があるのだ．特に小林一三は，事実上そのモデルを作り出したと捉えられてきた．これまでの研究では，新しいスタイルを生み出したという指摘は多いが，時代の推移による変化を見過ごしてきた．そのスタイルがどのように作り出されていったのかという来歴を検討することは，「小林一三神話」を相対化し，20世紀における日本の大都市形成の特質を抽出することになるだろう．

小林は，さまざまな事業を手がけたことで知られているが，彼にとって鉄道業が基本にあって，温泉，食堂，デパートといった関連事業とはあくまでも鉄道利用客を培養するものという位置づけをしていた［清水 1957：106].小林にとっては，鉄道業あっての関連事業だったのである．

そうすると関連事業について考える場合にもまず，鉄道の性格をよく見極めた上で，検討していく必要があるのではないだろうか．つまり「本業」である鉄道業の性格の変化と関連事業との関係を，時期に応じて検討することが必要である．

そこで次に，阪急電鉄の基になった箕面有馬電気軌道（本章では，原則として「箕有」略す）という鉄道の性格を再検討することで，行楽開発や百貨店といった関連事業の持った意味を再考する上での材料を提供したい．

2 箕面有馬電気軌道とは？

1910年に開業した箕有といえば，

「信用はゼロ」「沿道一般の人達から馬鹿にされている」［小林 1990：152]
「有馬温泉や箕面公園のごとき，貧弱なる沿線に電車を敷いたところが，

とうてい見込なし」[小林 1990：150]

『逸翁自叙伝』にはこうした言説がちりばめられ，「田舎電車」「遊覧電車」といったイメージが流布されている．

小林が，この会社を立ち上げて軌道に乗せていくのに，多くの苦労をしたというのはたしかだろうが，同時に自らの革新性を強調するための，印象操作という面があることも否めない．実際，小林は別の場所で「当時としてはやはり大会社として相当に注目されてきた」[小林 1936：104]などと記しているように，箕有が最初から有力かつ有望な会社とみなされていたとも述べている．会社の設立が危ぶまれるような事態に陥ったのは，株式市場が暴落したからである．

では，客観的に見て当時の他の私鉄に比べると，どのような位置にあったのだろうか．

鉄道国有化以降，私鉄はそれまでのような幹線輸送から退場し，大都市の電鉄に重点が移った．そうした状況の中では，たしかに阪神電車のような，沿線に古くからの町が続く都市間鉄道が，経営する側にとって最も好ましいのはいうまでもないが，当時，その次に有望な鉄道として注目されていたのは，実は「遊覧電車」であったともいえる．実際，明治時代に開業した多くの鉄道が，社寺参詣，温泉といった遊覧需要を当てにしていた[鈴木 2018]．まだ，郊外からの通勤需要が少ない状況では，都市間と行楽というのが，当時の電鉄の二大要素だったのである．だから阪神にせよ，京阪にせよ，単純に都市間電車といい切れるものではなく，遊覧電車的な要素を強くあわせ持っていた．

このことをふまえて，もう少しこの箕有の性格について検討してみたい．

よく知られているように，箕有の前身的な存在とされてきたのが大阪と舞鶴を結ぶ私鉄であった阪鶴鉄道である[5]．阪鶴鉄道は，直接大阪までの路線を持たず，途中神崎（現・尼崎駅）から官設鉄道東海道線に入り，大阪梅田まで乗り入れていた．だがしばらくすると，自社路線を建設して直接大阪まで進出することをめざすようになった．そこで本線とは別に池田から大阪までの免許を得たのである．つまり，池田から大阪への路線は，阪鶴鉄道が官設鉄道に頼らずに自力で大阪進出を果たすという戦略に基づいて構想された路線だったわけだ[宇田 2001]．

阪鶴鉄道は鉄道国有化の際に政府に買収されたが，国有化後，この会社に関

係していた人々は，かつて免許を得ていた池田―大阪間の路線構想を活かした
電気鉄道の設立を計画した［京阪神急行電鉄 1959：1］．これが箕有の発端とされ
ている．つまり，本来は幹線鉄道の一部を構成する路線として構想されたわけ
だが，国有化によってその性格を失ったということになる．

　阪鶴の路線計画を「活かし」たといっても［吉岡編 1939：124］，冷静に考え
ると両者の性格は大きく異なっている．阪鶴時代に受けた免許は，あくまでも
池田・大阪間だったが，箕有ではその名の通り，梅田から宝塚，さらには有馬，
それから石橋から箕面と宝塚から西宮への支線という構成となっている．つま
り，大阪から二つの行楽地へ向かうとともに，西宮という古くからの町にも進
出するという路線構成となっていた．特に池田から宝塚の間は，福知山線，つ
まり阪鶴の路線と全く並行しているが，沿線の神社仏閣により密着したルート
を選択している．この区間には中山寺，花屋敷，清荒神など，参詣行楽地的な
停留所が並んでいる［咬菜社編 1910］．

　実は箕有は，この二路線のほかに宝塚から西宮に至る路線も同時に特許を得
ていたが，まず宝塚・箕面という行楽地への路線建設を優先したのは，それが
「最モ利益アル」[6]と見ていたからにほかならない．

　実際，同社の当初の事業計画を見ると「箕面公園ノ開拓経営」は，「当会社
ノ将来ニ多大ノ関係ヲ有スル」[7]などと記しているように，行楽地の開発，特に
箕面に大きな重点を置いていたことはたしかだ．

　開業当初の箕有の沿線を見ると，神社仏閣や行楽地が数多いということにあ
らためて気付かされる．箕有は当時の電気鉄道の典型的な性格を強く持ってい
たのであり，そのこと自体は特筆大書するほどのことではなかったのである．

　では，「遊覧電車」とした場合，箕有は当時どのように評価されていたのか．
同線の開業の翌年，大阪とその周辺における都市化の状況をレポートした大久
保透は次のように箕面有馬沿線について評している．

　　「夫の阪神南海の如く海辺の眺望を有せざるも打ち濶けたる田園の豊穰な
　　るを望み，更に北するに従ひ，左右には新緑満らんばかりの山姿に迎へら
　　れ，箕面には楓の名所として，将た瀑布の名所として共に日本一の称ある
　　箕面大公園あり，猪名川の辺りには池田，伊丹の銘酒醸造地あり，更に武
　　庫川の清流に臨み翠緑滴らんとする辺りには，有名なる宝塚霊泉あり，其
　　他服部の天神，西国三十三ヶ所の札所たる中山寺，及勝尾寺あり，能勢の

妙見, 清荒神等古来の名所旧跡枚挙するに遑あらず」[大久保 1911：426-427].

　ここでは箕有は阪神や南海のような海浜リゾートにこそ恵まれてはいないものの, さまざまな町や遊覧地が沿線に数多く存在していることを強調している.

　もちろん, 阪神や京阪などと違って, 箕有には都市間客は期待できないので, 特に遊覧客に重きを置かざるを得ないという点では不利ではあった.

　とはいえ「箕面, 宝塚沿線の村落の乗客分量から言へば三十分発一台運転が関の山で, それをヨチヨチ動かす程度の交通機関」[小林 1927] というような, 小林による評価は, 後づけのものであり, 実際のところは「田舎電車」という神話には留保をつけなければならないだろう. 新聞記事では, 開業後わずか数年で「遊覧電車としては第一位[8]」という評価を得るに至っている. 創立直後から小林の片腕として働いた社員佐藤博夫 (後に阪急電鉄社長) も, 小林が「遊覧電車としての理想的な沿線」と見ていたと回想している [佐藤 1957].

　ただ同時に「沿線遊覧の客だけでは, なかなか電鉄というものの経営は出来ない」[佐藤 1957] のもたしかであった. そこで遊覧電車としての機能を強化するだけでなく, それ以外の要素を開発することが重要になってくるのである.

3　『最も有望なる電車』をめぐって

　小林は, 開業前の 1908 年 10 月に『最も有望なる電車』というパンフレットを発行し, 一万冊を大阪市内に配布したという [小林 1990：179]. これは住宅地開発を副業の根幹に据えることを表明したという点で, 私鉄経営の上で画期的なものとされてきた. もちろん, こうした評価はまちがいではない. だが従来この史料をとり上げる場合, たいていはダイジェスト版を載せている自叙伝からの引用であり, そこで省略されている部分はほぼ無視されてきた[9]. 実はこのパンフレットでは住宅開発だけでなく, 会社は力を注ぐべき三本柱の事業構想も同時に示している. それは次の三点だった [小林 1990：192].

　①　遊覧電鉄の真価
　②　適当なる住宅地
　③　阪神, 京阪両電鉄連絡線

つまり，遊覧電車に住宅地経営と，都市連絡線という性格を付与することで，経営基盤を強固にすることをめざしたのである．なお，意図的かどうかはわからないが，自叙伝ではこの部分はタイトルだけが掲げられており，本文は省略されている．

いずれにせよ，開業前の箕有では，事業の柱を①行楽地開発，②住宅地開発，③阪神，京阪電鉄への連絡という三つに置いていたことがわかる．①と②は，これまでにもよく知られてきたことだが，③の内容はあまり知られていないので，少し詳しくみておきたい．

タイトルだけ見ると，のちに実行したような，阪神間の都市間輸送への進出表明のように誤解してしまいそうだが，実際には「阪神及京阪電鉄直通連絡線たるべき当会社の市内延長線」というものであり，箕有が京阪・阪神両電鉄への連絡線を建設して，両者をつなぐことをめざしていた．具体的には，箕有が梅田から野江への路線を建設し京阪に連絡，さらに梅田で大阪市電を介することで，京阪―市電―阪神を結び，京都―大阪―神戸を直通運転するという構想だった[10]．つまり箕有が自ら都市間連絡線を建設するのではなく，京阪と阪神を結びつける「楔子」[11]＝かすがいとしての役割を果たそうというものだった．この時点では，箕有が自ら阪神間の都市間連絡線を建設する志向はほとんどなかったのである．

とはいえ，この構想は箕有だけでなく，京阪や阪神，さらには大阪市といった，他の業者や機関の意向も深くかかわってくる．実際，1906年11月に阪神電鉄専務の今西林三郎が大阪電車鉄道株式会社を発起し，やはり梅田から野江への路線を敷設して，阪神と京阪を直通運転させる構想を具体化していた［三木 2005］．また京阪も独自に天満橋を経由した大阪市内への直通構想をすすめていたので［京阪電気鉄道 2011：72-73］，箕有のもくろみは，果たして実現性があったのかどうかはあやしい．

とはいえ，箕有は実際に1908年11月に梅田から野江への連絡線の敷設を出願したことはたしかだ．その際にも「京阪電気軌道[鉄]・阪神電気軌道[鉄]トヲ連絡シ京都及神戸間互ニ直通ノ利便ヲ得」[12]という効果を強調している．

だが，その許認可の過程で疑獄事件が起き，小林自身も警察に一時拘引されるなどした挙句，実現することはなかった［小林 1990：207-208］．後に，灘循環電鉄を買収して神戸への進出を果たし，阪急電鉄へと脱皮していくことで，都市間連絡線としての性格を持つようになるが，そこに至るまでにはかなりの時間

を要することになった.

　すると, 小林が当面力を注ぐべき分野は一番目の「遊覧電鉄」, つまり行楽地開発と, 二番目の住宅地開発ということになる.

　小林が, 『最も有望なる電車』などで盛んに宣伝した沿線の住宅地経営は, 20世紀におけるその後の私鉄経営の基本を確立したということで, 非常によく知られている上に, 1914年までの間に50万円以上の利益を上げるなど[13], 実際に電鉄経営を補うのに十分な巨額の利益を上げていた. こうした土地経営で得られる利益の多くは, 安く仕入れた土地を高値で売却するということで得られたものだった. しかし同時に景気の動向を受けやすいなど, 常に安定しているとはいいいがたい高リスクの事業でもあった [中村 2007]. だから, これに頼り過ぎることも危険だった.

　鉄道会社が沿線で住宅地を開発するのはこのほか, 沿線住民を増やすことで通勤・通学客を増やすという目的があるが, 自社で開発した分譲地は, 全体からみるとわずかなものであり, 沿線に住宅地が増えて, 通勤・通学客が目立って増加するまでには, 一定の時間が必要だった.

　箕有 (阪急) が, 開業してから運輸収入における定期券収入の比率が10パーセントを超えるのは7年と, 他の関西私鉄のうち阪神電鉄と同水準である (表2-1). 京阪と大軌はそれ以上の時間を要しているので[14], それに較べると短いことはたしかだが, 特別に早かったというわけはない. なお箕有の場合, この時点で回数券を入れると4割以上になる. もちろん回数券を通勤・通学に使っていた場合もあるだろうが, 割引率は一割前後と[15], 決して割引率が高かったわけではない. だから毎日使うというケースが多かったとは思えない. つまり, かなり後の時期まで通勤・通学客は少数派だったのである.

　小林によると, 箕有開業以前の大阪では, 南海鉄道沿線の住吉と浜寺くらいが「市民行楽の場所」であり, 他の名所は旅行に行く場所として認識されていたという. そこで「郊外の行楽を旗印として, 新しく出発した箕有は, それからそれと客引きの新案を叫ばざるを得なかった」[小林 1990：106] のである. 箕有は沿線に点在する名所を, 大阪市民が日帰りで行ける気軽な行楽の場として再編成することをもくろんでいたといえよう.

　『最も有望なる電車』でも, 「遊覧電鉄の真価」として数多くの沿線の名所を紹介しているが, 服部天神にはじまり, 箕面公園や能勢妙見, 中山観音, 清荒神など, 従来型の参詣行楽の名所がずらりと並んでいる[16]. そうすると, 初期に

Chapter 2　小林一三の再評価　　*45*

表 2-1　箕面有馬電気軌道の運輸収入と動物園・温泉の収益

(円)

	動物園収入	動物園経費	動物園利益	温泉利益	温泉収入	温泉経費	運輸収入	当期利益（全体）
1911 年下期	5,895	5,434	461				274,356	194,623
1912 年上期	9,197	9,149	48	4,303	12,925	8,622	226,659	168,880
1912 年下期	7,323	9,503	−2,180	297	9,957	9,660	281,811	130,175
1913 年上期	8,015	9,942	−1,927	7,310	17,922	10,612	220,203	138,172
1913 年下期	4,939	9,096	−4,157	1,868	12,347	10,479	270,496	120,620
1914 年上期	5,623	10,132	−4,509	6,139	17,812	11,673	214,469	101,690
1914 年下期	3,659	7,529	−3,870	281	10,582	10,301	223,845	77,528
1915 年上期	2,774	5,661	−2,887	−87	10,645	10,732	184,735	100,960
1915 年下期	2,209	5,632	−3,423	−4,766	6,207	10,973	225,397	130,219
1916 年上期	2,656	4,829	−2,173	−1,483	10,712	12,195	200,849	154,006
1916 年下期	7,406	4,733	2,673	−4,270	7,307	11,577	255,927	167,837
1917 年上期				324	12,874	12,550	261,058	227,384
1917 年下期				−2,752	12,419	15,171	335,684	213,405
1918 年上期				7,693	35,882	28,189	489,876	301,314
1918 年下期				1,347	40,719	39,372	518,656	297,490
1919 年上期				21,534	74,587	53,053	672,802	376,947
1919 年下期				1,440	67,657	66,217	710,562	411,995

（出所）　箕面有馬電気軌道，阪神急行電鉄営業報告書（各期）より筆者作成.

おいては遊覧電鉄としての真価を発揮すること，つまり行楽地開発に力を注ぐことがとりわけ重要となってくる.

　小林の行楽地開発は，「清く正しく美しく」という宝塚歌劇のモットーに象徴されるように，郊外住宅地に住んで，都心部に通勤する俸給生活者を主体とした家庭を主な対象として，事業化したというイメージを持たれている. だが，通勤需要自体が極めて少なかった初期から，こうした姿勢が確立していたわけではなかった.

4　箕面の開発

　箕有は，その初期においては，寺社参詣のような伝統的な行楽の習慣の影響を濃厚に受けた形で出発していた［鈴木 2012］. 小林は，それほど経費がかかるわけではない寺社参詣や花見とは異なり，動物園，遊園地，温泉といった新機軸の行楽施設はかなりリスクが高い，と見ていた.「電鉄の副業としての娯楽設備が成功したものは雨夜の星である」［小林 1927］と彼自身ものちに指摘

している．その点，従来からの名所であり，すでに公園としての開発が進みつつあった箕面は比較的リスクが少ないということになる．

そこで当初は，箕面での事業に力を注ぐことになったのは自然なことだった．箕面は，公園として指定されたのこそ1898年と新しいが［丸山 1994：252-59］，西国三十三カ所のひとつ瀧安寺があり，古くから知られた名所ではあった．箕有では，ここに動物園などさまざまな施設を作ることで，沿線の行楽地開発の核にしようとしたのである．特に箕面公園入口の左手，3万坪の敷地を利用して作った動物園は，渓流に日光の神橋を模した朱塗りの橋を架け，さらに朱塗りの山門を抜けて入場するなど，和風ながらいずれも朱塗りと，人目を引くかなり目立つ意匠であった．園内には動物を飼育するだけでなく，観覧車を設置するなど，当時としては相当の投資をした行楽施設であった［小林 1990：197］．そうした意味で，瀧安寺など箕面に従来からあった名所とは，大きく性格を異にしていた．つまり伝統的な名所を基礎としつつも，新たなコンセプトの行楽地を企図していたのである．特に動物園では「お伽の世界」を強調し，1911年10月には「山林子供博覧会」を開催するなど，子供をメインターゲットに据えていたところに大きな特徴があった［伊井 2017：35-93］．

動物園は，当初「押すな押すな」の大盛況だったが，次第に訪れる客は減っていったという．[17] 箕面動物園の収入は右肩下がりであり，次第に赤字が常態化していったことはたしかである．一方，宝塚温泉も収入は横ばいながら，経費が増加して一時は赤字が続くようになった．箕面動物園を廃止してからようやく経営が軌道に乗るようになったが，いずれにしても初期には両方とも黒字の場合でもその利益はわずかなものだった．直接ここからの収入を頼りにしていたわけではないことは明らかだろう（**表2-1**）．

その要因は「人工を以て糊塗したる景勝は次第に厭嫌を生ぜしめ」[18]たからという面もあったが，天王寺にできた内国勧業博覧会場跡の動物園との競争も激しくなったことや，[19] 運営のノウハウがまだ確立していなかったことも，その要因の一つとして挙げることができるだろう．

発足当初の箕有には，庶務，会計，運輸，電気，工務の5課が置かれていたが［京阪神急行電鉄編 1959：職制］，箕面や宝塚のような沿線の開発は，運輸課に置かれていた経営係が担当していた［南 1961］．創業当初の箕有は，大卒の事務系の社員が数名しかいないなど，極めて小規模な組織であった．当時，経営係として実務に当たった佐藤博夫は，箕面開発当時のことを次のように回想し

ている．佐藤は中学校卒だったが[20]，「徹底した小林イズムの人」[登尾 1935：428]であったとされ，のちに阪急電鉄社長に就任するなど，初期から重要な役割を果たしていた．

> 「大阪市中に動物を引出して盛んに宝物宣伝をやりました．或る時には箕面の桜を引き抜いて来て，駅前に植えて，真っ盛りの花を見せて遊覧客誘致をやったことがありましたが，この桜は朝生き生きしているが昼頃になると花が萎んで全然失敗に終った．又紅葉の頃動物園に驢馬が沢山居りましたので，十頭ばかり連れて来て，箕面の紅葉を枝のまま驢馬の背に結び付けて練り歩かしたこともあったが，先づ道頓堀辺りまで行った頃には，後の奴が前の驢馬の背にある紅葉の葉を食ってしまって丸坊主になっていてお話にもなりませんでした[21]．」

花見や紅葉狩りといった従来型の行楽に加えて，動物園という新奇なアトラクションを組み合わせることで，行楽地としての魅力を高めようとしていたが，実際には試行錯誤の連続であったことがわかる．

5 「宝塚集中主義」

とはいえ，こうした状況は別に箕面に限られていたわけではなく，宝塚でもあまり変わらなかった．

一般的には，箕面動物園の経営が失敗したので，宝塚温泉に移行したというように，両者には時間差があるようにイメージされている．しかし箕面動物園の開園は 1910 年 11 月，宝塚新温泉が 1911 年 5 月と，約半年しかずれていない[22]．実際，初期のころ箕有は「箕面ハ梅花ノ如ク宝塚ハ桜花ノ如シ」と評価していたように，箕面と宝塚は，沿線開発の車の両輪と位置づけていたのである．ただ大きく違っていたのは，箕面には名所としてそれなりに蓄積があったのに対して，宝塚は箕有がほぼ白紙の上に新たな行楽地を作り上げたということである．

宝塚開発も当初から確固とした路線を確立していたわけではない．佐藤の次のような回想からも明らかなように，スタイルを確立して軌道に乗せるまでには，多くの試行錯誤とかなりの時間がかかったことはたしかなようだ．

「いろいろ苦心して漸く『宝塚』として世に認めて頂けるやうになったのは十四五年後でありまして，宝塚の今の設備等にあれに行くまでには随分滑稽な失敗もありました.[23]」

宝塚は，明治10年代以降開発が始まった鉱泉場であり［加藤編 1903：4, 6］，近代になって初めて開発が進むようになった新興の町であった．この時期の宝塚温泉（旧温泉）は，武庫川の右岸にあったが，箕有の宝塚駅は武庫川左岸に設置された．箕面有馬が当初構想した宝塚開発は次のようなものだった.

「当初の案では，宝塚の武庫川は平素は水量が少ないので，今の今津線の鉄橋あたりに一段の堰堤をつくって，これから上流旧温泉あたりまで一面の貯水域を築き，風景の美と舟遊の便とを兼ねた理想的観光地としようとした」［京阪神急行電鉄編 1959：11].

単に温泉場を経営するだけでなく，武庫川の景観を最大限に取り入れた全面に展開する雄大な計画だった．ただ，山水の景勝を全面に打ち出すような形で，アイデアとしては斬新さに欠けていたことは否めない．実際のところ，最初は箕面とそれほどコンセプトに差があったわけではなかった.

当初小林は右岸の，後に旧温泉とよばれることになる従来の温泉関係者らと共同で開発に当たることを考えていたようだ．しかし思うように協力を得られず，結局は，箕有が単独で対岸の武庫川左岸に新たに新温泉を開発することになった［小林 1990：210].

宝塚新温泉が開業した翌年の1912年7月には，新温泉に隣接して新館である「パラダイス」が開業している．パラダイスはプールを中心にした娯楽場だったが［小林 1990：213］，そのプールの施設を利用して宝塚歌劇が始まったことはよく知られている．箕面に代わり宝塚を重点開発することで，沿線の行楽客を誘引するという方針を明確にしていったのである.

宝塚新温泉の経営方針の変遷を検討した安野彰によれば，箕面有馬は，新温泉開業当初から女性や子供を意識していたが，一方では成人男性を主なターゲットとした花柳界を意識した娯楽も展開していた．ところが1915年ごろを境に，少女歌劇を核とした健全な娯楽色を前面に打ち出すようになった［安野 2014］．宝塚歌劇やそこで行われるイベントの性格が，男性中心から女性やこどもにも受け入れられやすい衛生的で健全な内容となっていったのである.

Chapter 2 小林一三の再評価 *49*

　もう一つ注目すべきは，食堂，シュークリームといった飲食業，石鹸などといった日用品の販売も，宝塚温泉内から始まっていることだ［谷内 2014：17-32］．こうした食堂や日用品販売といった副業について小林は，将来に対して一定の留保をしつつも，基本的にはこうした事業が，鉄道の旅客が日常的に利用するという点で，電鉄の副業としてふさわしいと考えていた［小林 1927］．

　　「入場料はとらぬものの，十銭の温泉入浴料のうちには既に入湯料が包含せられて居る．特に大阪から宝塚まで往復四十九銭の電車賃がある，その電車賃にもまた入湯料がふくまれて居る，従って特別に入湯料をとらずとも，費用は優に償ふ事が出来る，その上に，会社で発行して，見物人に売る為めの歌劇の脚本集がある，これは原価十銭のを二十銭で売るのであるから，決してこの経費に心配する事はないのです」［河瀬 1918］．

　箕面動物園にせよ，宝塚温泉にせよ，その初期には赤字のことも多く，必ずしも単体で利益を出しているわけではなかった．あくまでも電車の乗客を増やすための手段としてこのころの副業は存在していた．
　当時の営業報告書には，「箕面動物園ノ完備宝塚新温泉及箕面公会堂等ノ新築落成ノタメ乗客著シク増加」[24]などと，新温泉の開業の結果，電車の利用客が急増したと報告されているが，実際には開業の前後で乗客が目立って増えてはいない（表2-2）．この時期にはまだ会社側が目論んでいたほどの効果が上がっていたわけではなかったのである．
　箕面動物園を閉園した後，箕有は自社で経営する行楽施設を宝塚に集中するようになった［小林 1990：212］．野球場や遊園地ルナパーク，大劇場などを次々と建設していった．少女歌劇を拡充するだけでなく，婦人博覧会や家庭博覧会といった催しを毎年のように開催して，集客に努めたのである．すでに指摘されているように，その過程で宝塚開発のコンセプトが男性中心から女性，こども向けに次第に変化していった［安野 2014；鈴木 2012］．
　こうした中で，西宝線や阪神直通線（神戸本線）を開通させて，日祭日には神戸・宝塚直通電車を運転して[25]，神戸など阪神間からも宝塚を訪れる客を増やした［京阪神急行電鉄編 1959：146］．つまり大阪だけでなく神戸方面からの乗客も積極的に誘導することで，行楽の拠点としての宝塚をより強化していったのである．また実現はしなかったが，伊丹から宝塚への支線を計画し敷設特許も得るなど[26]，鉄道の拠点として宝塚の求心力を強めていく動きを示した．

50

表 2-2 在阪私鉄各社の券種別収入割合

(%)

	阪神電鉄			箕有（阪急）			京阪電鉄			大阪電軌		
	定期券	回数券	普通券	定期券	回数券	普通券	定期券	回数券	普通券	定期券	回数券	普通券
1905 年上	3	6	90									
1905 年下	3	11	86									
1906 年上	5	13	82									
1906 年下	4	13	83									
1907 年上												
1907 年下	5	16	79									
1908 年上												
1908 年下	6	17	77									
1909 年上	9	18	72									
1909 年下	8	19	72	2	20	78						
1910 年上				3	19	77	3	10	86			
1910 年下	9	21	69	2	22	73	2	10	84			
1911 年上				4	24	67	3	14	79			
1911 年下				3	27	67	3	14	79			
1912 年上	10	22	67	5	27	67	4	13	76			
1912 年下	12	22	65	5	32	61	3	13	78			
1913 年上	13	22	64	6	29	62	4	16	76			
1913 年下	11	21	67	5	30	62	4	15	77			
1914 年上	14	20	65	8	30	60	5	15	74	1	16	79
1914 年下	11	21	67	6	33	59	5	16	75	1	15	79
1915 年上	15	22	61	9	30	59	7	17	71	2	14	97
1915 年下				7	34	56	5	12	74	2	15	79
1916 年上	10	24	64	10	32	56	8	16	74	2	16	77
1916 年下	13	25	62	8	34	54	7	15	74	2	16	78
1917 年上	15	25	59	11	34	53	7	16	73	3	17	76
1917 年下	14	27	59	10	36	51	8	17	72	3	19	74
1918 年上	14	27	58	10	32	56	7	20	72	4	19	75
1918 年下	13	28	59	11	32	55	7	20	71	4	20	74
1919 年上	15	28	56	13	30	55	8	24	67	5	21	73
1919 年下	15	29	55	14	32	53	8	26	65	5	22	71

（出所）　各社営業報告書（各期）より筆者作成.

一連の努力の甲斐あってか，宝塚新温泉の収支は急速に改善していった（表2-2）．ここで注意しなければならないのは，宝塚への交通が便利になったことで，宝塚新温泉の収益が改善していったということである．つまり，鉄道の収益のための副業というもくろみ通りには必ずしもいっていたとはいえない．

初期の宝塚歌劇の脚本には小林自身が執筆したものもあるが，そこには「こ

こは箕面有馬電車の終点梅田です．ご順に中ほどへ願います」［楳茂都 1961］というような台詞が入っていたりするなど，小林にとっては，宝塚開発と電鉄業は密接不可分の関係にあったことはたしかだろう．少なくとも，箕有時代における小林の事業の基本はあくまで電鉄業にあり，副業はそれに付随するものだったのである．小林の副業に対する姿勢が，あくまでも電鉄業に付随するものであったとすれば，こうした副業に対する方針も，電鉄業の性格の推移につれて変化していくのが自然である．そうすると，本業の性格につれて副業の性格も変化していくということであり，鉄道の性格の変遷をより詳しく検討しておく必要がある．

6 箕有から阪急へ

1906 年の箕面有馬電気軌道の起業目論見書によると，創立当初に構想していた路線は次のとおりである［京阪神急行電鉄編 1959：1-2］．

① 曽根崎中一丁目（梅田）→ 北豊島村井口堂（石橋）→ 箕面（循環線）
② 井口堂 → 宝塚 → 有馬
③ 宝塚 → 官鉄西宮駅 → 阪神西宮，官鉄西宮駅 → 阪神東明（新在家）

これによると，当初から箕面，宝塚，有馬といった遊覧地だけでなく，西宮や東明（現・阪神新在家駅）への路線を建設し，そこで阪神電鉄に接続しようとしていた．だから，都市間輸送への志向がなかったわけではないようだが，当時，とうてい神戸の町中とはいえなかった新在家で阪神電鉄に接続するというのは，いかにも中途半端である．

結局，申請した路線のうち 1906 年 12 月に特許を受けたのは，

① 梅田 → 石橋 → 箕面
② 石橋 → 宝塚
③ 宝塚 → 西宮

であった．当初実際に開通したのは，梅田から箕面と宝塚という路線なので，開通当初は明らかに遊覧に重点を置いた路線構成となっていた．もちろん当初から遊覧電車だけを想定していたわけではなかったが，基本的には行楽需要に重点を置いていた．少なくとも阪神間連絡線はこの時点では具体化していなか

ったことはたしかだ.

　こうした状況が変わってくるのが，1912 年 2 月に宝塚・西宮間の西宝線の工事施行が認可されたあたりからである. この路線は，箕有が箕面や宝塚への路線と同じく最初に特許を受けた区間の一つだが，実際の建設工事の着手は遅れていた. 宝塚から西宮を結ぶというこの路線は，宝塚線ほどには沿線に名所や神社仏閣が点在しているわけではないが，後の神戸線のように都市間連絡を主目的としているわけでもない. なかなか性格づけが難しい路線だった.

　西宝線の工事認可が下りてから数か月後の 1912 年 8 月，箕有は宝塚線の十三から分岐して西宮に至る支線を出願している[27]. この路線自体は，梅田から西宮までを結ぶだけだが，すでに西宮と神戸の間の路線敷設権を持っている灘循環電気軌道を合併することで，大阪と神戸を直接結ぶ路線を建設することを前提としていた［京阪神急行電鉄 1959：13］.

　灘循環は，神戸電気鉄道などの経営に携わっていた村野山人や西宮の酒造業者らが中心となって，神戸から内陸部を通って西宮に達する路線（山手線）と，西宮から海岸沿いに神戸に達する路線（海岸線）で，灘地方を循環する電気鉄道を 1907 年 2 月に出願した計画である[28]. その後，1912 年 6 月には海岸線の計画を放棄したので，箕有による買収が取りざたされるようになったころは，西宮から内陸部を通って神戸に達するいわゆる山手線の計画だけを持つようになっていた[29]. つまり，箕有の十三・西宮支線と灘循環の山手線をつなげば，大阪・神戸間を連絡する路線ができあがることになる. なお灘循環線海岸線は，1912 年 7 月に敷設特許を受けている[30].

　箕有による灘循環買収の動きは，阪神電鉄側にも灘循環の買収計画を誘発するなど紆余曲折があったが，次第に灘循環側は箕面有馬との合併に傾いていった［日本経営史研究所 2005：82］.

　1917 年 2 月，箕有は灘循環の山手線の特許権譲受の許可を受けた. これを受けて十三からの支線と山手線を接続して阪神間連絡線の建設を始めた［京阪神急行電鉄編 1959：14］.

　こうして，1918 年 2 月，名称を箕面有馬電気軌道から阪神急行電鉄に商号変更するとともに，1920 年 7 月には神戸本線十三・神戸間を開業したのである. その過程で行われたのが，有馬延伸か阪神間への進出かという選択である. 箕面有馬電気軌道という社名が示すように，当初は有馬温泉が最終的な目的地であった. そうした意味で開通当初の宝塚温泉には，有馬温泉の代用としての

役割があった.

　有馬温泉に路線を延長する場合,宝塚から先は勾配もきつい山岳路線となり,難工事となることはまちがいなかった.さらに,阪神直通線の計画が「暗々裡」に出てくるようになると,まず宝塚から西宮に延長することが先決と見なされ,有馬への路線の優先度は下がっていた［京阪神急行電鉄編 1959：12］.

　箕有が阪神直通線の建設を優先させるという方針を決めた時期は,営業報告書から1913年後半を境に有馬線関係の記述が消えていることから[31],遅くともこの年の前半には結論を出していたのであろう.

　箕有が灘循環を買収して阪神間連絡に乗り出そうとした際,新聞は「其興行的経営ヲ阪神間ニ施サン」[32],つまりそれまで箕面や宝塚でやっていたような,「興業的経営」を阪神間でも展開するのではという観測を載せた.これに対して,小林はすでに阪神電車の輸送力は不足している上に,今後は特に定期客を中心に事業を展開していく意向を示している[33].箕有は,早くから積極的に住宅地経営を行っていたが,阪神急行電鉄に改称してもなお「乗客ノ大部分ヲ遊覧客ニ求ムル鉄道」[34]という評価もあったように,箕面や有馬で展開していた行楽地開発のイメージが強かったのである.

　宝塚にせよ,有馬にせよ,基本的に温泉地であり,行楽地という性格が強い.一方,阪神間に進出するということは,都市間連絡に性格を大きく転換させることであった.

　だが,阪神間直通線の建設には巨額の資金が必要であり,その実行には大きなリスクを伴なっていた.株主の中には,小林に「君がどうしても阪神直通線をやるといふなら,気の毒だが所有株は全部売って了ふ」[35]といい放ち,実際に売却したという例もあるなど,遊覧電車色の強い箕有を都市間連絡鉄道に転換することには,強い抵抗があった.

　箕有による阪神間直通線は,阪神電鉄のように沿岸部ではなく,それまで開発の進んでいなかった山手の地域を通ることになった.そのため「沿道の状況が,阪神電鉄のそれの如く,都邑を有せず,名所を有せず,頗る平凡」［河瀬1918］という批判にさらされるようになった.つまり阪神電鉄や宝塚線沿線のように沿線にめぼしい都市や名所があるわけではないことから,その収益性を危惧されていたのである.

　結局,海運業者の岸本兼太郎から低利で300万円の融資を受けるなどして[36],阪神連絡線の建設にこぎつけたが,そのために有馬線,野江線の両方とも計画

を最終的に断念するなど [小林 1990：239]，大きな代償を払うこととなった．
阪神急行へと社名を変更した 1918 年，小林は「箕面線は丁度十年で一段落が
ついた．そこで有馬の支線をうち捨てて，阪神急行線にとりかかった」[河瀬
1918] と語っている．

　つまり，1913 年に有馬線を棚上げし，1918 年に断念したということになる．
このように，箕有の鉄道としての性格の変化も，一挙に進んだわけではなく，
段階的に進んでいったことにも注意する必要がある．いずれにせよ，阪神連絡
線の建設と有馬線の放棄によって，箕有は遊覧電車から都市間連絡色の強い電
鉄へと大きくその性格を変えることになったのである．

　ここまで見てきたように，沿線に従来型の名所が点在し，遊覧電車的性格が
強かった箕有に比べて，沿線に名所が乏しく阪神間を直結する阪急は，都市間
連絡色を前面に打ち出すとともに，住宅地開発をそれまで以上に推しすすめる
ようになった．

　神戸線の開通とほぼ時を同じくして，梅田に阪急ビルを建設して食堂を開業
するなど，その後百貨店業進出への萌芽が形作られた．副業の性格にも大きく
変化がみられるようになったのである．

◤ おわりに

　本章では，小林一三の事業についてその中心が鉄道にあったことを再確認す
るとともに，遊覧電車の性格を色濃く持っていた当初の箕面有馬電気軌道と，
都市間連絡を大きな目的とするようになった阪神急行電鉄の性格が大きく変化
していく過程を明らかにした．

　小林の事業の中心が鉄道にあったとすれば，その性格の変化は関連事業にも
影響を及ぼすからである．特に箕有が，どのようにして阪神間進出を企てるよ
うになったのかということは，関連事業の性格を考える上においても重要であ
る．

　小林自身の事業に関する言説の多くは，昭和に入ってから，さらには戦後の
ものが多い．そうした中で，小林がその初期から明確な方針を持って事業を展
開したというような言説が再生産されてきた．だが，できるだけ同時代史料に
即してみると，その時の状況に柔軟に対応して徐々に変化を遂げながら，事業
を展開していったという印象を強く受けた．その転換は一気になされたのでは

なく，試行錯誤の中で段階的に進んでいったのである．

　また箕有を立ち上げた 1910 年ごろと，阪急電鉄への脱皮を果たし東京宝塚劇場や江東楽天地など，東京でも事業を展開するようになった 1930 年代では，都市の展開のあり方や社会状況といった前提状況にも大きな違いがある．小林の郊外開発といっても，時期によって性格に大きな違いがあることに留意しなければならない．さらに発信者である小林や阪急が事業のコンセプトを変えていったとしても，それが受け手である「大衆」に受容され定着していくまでには，タイムラグがあったことにも気をつけなければならないだろう．

注
1）戦前に刊行されたものとしては，田中［1936］，村島［1937］などがある．
2）宇田［2013］は，その必要性を指摘している．
3）たとえば日本経営史研究所編［2005］，京阪電気鉄道［2011］など．
4）阪急電鉄の最新の社史である『100 年のあゆみ』（阪急阪神ホールディングス　2008 年）は，通史編・部門史の 2 巻で構成されているが，凡例で謳っているように，『75 年のあゆみ』（阪急電鉄，1982 年）以前の記述は，それまでの年史を再編集したものである上に，戦前の部分の記述は全 301 頁のうち 26 頁が充てられているに過ぎない．
5）実際の路線は，神崎—福知山間．大阪と舞鶴へは官設鉄道線に乗り入れていた．
6）箕面有馬電気軌道株式会社『第二回報告書』（自 1098 年 4 月 1 日至 9 月 30 日），p. 6.
7）前掲『第二回報告書』p. 7.
8）青霞生「大阪と交通機関（四）」『国民新聞』1913 年 9 月 24 日．
9）池田市史編纂委員会編［2014］でも，『最も有望なる電車』は宅地経営にかかわる部分だけを収録している．
10）箕面有馬電気軌道編『最も有望なる電車』（箕面有馬電気軌道，1908 年）〔公益財団法人阪急文化財団池田文庫所蔵〕p. 39.
11）同上．
12）「電気軌道線路延長敷設願副申」鉄道省文書『軌道特許・阪神急行電鉄（元箕面有馬電気）1・明治 41〜42 年』（独立行政法人国立公文書館所蔵，以下鉄道省文書は同じ）．
13）平賀敏『箕面有馬電気軌道株式会社ノ真相ニツキ株主諸君ニ告グ』（1914 年 10 月 10 日），p. 6.
14）両社の営業報告書によると，10 パーセントを超えたのは，開業を 13 年目のこと．
15）咬菜社編［1910］の「乗車賃金表」で案内されている回数券の運賃は，1 区 5 銭の普通回数券が 25 区分で 90 銭，40 区分で 1 円 10 銭，60 区分で 1 円 55 銭というものだった（他に 1 冊につき通行税 5 銭）．
16）箕面有馬電気軌道編『最も有望なる電車』（箕面有馬電気軌道，1908 年），pp. 25-31.

17)「国鉄と郊外電鉄（六）勝地と都市」『神戸又新日報』1914年6月23日.

18) 同上.

19)「大阪の郊外電車（三）無鉄砲なる軌道会社」『中央新聞』1913年9月17日.

20) 1885年生まれ，1904年に岸和田中学校を卒業後，大阪商船勤務を経て，1912年12月に箕面有馬に入社した．1916年運輸課長となり，1919年にアメリカに出張して電鉄事業を視察した［登尾 1935：438-40；人物評論社編輯部 1938：35-37］.

21)「大阪郊外発展座談会」『旅』9-(10)，1932年.

22) 箕面有馬電気軌道株式会社『第十一回報告書』（自1912年10月1日至1913年3月31日）pp.23-24.

23) 前掲「大阪郊外発展座談会」.

24) 箕面有馬電気軌道株式会社『第八回報告書』（自1911年4月1日至9月30日），p.15.

25) 阪神急行電鉄株式会社『第三十回報告書』（自1922年4月1日至9月1日），p.18.

26)「阪神急行電鉄軌道延長線敷設特許ノ件」鉄道省文書『軌道特許・阪神急行電鉄（元箕面有馬電気）（京阪神急行電鉄）13・大正13年』.

27)「箕面有馬電気軌道延長線敷設ノ件」鉄道省文書『軌道特許・阪神急行電鉄（元箕面有馬電気）3・明治44年〜大正2年』．なおその後1912年12月に経路を変更して出願している.

28) 村野山人「聴取書（第一回）」，「証人加納治兵衛尋問調書」鉄道省文書『軌道特許・阪神急行電鉄（箕面有馬電気）5・大正6年』.

29)「会社創立ニ関スル報告書」鉄道省文書『軌道特許・阪神急行電鉄（元灘循環電気鉄道）全・大正元〜6年』.

30)「灘循環電気軌道敷設特許ノ件」同上.

31) 前掲『第十一回報告書』p.14.

32)「電鉄企業の悪声」『大阪毎日新聞』1912年8月21日.

33)「箕面の新線出願理由」『大阪毎日新聞』1912年8月19日.

34)「阪神急行電鉄会社ヨリ出願セル六甲支線ニ対スル意見書」鉄道省文書『軌道特許・阪神急行電鉄（元箕面有馬電気）（京阪神急行電鉄）12・大正12年』.

35) 百貨店新聞社編『大・阪急』（百貨店新聞社 1936年），p.199.

36) 阪神急行電鉄株式会社『第二十三回報告書』（自1918年10月1日至1919年3月31日），p.11.

参考文献

伊井春樹［2015］『小林一三の知的冒険』本阿弥書店.

伊井春樹［2017］『小林一三は宝塚少女歌劇にどのような夢を託したのか』ミネルヴァ書房.

池田市史編纂委員会編［2014］『池田市史　史料編10』池田市.

井田泰人［2017］「第21回　明治期の鉄道企業家に学ぶ──「アイデアマン」大塚惟明

——」『鉄道ジャーナル』(4).

碓井和弘 [2012]「小林一三の百貨店経営と大衆」『札幌学院大学経営論集』2.

宇田正 [2001]「明治中期・私設阪鶴鉄道による大阪市内交通事業参入計画」,宇田正・畠山秀樹編『歴史都市圏大阪への新接近』嵯峨野書院.

宇田正 [2013]「明治中期・在阪私鉄による物流近代化としての過渡的水陸連絡輸送」,宇田正・畠山秀樹編『日本鉄道史像の多面的考察』日本経済評論社.

楳茂都陸平 [1961]「歌劇草創の頃」,小林一三翁追想録編纂委員会編『小林一三翁の追想』小林一三翁追想録編纂委員会.

大久保透 [1911]『最近の大阪市及其附近』私家版.

老川慶喜 [2017]『小林一三』PHP 研究所.

加藤紫芳編 [1903]『宝塚温泉案内』矢島誠進堂.

河瀬蘇北 [1918]「宝塚への電車」『実業の世界』15(9).

木下直之 [1997]「モダニズム再考」「阪神間モダニズム」,展実行委員会編『阪神間モダニズム:六甲山麓に花開いた文化,明治末期——昭和 15 年の軌跡——』淡交社.

京阪神急行電鉄編 [1959]『京阪神急行電鉄五十年史』京阪神急行電鉄.

京阪電気鉄道経営統括室経営政策担当編 [2011]『京阪百年のあゆみ』京阪電気鉄道.

咬菜社編 [1910]『箕面有馬電鉄沿線遊覧案内』咬菜社.

小林一三 [1927]「電鉄副業漫談」『文藝春秋』5(6).

小林一三 [1936]『私の行き方』斗南書院.

小林一三 [1961-62]『小林一三全集』〔全 7 巻〕ダイヤモンド社.

小林一三 [1990]『逸翁自叙伝』図書出版社.

小林一三 [1991]『小林一三日記』〔全 3 巻〕阪急電鉄.

西藤二郎 [1987]「小林一三における革新性——戦略論の観点から——」『京都学園大学論集』15(3).

阪田寛夫 [1991]『わが小林一三——清く正しく美しく——』河出書房新社.

作道洋太郎 [1977]「私鉄経営の成立とその展開——箕面有馬電鉄の場合を中心として——」『大阪経大論集』117・118.

佐藤博夫 [1957]「宝塚 いまと昔」『歌劇』385.

清水雅 [1957]『小林一三翁に教えられるもの』梅田書院.

人物評論社編輯部 [1938]『時代を創る者.財界人物編 第 3 輯』人物評論社.

鈴木勇一郎 [2012]「小林一三と郊外開発」『日本歴史』772.

鈴木勇一郎 [2018]〔予定〕「明治の鉄道と近代の旅みやげ」,矢内賢二編『明治,このフシギな時代 2016 年版』新典社.

竹村民郎 [1988]「20 世紀初頭日本における機械文明の受容と阪急「交通文化圏」の成立——小林一三による阪急電車沿線開発と宝塚少女歌劇創設をめぐって——」『大阪産業大学論集.社会科学編』71.

竹村民郎 [2008]「『阪神間モダニズム』における大衆文化の位相」,竹村民郎・鈴木貞美

編『関西モダニズム再考』思文閣出版.

田中仁［1936］『小林一三――今日を築くまで――』信正社.

谷内正往［2014］『戦前の大阪の鉄道とデパート』東方出版.

津金澤聰廣［1991］『宝塚戦略』講談社.

中西健一［1963］『日本私有鉄道史研究』日本評論新社.

中村尚史［2007］「電鉄経営と不動産業」『社会科学研究』58(3・4).

日本経営史研究所編［2005］『阪神電気鉄道百年史』阪神電気鉄道.

登尾源一［1935］『財界の前線に躍る人々』新興実業社.

畠山秀樹編『日本鉄道史像の多面的考察』日本経済評論社.

原武史［1998］『「民都」大阪対「帝都」東京』講談社.

丸山宏［1994］『近代日本公園史の研究』思文閣.

三木理史［2005］「鉄軌道の大阪市内横断問題」『大阪の歴史』73.

御厨貴［1996］『20世紀の日本10　東京』読売新聞社.

南喜三郎［1961］「小林さんと観光・映画・テレビ・お茶」，小林一三翁追想録編纂委員会
　　編『小林一三翁の追想』小林一三翁追想録編纂委員会.

村島帰之［1937］『小林一三』国民社.

安野彰［2003］「遊園地・宝塚新温泉が形成した娯楽空間の史的理解」『市史研究紀要　た
　　からづか』20.

安野彰［2014］「明治末から昭和初期における宝塚新温泉の経営方針の形成について」『日
　　本建築学会計画系論文報告集』79(702).

吉岡正春編［1939］『速水太郎伝』故速水太郎氏伝記編纂係.

（鈴木　勇一郎）

立地と規模から見た商業の変化の交通との関係
―― 名古屋市を事例として ――

 はじめに

　本章は，交通と商業の関係について，人々の商業へのアクセス方法の変化が，商業にどのような影響を与えたのかを検討するものである．
　商業の変化については，以下二つの研究を前提に考えてみたい．
　一つは，戦前の商業について，小規模性・過多性という特徴を指摘した松本貴典と奥田都子の研究である．それは，買い物に際しての，人々のアクセス方法がほぼ徒歩に限られると，1店舗の商圏も徒歩圏内となるから，訪れる客の数にも限りがある．人口の増加に対して，大型店ができるというよりも，顧客の近くに店がつくられるから，小規模・零細店舗が数多く乱立するようになるとされる［松本・奥田 1997：22-31］．同研究の指摘において注目したいのは，商業の店舗規模が，来店客のアクセス手段によって決まるとされる点である．たしかに，来店客の多くが徒歩で訪れるとすれば，近隣の狭い商圏にいる人口が最大の顧客数であるから，たとえ大型店を設けたとしても，過剰なキャパシティとなってしまう．したがって，人々のアクセス手段が，遠方から訪れることのできるような近代的な交通手段が利用できれば，より広い商圏を対象にして，店舗の規模を大きくすることができるのである．商業の規模を，交通との関係で捉える際に，以上の考え方は有効である．
　もう一つは，末田智樹の研究である．鉄道会社が経営する百貨店（電鉄系百貨店）であるターミナルデパートについて，従来の研究は，近世の呉服店から発展した百貨店（呉服系百貨店）とは異なるものという理解が主であって，両者の相違点等を詳細に検討したものはなかった．末田が指摘した電鉄系百貨店と呉服系百貨店の相違点は以下の2点である．一つは，呉服系百貨店の立地していない場所にあること，もう一つは自身の終点駅に百貨店を開業し，沿線顧客層をターゲットとしたことである［末田 2010：241］．鉄道は，ターミナルデパートという革新的な商業の展開をもたらした．商業にとって，交通とのアクセ

スが便利な立地は，好影響であることの典型的な事例である．人々のいかなる
アクセス手段と接続するかは，商業にとって，立地面から交通との関係を考え
るものとなる．

　以上の研究からは，鉄道という大量輸送手段の整備が，商業の展開に大きく
影響したことを示唆するものである．すなわち，来店が徒歩である場合，狭い
商圏に限られるから，店舗規模も小規模なものとなる．商業の鉄道との接続は，
商圏を広め，近隣の人口に左右されず，多くの来店客をもたらし，店舗規模を
大きくさせる．鉄道がもたらすそうしたメリットを存分に生かしたのがターミ
ナルデパートであったといえる．商業と交通の関係を考えるに際して，以上の
ような，商業の規模と立地に影響を与えた交通との関係について，名古屋市を
事例に検討してみたい．とりわけ，鉄道の与える影響は，現在までも続いてい
るのであろうかという点を，歴史的なアプローチを試みる．

1　名古屋市内における呉服系百貨店と電鉄系百貨店の展開

(1)　名古屋市におけるターミナルデパートの誕生 ——名鉄百貨店——

　名古屋市で初のターミナルデパートは名鉄百貨店である．名古屋鉄道（以下，
名鉄）が，新名古屋駅に隣接して建設したものである．以下では，名鉄百貨店
が誕生するまでの経緯を，名鉄の新名古屋駅が開設するまで遡って見ることに
する．

　1894（明治27）年に創立した愛知馬車鉄道は，1906（明治39）年に名古屋電気
鉄道と改称され，名古屋市内の路面電車を運行した．しかし，1922（大正11）
年に市内線が名古屋市に譲渡され，名古屋鉄道として再出発した同社は，名古
屋市から西部，岐阜県方面への郊外線の開拓に乗り出した．同社の路線は，枇
杷島から押切町を経由し，柳橋へと至る路線であったが，1922（大正11）年に
枇杷島から笹島に至る路線の敷設免許を受け，国鉄の名古屋駅前への乗り入れ
を計画し，名古屋駅との連絡をはかった．名古屋鉄道は1930（昭和5）年5月
に美濃電気軌道と合併して後は名岐鉄道となった．1937（昭和12）年に名古屋
駅の改良にあたり，名古屋駅前への乗り入れ工事に着手された．1941（昭和
16）年8月に完成した．

　他方，1912（明治45）年2月に伝馬町〜大野間で開業した愛知電気鉄道は，
三河方面への開拓をすすめるなか，有松裏への路線延長に際して，名古屋駅前

への乗り入れも計画していたが，なかなか実現しないなか，1935（昭和10）年8月に愛知電気鉄道と名岐鉄道との合併により東西線の接続が計画され，1942（昭和17）年にようやく工事に着手された．戦時中にあって工事は難航したが，1944（昭和19）年9月に神宮前〜名古屋間が開通し，東西が連絡した．

　しかし，名古屋鉄道による百貨店経営の計画は，愛知電気鉄道と名岐鉄道が合併し，名古屋鉄道が発足した当初からあったとされる．鉄道省技師の久野節に設計を依頼し，1937（昭和12）年2月には阪急の小林一三を招いて経営戦略の指導も受けた．同年3月には愛知県に建築瀬院政をし，10月には出店申請までおこなったが，戦時期の極度の物資不足により，将来のビル建設に備えた工事にとどまり，建設そのものは断念された［名古屋鉄道 1997：197］．戦後になり，再び百貨店建設が沸き起こったのは1951（昭和26）年のことであった．東海銀行と松坂屋に協力を要請し，翌52年には名鉄ビルディングを設立した．名鉄ビルディングは名鉄が全額出資により設立された．名鉄ビルは，地上8階，地下3階で，地上1階から3階までを百貨店店舗として，松坂屋に賃貸し，地下と地上4階以上を名鉄が使用するというものであった［名鉄百貨店 1985：4］．しかし，松坂屋の売り上げ予測は低く，名鉄側が提示した家賃に見合うものではなかったことから松坂屋との交渉が暗礁に乗り上げ，ついに，1954（昭和29）年1月，松坂屋との交渉が打ち切られた．他の百貨店の出店を模索したが，松坂屋撤退後に出店する百貨店があらわれるとは考えられなかった．当時名鉄の専務取締役であった土川元夫は，懇意であった阪急百貨店の常務取締役の野田孝にこれを相談すると，鉄道会社による百貨店直営の指南を受け，名鉄による直営を決意した．同時に，阪急百貨店は名鉄から百貨店業務に関する実習生の教育を引き受けた［電通 1975：51-52；名古屋鉄道 1997：8-9］．1954（昭和29）年3月の臨時株主総会で，名鉄ビルディングによる百貨店直営方針が正式に決定し，同年4月には名鉄ビルディングから名鉄百貨店に変更した．54年12月に第1期工事を完了した名鉄百貨店が開店した．

(2) 名古屋市における呉服系百貨店の誕生と発展

松坂屋

　1611（慶長16）年，伊藤祐道は名古屋で呉服小間物問屋を開業した．次男の祐基は，父の没後閉店した店を再び開業した．1910（明治43）年に15代目の祐民は，株式会社いとう呉服店を創立し，初代社長となった．同時に新店舗を開

店し，百貨店としての体裁を整えた．松坂屋は，いとう呉服店創業の栄町店とは別に，1925（大正14）年5月に大津通に総面積2万平方メートルの新店舗（名古屋店）を開店した．1964（昭和39）年9月に栄町店の閉鎖（1960年7月）と並行して，名古屋店を増築し，中部地区最大規模の3万3880平方メートルとなった．

丸栄

　1615（元和元）年に小出家による呉服店が創業した．これが十一屋であり，1915（大正4）年に十一代小出庄兵衛によって栄町4丁目に進出し，徐々に百貨店への体裁を整えていった．1922（大正11）年には十一屋呉服店から株式会社十一屋へと改称，1936（昭和11）年に社屋を増築し，百貨店に相応しい施設を整えた．

　同じ頃の1937（昭和12）年に京都と岐阜で丸物百貨店を経営していた中林仁一郎が名古屋進出を計画していた．丸物の名古屋進出について八木富三の存在が語られている．太物商八木平兵衛の次男である八木富三は，八木一族の殖産会社である八木合資の代表社員で，八木一族は名古屋市内に広大な土地を有していた［名古屋商工会議所 1937：42］．八木は当初三越の名古屋進出に土地を提供することを考えていたが，三越は名古屋の排他的風土を嫌気したため，丸物の中林に話しが及んだとされる［丸栄 1974：24-25］．1939（昭和14）年に三星は開業した．

　1942（昭和17）年に企業整理令にもとづき百貨店整理統合要綱が発せられたことを受け，十一屋と三星が合併することとなり，1943（昭和18）年，丸栄として発足した．1956（昭和31）年3月には営業面積3万6千平方メートルの西日本最大規模の百貨店を開店した．

オリエンタル中村

　1869（明治2）年に2代目中村嘉兵衛によって広小路本町（現在の三菱東京UFJ銀行名古屋支店の場所）に中村呉服店が開業した．1930（昭和5）年に株式会社に改組した後，初代社長となった松居庄七は1940（昭和15）年に延面積500坪の木造3階建ての新社屋を完成させ，百貨店の陣容を整えていった．戦後に長男の修造が社長となると，鉄筋コンクリート造りの延面積800坪3階建ての店舗を築いた．

Chapter 3 立地と規模から見た商業の変化の交通との関係 *63*

　同じ頃，平松豊助商店が栄町にオリエンタルビルが建設中であったが，中村呉服店は，これに入居することで本町から栄町への移転を決意し，1954（昭和29）年5月に，地下3階，地上3階，総面積1万1740平方メートルのオリエンタル中村として開業した．56年までに7階まで増築した［沢井 2010：91-93］．

(3) ターミナルデパートの立地優位性 ──名鉄百貨店の場合──

　百貨店の黄金時代とよばれた高度成長期までの名古屋市内における百貨店は，名鉄百貨店のほか，松坂屋，丸栄，オリエンタル中村（1977年に三越傘下となり，80年に名古屋三越百貨店に改称）の4つである．名鉄百貨店が電鉄系の百貨店である以外，残りの3つは呉服系の百貨店である．また，名鉄百貨店が名駅地区（中村区）にあるのに対して，呉服系百貨店はすべて栄地区（中区）にある．

　こうした点は，末田が指摘した戦前のターミナルデパートの立地戦略にあてはまっている．すなわち，① 呉服系百貨店が立地していない場所，② 自身の終点駅に百貨店を開業し，沿線顧客をターゲットとした点は，名鉄百貨店においてもあてはまることが確認できた．

2 商業の変化と交通の変化 ──70年代までの動向──

(1) 名古屋市内の区別データから見た商業の変化

　松本貴典らが指摘した，小規模性・過多性という特徴を，名古屋市内の商業に関する数値データによって確認してみよう．表3-1は，60〜70年の名古屋市内の各区の小売業について，商店数，商品販売額，ならびに人口のデータにもとづいて分析を試みた．

　人口が減少している区として，東区，中区，昭和区，熱田区があげられるが，これらの区の商店数の変化を見ると，東区と熱田区のそれが減少しているのに対して，中区と昭和区では増加している．とくに東区と中区を比べた場合，1店当たりの販売額にも大きな違いがある．

　名古屋市の商業の特徴を捉えるとき，中区と東区は対照的である．全体的には，1店当たり販売額よりも区全体の商品販売額の方が増え方は大きく，大型百貨店が集中した栄地区のある中区は突出した事例である．というのも，守山区や新しく区政となった緑区のような人口が著しく増加した区では，それにともない中小規模の商店数が増えていったことから，70年までは，小売業は地

表 3-1 名古屋市区別の小売業の動向（60年～70年）

		1960年				1970年				
		人口	小売店数			商品販売額	人口	小売店数			商品販売額
1960年	1970年	（人）	個人	法人	計	（百万円）	（人）	個人	法人	計	（百万円）
名古屋市	名古屋市	1,591,914	22,338	4,288	26,626	118,181	2,036,053	25,036	6,480	31,516	654,586
	千種区	千種区	158,706	1,932	365	2,297	7,157	169,757	2,281	607	2,888	46,664
	東区	東区	92,921	1,407	355	1,762	6,209	82,693	1,199	367	1,566	24,524
	北区	北区	146,802	2,082	396	2,478	7,773	179,803	2,279	537	2,816	43,770
	西区	西区	144,753	2,163	337	2,500	8,403	172,677	2,353	426	2,779	38,467
	中村区	中村区	189,544	2,676	496	3,172	20,337	193,604	2,728	843	3,571	103,645
	中区	中区	113,960	1,799	826	2,625	34,215	86,256	1,720	1,314	3,034	179,823
	昭和区	昭和区	144,168	2,149	337	2,486	6,856	129,416	2,311	519	2,830	41,967
	瑞穂区	瑞穂区	127,066	1,713	267	1,980	6,108	133,588	1,722	394	2,116	30,063
	熱田区	熱田区	87,006	1,434	180	1,614	5,106	82,897	1,247	230	1,477	26,935
	中川区	中川区	133,865	1,837	237	2,074	5,347	181,342	2,097	273	2,370	30,878
	港区	港区	96,831	1,108	134	1,242	3,695	125,392	1,241	186	1,427	23,574
	南区	南区	156,232	2,038	358	2,396	6,972	190,413	2,330	481	2,811	38,994
守山市	守山区	58,811	506	74	580	1,543	99,295	790	137	927	12,048
愛知郡	緑区	鳴海町	31,519	333	54	387	1,377	94,218	738	166	904	13,235
知多郡		有松町	4,544	49	4	53	142					
		大高町	10,297	120	20	140	364					

	1960年～1970年の成長率（％）			1店当たり販売額（百万円）	
	人口	小売店数（計）	商品販売額	1960年	1970年
名古屋市	27.9	18.4	453.9	4.4	20.8
千種区	7.0	25.7	552.0	3.1	16.2
東区	▲11.0	▲11.1	295.0	3.5	15.7
北区	22.5	13.6	463.1	3.1	15.5
西区	19.3	11.2	357.8	3.4	13.8
中村区	2.1	12.6	409.6	6.4	29.0
中区	▲24.3	15.6	425.6	13.0	59.3
昭和区	▲10.2	13.8	512.1	2.8	14.8
瑞穂区	5.1	6.9	392.2	3.1	14.2
熱田区	▲4.8	▲8.5	427.5	3.2	18.2
中川区	35.5	14.3	477.4	2.6	13.0
港区	29.5	14.9	538.0	3.0	16.5
南区	21.9	17.3	459.3	2.9	13.9
守山区	68.8	59.8	680.7	2.7	13.0
緑区	103.2	55.9	603.0	3.2	14.6

（注）　網かけ太枠部は文中を参照．▲はマイナスの意味．
（出所）　『愛知県統計年鑑』（各年版）より筆者作成．

域の人口に支えられたところが大きかった．

　中区の特徴としてもう一つあげるとすれば，人口が減少しながらも商売が繁盛しているということである．それは中区以外からの来客が多くなったためで

ある．中区の場合，小規模性・過多性という特徴は徐々に薄れていったが，小規模性・過多性はなお多くの地区で見られ，70 年代においても，根強く，残存していたことになる．

(2) 名古屋市内における新交通（地下鉄）の誕生

現在の地下鉄東山線に並行していた市電は，戦前までに中村公園前〜東山公園間での運行がおこなわれており，1959 年には東山公園から星ヶ丘まで延長された．1957 年 11 月に開通した地下鉄の名古屋〜栄町間（2.4 キロ）は，1961 年 2 月に決定された名古屋市都市計画では，八田から上社までの路線が計画された．60 年頃から星ヶ丘東部一帯の丘陵地帯では，西一社，上社，藤森南部，藤森東部の 4 組合が土地区画整理事業をおこなっていたことから，将来の人口増加に対する交通需要の発生をふまえて，当該地域における住宅地造成と地下鉄建設を同時におこなうこととなった．その結果，藤ヶ丘までの延長へと変更された．鉄道関係用地も同組合から無償で提供された［名古屋市交通局 1972：243-45］．

1960 年 6 月に地下鉄が栄町から池下まで開通すると，1961 年 5 月に市電の覚王山〜星ヶ丘間の運転が休止となり，池下からのバスでの代行運転がおこなわれた．1963 年 4 月に地下鉄が東山公園まで開通すると，同時に市電は覚王山〜東山公園間を廃止した．67 年 3 月に名古屋から星ヶ丘までの地下鉄が開通し，同年 2 月には同区間と並行する市電は廃止された．1969 年 4 月に東山線の中村公園〜藤ヶ丘間が開通した．

【地下鉄の開通】
1957 年 11 月　東山線（旧：1 号線）名古屋〜栄（旧：栄町）間が開業
1960 年 6 月　東山線栄〜池下間が開業
1963 年 4 月　東山線池下〜東山公園間が開業
1965 年 10 月　名城線（旧：2 号線）栄〜市役所間が開業
1967 年 3 月　東山線東山公園〜星ヶ丘間，名城線栄〜金山間が開業
1969 年 4 月　東山線星ヶ丘〜藤ヶ丘間，名古屋〜中村公園が開業
1971 年 3 月　名城線金山〜名古屋港間が開業（現在は名港線）
1971 年 12 月　名城線市役所〜大曽根間が開業
1974 年 3 月　名城線金山〜新瑞橋間が開業

1977年3月　鶴舞線伏見〜八事間が開業

1978年10月　鶴舞線八事〜赤池間が開業

1979年7月　鶴舞線と名鉄豊田線の相互乗り入れ開始

　以上が70年代までの地下鉄の開業状況であるが，1982年9月に東山線中村公園〜高畑間が開業したことで，東山線が全線開通したことを補足として記しておく．市内交通における市電から地下鉄への変化は，単純な置き換わりではない．市電に比べ，大量輸送であったことと，地理的な広まりをともなっていたことに注意する必要がある．

(3) 新交通（地下鉄）と商業の変化

名鉄百貨店の拡張

　名鉄百貨店は，1957年7月，地下3階，地上10階，延面積6万5703平方メートルの名鉄ビルが完成し，7階までを名鉄百貨店が使用した．

　1965年6月に名鉄と名鉄百貨店との共同出資によりメイテツターミナルを設立し，62年6月に名鉄バスターミナルが完成，店舗，ホテル，映画館等を併設した複合ビルであり，店舗には専門店を誘致するという，「メルサ方式」として話題となった．72年4月には若者層をターゲットとした衣料品売り場の名鉄セブンを開店した．また，同年11月には，ボーリング場やサウナ，飲食店等，娯楽施設を有したメイテツレジャックが開店した．

　1962年から1984年にかけての名鉄百貨店の売上構成について『有価証券報告書』によれば，衣料品の割合が高まったことが特徴的である．30パーセント台後半であった衣料品の構成比は，70年代後半には40パーセント台後半になった．開業当初の食料品の構成比の高さは，名鉄百貨店は，買回り品を多く有した百貨店というよりも，日用品を主とした，食品スーパーに類似した百貨店であった．名鉄百貨店における一連の拡張は，商品構成を広げるとともに，百貨店としての形態を整えていったと捉えることができる．

百貨店の地下鉄駅との接続

　1954年にオリエンタル中村，1957年に名鉄百貨店が相次いで開業したことは，老舗の呉服系百貨店である松坂屋と丸栄には大きな影響を与えた．名古屋の百貨店のシェアは，1953年に松坂屋63.5パーセント，丸栄29パーセント

であったが，1958 年にはオリエンタル中村が 24.6 パーセント，名鉄百貨店が
24.2 パーセントとなった一方で，松坂屋 34.2 パーセント，丸栄 17.0 パーセ
ントとシェアを落とした［丸栄 1974：87-88］．

　松坂屋は，他の百貨店がいずれも地下鉄，地下街，あるいは専門店ビル，レ
ジャービルに結びつき相乗効果をあげているのに対し，自店はそうした利点が
ないことに劣位を感じていた．1967 年 3 月に名城線の栄～金山間が開通した．
途中の矢場町駅で松坂屋名古屋店とつながれた．駅から松坂屋新館東玄関まで
のコンコースには装飾画が施され，これには松坂屋が費用を負担し開設された
［松坂屋 1971：175］．松坂屋は，1970 年から増改築をすすめ，1971 年 11 月には
中部地区最大の百貨店となった［松坂屋 1981：152-153］．

　1969 年 11 月に栄地下街（サカエチカ）が完成し，オリエンタル中村，丸栄が
地下街でむすばれることとなった．丸栄は，地下鉄との直結は「永年の悲願で
あった」としている．「サカエチカの出現によって栄地区全体がイメージアッ
プし，人の流れが変わるなかにあって，これまでの堅実路線から売場面積の拡
充に向けて本格的に動き出すことになった」［丸栄 1994：52-53］とし，栄開発
が手掛ける栄ビル（延面積 5 万 613 平方メートル，栄交差点西南角）に東海銀行，富
士銀行，名鉄グループと共に丸栄が入居することとなった．地下 2 階，地上 1
～ 4 階部分は名鉄メルサと丸栄が共同で専門店街を設け，5 ～ 8 階部分を丸栄
の売り場とする丸栄スカイルが 1973 年 12 月に開店した［丸栄 1994：59］．

東区の商業の特徴 —— 地下鉄開通による負の影響 ——

　地下鉄が開通したことで，千種区（後に名東区が分離）や東区の住人が百貨店
の来店客となったと考えられる．たとえば，地下鉄 2 号線（名城線）が開通し
た車道本通 7 丁目商店街では，70 年代の商店街の移り変わりとして「戦災か
らまぬがれたため戦後一時期は盛んであったが都市計画により道路拡張にとも
ない桜通り，錦通り，地下鉄開通によって名駅並に都心，今池に便利になった
のと，住宅立退等により消費人口は大きく減少した．高額商品贈答品はデパー
トに，日用品においても大量に買入るためにはスーパー，流行品等は都心，地
下街等に客が流れて街としては衰退の一途である」という報告がされている
［東区 1973：114］．東区などの小売業は中村区や中区のそれと比べて規模が小さ
く，日常の買い物とは別に買回り品は百貨店での買い物が選択されたのであろ
う．

区別に小売販売額を見た前掲表3-1では、中区と中村区に約半分が集中し、4百貨店の販売額を上回るのは両区だけであり、伸び率も中区が際立って大きかった。逆に最も伸び率が小さかったのが東区である。こうした地区別の動向に関して、70年代初めの名古屋市の小売業の概観について記した資料がある。

「交通網の集中する中心商業街区をもつ中区と中村区は、放射線型の交通網が発達すればするほど来街者の数が増加している。旧来の商店街の退潮を端的に示しているのが東区である。（中略）地下鉄の開通が、従来商圏内にあった消費者の足を栄地区に向けている」［名古屋市経済局 1973：10］.

以上の分析結果について、まず交通という面で注目すると、地下鉄開通のインパクトである。東区に路線を伸ばした地下鉄名城線は、1965年に栄～市役所間が開通、1971年に大曽根まで延長された。地下鉄開通にともなって栄地区の百貨店の商圏は、東区がターゲットとなったということである。しかし、日常の買い物と、百貨店での買い物は異なるように思われる。品揃えの違いもあるが、百貨店の買い物は、買回り品が中心である。百貨店への買い物がそもそもの目的ではなく、百貨店を含めた買い物行動が目的である。したがって、「来街者」という言葉に注目すると、一般小売店が百貨店やスーパーに押されるなかで、飲食店は逆に盛況であり、「来街者の憩いの場の中心となる飲食店のありかたは、商店街全体のムードづくりの中で、大きな意味をもっている」［名古屋市経済局 1973：9］という指摘は重要である。それは百貨店での買い物行動に通じるものでもあり、当該地域と百貨店は一体であるように思われる。飲食店がカギを握るとすれば、中区がとりわけ飲食店の販売額が高く、シェアも大きいことは栄地区に位置する百貨店にとっては相乗効果をもたらすものとなる。

(4) 70年代までの名古屋市の商業

本章をまとめると以下のようである。

中区の事例は、区内の人口が減少するなかでも、小売業が繁盛したことは、区外からの来客、来街者によるものであり、それを支えたのが新交通の整備ということになる。呉服系百貨店は、当初、大量輸送手段とのつながりに欠けていたが、地下鉄が整備されると、徐々にそれとのつながりを強めた。しかし、地下鉄の整備は都市中心部で先行したことから、近隣の区域どうしでの競争が

Chapter 3　立地と規模から見た商業の変化の交通との関係　*69*

激化した. 中区と東区の競合関係がそれである. 他方で, 商圏の範囲と広さという点において, 名鉄百貨店のようなターミナルに隣接する百貨店の立地面での優位性はなおもゆらぐことはなかった.

3　鉄道と道路の交通整備と商業の変化 ——80年代以降の動向——

(1)　名古屋市および周辺市の商業の変化

前章で示した交通と商業との関係のなかで, 70年代までは, 人々の商業へのアクセス手段である交通が限定されていたから, 商業は依然として地域住民を対象とした中小・零細規模のものであったと指摘した. そこで, まずは**表3-2**において, 80年代以降の商業の変化について, 名古屋市でも, とくに前章において確認できた, 中区における百貨店の増改築の影響を受けた東区の動向, ならびに新たに名古屋市周辺の大規模な市の商業について見た. 中区と東区は, 80年代以降も, それ以前と同様の変化が続いたものの, 2010年には東区では大きな変化が見られた.

また, 名古屋市内との比較として, 愛知県内のJR（旧国鉄）沿線の市を記した. 人口が増加しながらも, 商店数が減少し, 商品販売額が増加したのは, 春日井市と知立市であった. 両市は1店当たりの商品販売額が最も大きく, 大型店舗が建設されたことを意味する. それは同時に, 人口増加に対して, 居住地域への小規模・零細店が増えたのではなく, 大型店舗が建設されるという新しい展開が見られたことになる. 交通との関係でいえば, 市域外からマイカー利用客を求めたと想像されるが, この点については, 別稿において検討したい.

前章で見たように, 70年代までは, 大量移動手段である鉄道に接続することのできた商業は, 大規模店へと展開した. しかし, 鉄道は都市部を中心に整備されたから, 小規模性・過多性からの乖離, すなわち商業の大規模化は, 都市部に限られた現象であった. ところが80年以降に普及したマイカーは, 都市部が先行したものの, 郊外にも広がるようになると, その普及率は, 都市部と郊外とで格差がほとんどなくなり, 郊外の方が, 普及率の高い場合があった. 商業の大規模化は, 郊外にも見られるようになった一因である.

(2)　百貨店の動向とJR高島屋進出のインパクト

図3-1において, 名鉄百貨店, 松坂屋, 丸栄の売上高の動向を見ると, 90

表 3-2 名古屋市区・愛知県内市別の人口・商業 (1980～2010 年)

市区	1980年 人口 (人)	小売店数 (店)	商品販売額 (百万円)	売場面積 (m²)	1店当たり売場面積 (m²)	1990年 人口 (人)	(%)	小売店数 (店)	(%)	商品販売額 (百万円)	(%)	売場面積 (m²)	1店当たり売場面積 (m²)
名古屋市	2,087,884	34,453	1,802,191	1,826,639	53	2,154,664	3.2	30,663	▲11.0	3,433,098	90.5	2,249,423	73
東区	70,047	1,541	66,137	71,252	46	69,038	▲1.4	1,377	▲10.6	109,682	65.8	77,232	56
中村区	163,980	3,923	282,831	235,164	60	146,366	▲10.7	3,229	▲17.7	482,416	70.6	258,633	80
中区	66,565	3,184	408,093	321,726	101	65,831	▲1.1	3,388	6.4	761,511	86.6	416,727	123
豊橋市	304,274	4,628	224,445	308,629	67	337,988	11.1	4,455	▲3.7	448,185	99.7	369,444	83
岡崎市	262,370	3,717	170,093	225,772	61	306,821	16.9	3,926	5.6	397,385	133.6	296,500	76
一宮市	253,138	2,868	156,382	199,696	70	262,434	3.7	2,897	1.0	296,867	89.8	230,656	80
春日井市	244,114	2,497	127,130	146,652	59	266,599	9.2	2,493	▲0.2	283,602	123.1	202,432	81
刈谷市	105,643	1,258	71,319	93,042	74	120,121	13.7	1,390	10.5	167,836	135.3	136,300	98
知立市	49,432	566	27,923	35,756	63	54,061	9.4	604	6.7	53,883	93.0	51,179	85

市区	2000年 人口 (人)	(%)	小売店数 (店)	(%)	商品販売額 (百万円)	(%)	売場面積 (m²)	1店当たり売場面積 (m²)	2010年 (小売は2007年) 人口 (人)	(%)	小売店数 (店)	(%)	商品販売額 (百万円)	(%)	売場面積 (m²)	1店当たり売場面積 (m²)
名古屋市	2,171,557	0.8	23,541	▲23.2	3,179,008	▲7.4	2,615,846	111	2,263,894	4.3	19,759	▲16.1	3,191,700	0.4	2,819,770	143
東区	65,791	▲4.7	1,050	▲23.7	131,791	20.2	84,213	80	73,272	11.4	884	▲15.8	125,234	▲5.0	148,696	168
中村区	134,955	▲7.8	2,300	▲28.8	414,151	▲14.2	306,914	133	136,164	0.9	1,751	▲23.9	429,001	3.6	307,865	176
中区	64,669	▲1.8	3,106	▲8.3	713,835	▲6.3	454,964	146	78,353	21.2	2,983	▲4.0	730,719	2.4	477,737	160
豊橋市	364,856	7.9	3,606	▲19.1	408,574	▲8.8	458,966	127	376,665	3.2	3,159	▲12.4	418,084	2.3	453,194	143
岡崎市	336,583	9.7	3,230	▲17.7	390,251	▲1.8	460,500	143	372,357	10.6	2,848	▲11.8	404,992	3.8	449,018	158
一宮市	273,711	4.3	2,424	▲16.3	290,811	▲2.0	299,144	123	378,566	38.3	2,785	14.9	372,830	28.2	412,494	148
春日井市	287,623	7.9	2,023	▲18.9	309,054	9.0	322,554	159	305,569	6.2	1,856	▲8.3	306,524	▲0.8	330,609	178
刈谷市	132,054	9.9	1,128	▲18.8	153,642	▲8.5	154,752	137	145,781	10.4	1,001	▲11.3	161,600	5.2	155,279	155
知立市	62,587	15.8	581	▲3.8	72,691	34.9	92,821	160	68,398	9.3	531	▲8.6	70,001	▲3.7	85,200	160

(注) 網かけ大枠部は文中を参照。▲はマイナスの意味。
(出所)『愛知県統計年鑑』(各年版)より筆者作成。

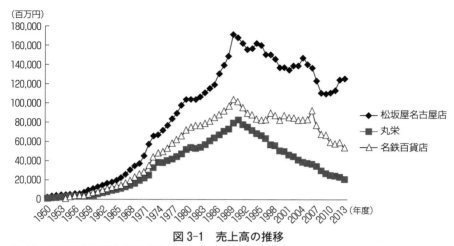

図 3-1 売上高の推移

(注1) JR高島屋は2000年3月に開業
(注2) 名鉄百貨店の2003年度からは名古屋鉄道の子会社
(注3) 2003年度と2004年度は副業収入を含む.
(出所) 松坂屋百年史
　　　　丸栄50年史
　　　　名鉄百貨店30年史
　　　　社史不足分の1999年度までは，各社有価証券報告書より．
　　　　2000年度以降は，『百貨店調査年鑑』（各年版）より．

年代以降はいずれの百貨店も売上高の推移にそれまでとは大きな変化が見られるようになった．前項では名鉄百貨店に限って見たものの，百貨店に共通する変化ではないだろうか．ただし，鉄道との関係を捉えたとき，名鉄百貨店の場合は乗降者数が減少に転じた時期と重なり，百貨店不振の一因を，駅前立地という優位性が失われつつあったためとなる．ところが，JR高島屋が2000年に名古屋駅前に開業したが，それはまた駅前立地の優位性喪失という見方を一転させることとなる．図3-2で2000年以降の名古屋市内の百貨店の売上高の推移を見たものによると，JR高島屋と松坂屋が増加している一方で，その他の百貨店は減少している．両者は異なる立地にあるため，もはや立地は関係なく，鉄道とのかかわりとなるとさらに指摘が難しい．

　交通との関係で考えると，2000年3月に開業した高島屋は，JRの運行を整備したことがその売上高の増加に寄与した．この点に関連して，葛西敬之は，『日本経済新聞』に連載された「私の履歴書」（2015年10月28日付）のなかで，名古屋再開発と題して，2000年に全館が開業したJRセントラルタワーズの成功要因について，次のように述べている．

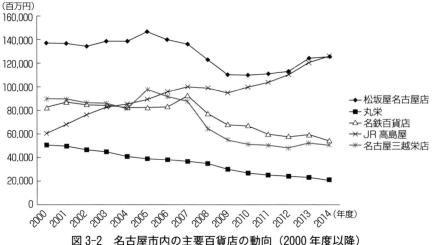

図 3-2 名古屋市内の主要百貨店の動向（2000 年度以降）
（出所）『百貨店調査年鑑』（各年版）より筆者作成．

「バブル崩壊にともない床面積を縮小し，当初計画の 15％の建設費の削減につとめたものの，建設費の下落と金利の大幅な低下を受けて，当初計画の 40％まで総事業費を削減することができ，開業初年度から単年度黒字を達成できた．（中略）国鉄時代には経費節減の対象であった在来線を，東海道新幹線のアクセスネットワークと位置づけ，新車投入や列車頻度を 2 倍に増やすなどサービスの向上につとめたことで，名古屋駅ビルの商圏を三重，岐阜，長野，静岡県にまで拡大することができた．（中略）新幹線のぞみの導入で，名古屋は東京や大阪とのつながりが強まり，名古屋駅地区のオフィス立地としての優位性が増した」

以上の内容からは，新幹線と在来線のサービスアップにより名古屋駅が賑わったことで，駅周辺の賑わいをもたらすといった相乗効果につながったことを高く評価している．昔も今も，鉄道は商業にプラスにはたらいたのである．

(3) **名鉄と名鉄百貨店の関係の変化**

それならば，名鉄百貨店の売上高の減少をどのように捉えれば良いのであろうか．

ターミナルに百貨店を併設したのは，ターミナルという最も乗車人員の多い

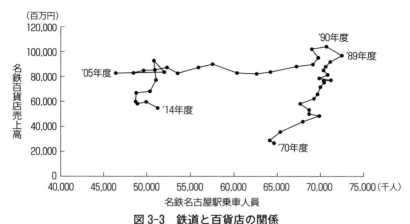

図 3-3 鉄道と百貨店の関係

(出所) 百貨店売上高は，有価証券報告書ならびに『百貨店調査年鑑』(各年版)
名古屋駅乗車人員は，『愛知県統計年鑑』より筆者作成．

駅から百貨店に誘客することをねらいとした．そうしたビジネスモデルを統計データであらわした場合，駅の乗車人員と百貨店の売上高とが正の相関となることが予想されよう．そこで，図 3-3 では，名鉄の乗車人員と名鉄百貨店の売上高をもとに私鉄ビジネスモデルの変化を考えてみたい．

89 年度までは，百貨店の売上高の増加とともに乗車人員も増加した．これをターミナルデパートのビジネスモデルとすれば，乗車人員の増加に支えられて百貨店の売上高も増加したということになろう．ところが，90 年度から 05 年度まで，乗車人員の減少がすすんだなかでも，百貨店の売上高は横ばいに推移した．興味深いのはその後の動きで，逆に乗車人員が横ばいに推移したなかで，百貨店の売上高が減少していった．すなわち，90 年度以降は，乗車人員と百貨店の売上高の関係が正の相関にはなっていないことがわかる．

 おわりに

70 年代までの商業は，戦前からの小規模性・過多性が続いていた．それは人々の移動手段が依然として徒歩が主であったことによる．そのため，ターミナルデパートの革新性もゆらぐことはなかった．

ところが，80 年代以降の商業は，大型化が目立つようになり，他地域からの広い商圏を対象とした来客を求めるようになった．それは，80 年代以降の

交通が，公共交通の整備が成熟化するなかで，幹線道路や高速道路の整備が著しく高まり，モータリゼーション化が著しくすすんだことに大きな特徴があった．郊外に立地する大型店が勢力を伸ばしたなかで，電鉄系百貨店が享受したターミナル立地の優位は 90 年代に入ると徐々に失われ，2000 年代に入るとそれが決定的となった．

　しかし，そのことは鉄道との関係がなくなったことを意味しない．ターミナルデパートとして 2000 年に新たに誕生した JR 高島屋は，売上高を伸ばし，松坂屋とともに名古屋市内の百貨店において勝ち組に属している．JR 高島屋の場合，百貨店自体の付加価値向上への努力もさることながら，鉄道の利便性を高めるといった変化もともなっており，鉄道と商業との関係がいまだに薄れていないことを印象付けるものとなった．

　以上のように考えると，大量輸送手段である公共交通との接続そのものは，商業（とくに大規模商業）にとって優位性であり続けたことに変わりはない．やや歴史的に飛躍的過ぎるかもしれないが，したがって，JR 名古屋駅に隣接した高島屋の成功の一要因には，立地の優位性があった．鉄道の利便性を高めたことは，そうした優位性を生かすための措置であったと結びつけることができる．ただし，駅利用客が，そのまま商業の顧客につながるかは別問題である．名鉄の利用客と名鉄百貨店の売上高の相関に変化があらわれた時代が，その分岐点であったといえよう．マイカー普及との時期の重なりが影響しているように思われるが，その分析については今後の課題である．

　交通の変化は，人々の商業へのアクセス方法の変化をもたらし，小規模・過多性の商業の時代における狭い商圏から，商圏の広域化を可能とした．そのことは，店どうしの商圏が重なることとなり，そこに競争が生まれる．たしかに，80 年代以降に，小規模性・過多性の商業から，商業の大型化の現象を確認することができたこと，呉服系との競合を避けたターミナルデパートの優位性の低下は，競争のあらわれであろう．しかし，競争は，一方の発展と，他方の衰退をもたらすものではない．棲み分け，いわゆる補完関係が生まれるものともなる．ターミナルデパートは，ターミナルデパートとしての特異性があり，優位性は失われていないといえる．

参考文献

松本貴典・奥田都子［1997］「戦前期日本における在来産業の全国展開——営業税データ

による数量的分析——」, 中村隆英編『日本の経済発展と在来産業』山川出版社.

末田智樹［2010］『日本百貨店業成立史』ミネルヴァ書房.

名古屋鉄道広報宣伝部編［1997］『名古屋鉄道百年史』名古屋鉄道.

名鉄百貨店社史編さん室編［1985］『30年の歩み：名鉄百貨店開店30周年記念社史』名鉄百貨店.

電通編［1975］『生涯一書生——追想・土川元夫——』土川元夫顕彰会.

名古屋商工会議所［1937］『名古屋商工会議所議員名鑑』綜合経済研究所.

沢井鈴一［2010］『名古屋広小路ものがたり』堀川文化を伝える会.

名古屋市交通局50年史編集委員会編［1972］『市営五十年史』名古屋市交通局.

60年史編集委員会編［1971］『松坂屋60年史』松坂屋.

松坂屋70年史編集委員会編［1981］『株式会社松坂屋70年史』松坂屋.

松坂屋百年史編集委員会編［2010］『松坂屋百年史』松坂屋.

丸栄五十年史編纂委員会編［1994］『丸栄五十年史』丸栄.

丸栄総合企画部編［1974］『丸栄三十年史』丸栄.

東区史編さん委員会編［1973］『東区史（名古屋市）』東区総合庁舎建設後援会.

名古屋市経済局商工課［1973］『名古屋市の商店街』名古屋市.

（関谷 次博）

戦前期盛岡における百貨店の展開と旅関連催事
―― ジャパン・ツーリスト・ビューローと呉服系百貨店 ――

 はじめに

　鉄道と商業の関係を歴史的に考察する上で，近代日本の百貨店は非常に大きな影響を与えた存在である．研究史上，日本の百貨店の起源は大きく呉服系百貨店と電鉄系百貨店に分かれるが，とりわけ電鉄系百貨店は昭和初期に梅田の阪急百貨店や，渋谷の東横百貨店など，関東，関西とも私鉄が中心となり，それぞれの起点となるターミナル駅に百貨店を設置し，沿線開発とも連動しながら鉄道経営における不可欠な要素として位置づけられていくことになる．とりわけ大阪は谷内正往氏の先行研究に代表されるように，電鉄系百貨店が数多く成立した都市であった．呉服系百貨店も，こうしたターミナル駅への進出と無関係ではなく，大阪では，高島屋が1930（昭和5）年に南海電気鉄道と提携し，難波に進出（1932年に全面開店），東京でも当時銀座に本店を有していた百貨店の松屋が1931（昭和6）年に東武鉄道浅草雷門駅の開業に合わせて，駅と一体化した松屋浅草店を設置するなど，鉄道と百貨店は立地形態において昭和初期に一つの画期を見いだすことができる．しかし，呉服系百貨店と鉄道との関係は地下鉄を除き，ターミナル駅としての進出は戦前期において限定的であった．それゆえ戦前期において鉄道と百貨店との関係は大都市部，また電鉄系百貨店の分析が中心となってきたことは否めない．
　この点については，先行研究において末田智樹が，阪急百貨店の影響を受け福岡市天神町の九州鉄道のターミナルを立地選択した岩田屋の成立過程を考察しており，戦前期における地方百貨店成立におけるターミナル駅との関係に興味深い示唆を与えている．しかし，1920年代後半から1930年代に百貨店が全国的展開を果たしていく中にあって，上記は地方百貨店成立モデルの典型事例とまではいい難い．たとえば1937年の百貨店法制定に伴って組織された日本百貨店組合中，東北支部加盟店は7店であるが，各駅と商業エリアとの関係は認められるものの，いずれもターミナルに隣接するような形で立地された百貨

店はない.

　それでは鉄道と商業活動の中で，地方百貨店は戦前期，重要な役割を果たしていなかったのだろうか．本章では電鉄系百貨店の勃興が戦前期においてはみられなかった東北地方における百貨店成立過程，および地方百貨店と鉄道との接点を考察するものである．たしかに，ターミナル駅に積極的に百貨店を設置していった花形は戦前期においては当該私鉄が経営する百貨店であった．しかし，鉄道と百貨店との接点は，戦前期，単にターミナルへの百貨店進出だけに留まらなかった．その一つの事例として，筆者が着目したいのが，鉄道案内所（ツーリスト・ビューロー）である．東北地方における百貨店成立過程については，加藤諭が仙台における百貨店展開とその隣県への波及に関する分析をすすめてきている．その中で仙台に置かれた三越仙台支店と，盛岡に成立した地場系百貨店の川徳の両店に，ジャパン・ツーリスト・ビューローが置かれたことが言及されているが，これはフロア構成比較の類似性を指摘するもので，それ以上の論点は提示されてこなかった［加藤 2014：84］．しかし実際，東北地方において百貨店が成立した県下では，必ず百貨店に鉄道案内所（ツーリスト・ビューロー）が設置されており，ツーリスト・ビューローと百貨店との関係を考察することは，鉄道旅客事業と呉服系百貨店の新たな論点を提供し得るものであるといえよう．本章では従来研究蓄積が十分でなかった岩手県盛岡における百貨店成立過程を事例に，地方百貨店において観光催事が重視され，ツーリスト・ビューローが設置されていったことを明らかにするとともに，この現象を全国的な呉服系百貨店とツーリスト・ビューロー設置の歴史的経緯の中に位置づけることで，ターミナルデパートが成立しなかった地方における百貨店と鉄道との接点を解明することを試みたい.

1 明治・大正期の川徳呉服店

(1)　川徳の創業

　川徳は創業者である初代川村徳松が1866（慶應2）年4月，盛岡の鉈屋町に「徳田屋」と称した古手商を営んだことを嚆矢とする．鉈屋町は遠野街道と盛岡城下の出入り口にあたり，遠野や釜石方面からの往来があった下町であったが，その後，初代川村徳松は1875（明治8）年肴町に進出し「徳田屋徳松」の屋号で呉服店をはじめることとなる．肴町は近世以来，遊郭があった八幡町，

Chapter 4 戦前期盛岡における百貨店の展開と旅関連催事　*79*

馬市がたつ馬町，職人町であった生姜町などと隣接し，盛岡の繁華街であった．1884 年には河南大火による類焼で店舗が焼失するものの，店舗再建に際し「川村徳助商店」に店名を改め，1885 年に地元新聞に年末年始の催事広告を出稿するなど積極的に商売を展開していった．もっとも，1888 年に出版された『盛岡諸有名一覧』には川村徳助の名前はあがっていない．川村徳助商店期には，呉服・太物のほか，従来からの古手や糸，木綿などの取り扱いも継続しており，明治初期において川村徳助商店は有力商店としての存在感は十分ではなかったといえよう．

　しかし，1898 年川村徳助商店の店名を「川徳呉服店」に改称する明治中期以降は，翌 1899 年に洋傘部を新設するとともに，1900 年代前後に本町に支店を開設するなど，呉服・太物を本業としつつ業務の拡大を図り，呉服店としての地位を確立していった（川徳呉服店は以下川徳）．こうした中 1908 年には，越後屋呉服店（呉服町），亀島呉服店（中ノ橋通），榊呉服店（肴町），永卯呉服店（肴町）と川徳の盛岡市内 5 店舗共同で「連合春衣大売出し」が行われている．川徳が立地していた肴町の榊呉服店の榊岩五郎や，永卯呉服店の佐々木卯太郎らは明治初期の番付に名が出ている商人たちであり，そうした呉服店と共同売り出しを展開できたということは，川徳の店格向上を裏付けるものであるといえよう．その後 1909 年，川徳の洋傘部は洋物部に改組され店舗を本店向かいに設置，1914（大正 3）年には茅町に支店が開設されるなど店舗展開を図る一方，1912（明治 45）年には本店隣接地を買収，買収地は他店への賃借としたが，将来の本店規模拡大も見越した経営が志向されていった．

(2)　2 代目川村徳松の経営

　こうした中 1918（大正 7）年に初代川村徳松は死去，2 代目川村徳助が跡を継ぐことになる．2 代目川村徳松は西宮神社から分祠し川徳恵比寿神社を建て，1920 年 10 月末より関西の恵比寿講にならって「恵比寿会」を開催，第一次世界大戦後の戦後恐慌下にあった盛岡において新たな売り出し催事を模索するとともに，先行する同業他店の営業方法も取り入れていった．恵比寿会をはじめた 1920 年末，同業他店の榊呉服店は赤レンガ 3 階建ての洋風店舗を新築し，陳列販売方式を採用している．そもそも榊呉服店は 1907（明治 40）年に洋品部を設けるなど，店舗改革においては川徳に先行する存在であった．競合店の店舗改革にキャッチアップすべく，川徳も 1924（大正 13）年には別棟であった川

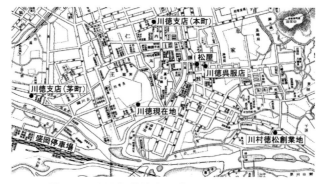

図 4-1　1920 年代後半の盛岡市街と店舗位置

（出所）盛岡商業会議所［1926］『大正十五年十月 盛岡商工人名録』盛岡商業会議所，川徳［2007］『奉仕こそわがつとめ 株式会社川徳創業 140 年記念誌』川徳．

徳洋物部を本店店舗内に移設，洋品・雑貨部門を新設した．また賃借させていた隣接地を自己の店舗に戻して寝具類の売場とし，さらに隣接地買い増しを行った．このように本店に取扱商品を集約し，同じ肴町のライバル店である榊呉服店に対抗していったのである．

　こうした川徳の動きは榊呉服店等同業他店への対抗策であったとともに，2代目川村徳助期の店内状況も反映したものであった．川徳本店は長男であった徳助が継いだが，本町支店は分家した次男清助が切り盛りしており，後に「川清呉服店」として独立することとなり，茅町支店も三男の善吉が「川善」として経営していくことになる．加えて，1927（昭和2）年に五男松助は呉服町に新柄モス・銘仙の専門店「松屋」を開業，この松屋は後に川徳とともに百貨店化に経営の軸を移していくこととなる（図4-1）．このように初代川村徳松によって設置された各支店は，支店網形成というよりは子たちによって各店独立が図られていった．このため 2 代川村徳助は本店規模の拡大策を重視していくことになったのである．もっとも 2 代目川村徳助は 1927 年盛岡銀行の監査役に就任するとともに，1928 年には盛岡市商業会議所議員に当選，このほか花巻温泉や盛岡織物会社等複数の役員・監査役も務め，自身は財界人としての道を歩むこととなり，家業については，長女，次女の 2 人の娘婿が経営のかじ取りを担った．

　この時期の川徳の商勢について盛岡商業会議所発行の『大正十五年十月 盛岡商工人名録』をみてみると，1925 年度営業税額は川徳呉服店が 9 万 7550 円

で呉服太物業における地域一番店になっていたことがわかる。第2位はライバル榊呉服店で同営業税額は9万1200円と僅差であった。『昭和三年十二月　盛岡商工人名録』では1926年に営業税が営業収益税に改められたことで、営業収益税額が記されているが、ここでは榊呉服店が6万5828円、対して川徳は6万5800円と僅差ではあるが今度は立場が逆転している。川徳は呉服太物業において同業他店を圧倒する営業規模は誇っていなかったものの、大正末期から昭和初期において盛岡市内1、2を争う有力店であったといえる。

(3)　3代目川村徳松の襲名と岩手県公会堂催事

　1932年3月に2代目川村徳助が死去した後、継嗣の林三が3代目川村徳助として後を継いだが、当時3代目徳助は15歳と若く、栄三、行蔵の義兄が支えるという体制を取ることとなった。3代目川村徳松になってから川徳で増加していったのは大規模催事である。1932年10月川徳は、3代目襲名祝いを兼ねた大売り出しを企画、10月2日から4日までの3日間、岩手県公会堂において「呉服・雑貨特別大売出し」を開催した。これは公会堂1階、2階を借り切ったもので1階ホールには婚礼衣装のほか、銘仙売場、洋品売場、2階では「秋の染織優選会」と銘打った呉服展示会を催した。このほか公会堂内のレストランではマルトクランチ、茶菓子等が提供され、会場入口でも丸徳菓子の特売店を設けた。また東京マネキン倶楽部からマネキンガールを招聘し、花嫁衣裳の着付け実演等も行われた。『岩手日報』はこの様子を「川徳の公会堂大売り出しは白熱的人気」と評している。品揃えや催事内容をみてみると、これはいわば公会堂の施設を借りて百貨店に類似した空間を演出したものであったといえよう。当時本格的な高層階の店舗を有していなかった川徳にあって、公会堂は格好の催事空間だったのである。川徳のこの動きは同業他店を刺激したようで、機先を制するように1932年9月榊呉服店が新聞上で西陣染物、絵羽織、訪問着、銘仙、帯皮、村山大島などの売り出し広告を次々に打ち出したほか、川徳から独立した松屋も10月1日から東京からマネキンを招聘しての売り出しを開始するなど、相次いで対抗する動きをみせた。

　川徳はこの催事の成功を経て、1933年4月店内売場を拡張、あわせて顧客に対し売場配置に関する懸賞投票を行っている。新聞に「（一）当店の商品配置を如何にせば皆様方の最も買ひ良ひ店となりましやうか（二）現在当店で取扱つてゐる以外の何んな品物を販売致したならば皆様の御便利な店と成りまし

やうか（三）当店で皆様の御気に召さぬ点と何んなサービスが必要で御座いましやうか御知らせください」［岩手日報，1933年4月1日］という広告記事を掲載，最も適当かつ親切なアンケートを書いた消費者には10円商品券を進呈する，とした．売場面積拡大の中，消費者需要に沿った多角的な商品構成と売場配置を模索していたことがわかる．こうした流れを受け，1933年9月川徳は個人商店から近代的な経営に転換，資本金10万円でもって合名会社化し「合名会社川徳呉服店」となった．

　一方，川徳呉服店に対抗するように1933年には，松屋が県公会堂での大規模催事を行った．松屋は10月中旬に県公会堂で「福助デー」を開催，温泉招待付きの足袋の大売出しを催し，翌11月にも「松屋デー」を行い，呉服・洋品・防寒具等の売り出しを展開したほか，1階ホールを舞台に日本舞踊家の新作舞踊公演を同時開催した．翌11月には，県公会堂ホールで岩手日報主催県下特産物陳列即売会が開催されたのに合わせて，川徳呉服店も同公会堂内で協賛売り出しを同時開催，1933年に入り川徳呉服店，松屋の両店は，県公会堂を会場として，催事による顧客誘引と呉服洋品雑貨の売り出しを絡めた百貨店類似の空間演出を展開しつつ販売を競っていくこととなる．

　ところで，こうした県公会堂での大規模催事は，川徳，松屋の「出張販売」と新聞紙上で形容されている．当時川徳は1932年11月19日から21日の3日間には水沢大町（現・奥州市）菊養漁網店において出張大売出しを開催しているように，しばしば岩手県内において出張販売を行っていた．この出張販売を県公会堂で大規模に展開したのが上記催事であったということができる．このように有力呉服商による出張販売商法が，市内公会堂等の多目的催事空間において規模を拡大した形で企画され，百貨店に類似した空間を提供していく過程が，地方都市の呉服系百貨店の成立過程で確認できることをここでは指摘しておきたい．こうした公会堂での動きに加えて1932年から1933年にかけては隣県の仙台において藤崎，三越の2百貨店が成立，『岩手日報』にも広告が定期的に打ち出されていた．隣県の百貨店化の動きと，公会堂での百貨店類似の消費空間の演出が同業他店において競合的に展開されていく動きがあいまって，盛岡における百貨店に対する潜在的需要は惹起されていったと思われる．

2 川徳・松屋の百貨店化

(1) 競合店としての川徳・松屋

1934（昭和9）年に入るといよいよ百貨店化の動きが新聞報道されるようになっていく．2月『岩手日報』は「肴町は変貌する 地下一階と三階に大拡張して 松屋がデパートに」との見出しで，「松屋呉服店が現在の店舗を角目まで大拡張してデパートを経営することになり着々計画が進められて居るが更に向ひの早くから二軒店のあつた田中玩具店は既に同呉服店の玩具部となり（中略）松屋は現在の店舗が十間の間口に奥行十五間で百五十坪だが更に隣接の村田履物店及び似鳥自動車部とも連合協議の上二百坪を画して地下一階，地上三階の本市初めての地階デパートを建てるさうでこの春早くも着工の段取りとなって居る[2]」と報道している．結局同年中の建設は行われなかったものの，10月には各店の商品構成を明確化し，本店には呉服部，向い店には洋品部，角店には玩具部を集約させた．

対する川徳も同年5月末には木造二階建て別館を改築し，洋品・雑貨部門を移し玩具部，化粧品部を新設，品揃えを充実させた．改築新装売り出しでは，別館で幡街芸妓による舞踊会が行われたほか，同年9月には秋の呉服発表陳列会として第1回「徳彩会」を開催，催事場でも順次映画界やファッションショーなども行われ，これまで県公会堂で展開されてきた百貨店に類似した空間演出を，増床した川徳店内で展開していくことになる．1930年代に入ると百貨店化の過程で榊呉服店以上に，川徳の競合店は松屋となっていき，そうした状況は盛岡市民も感じ取っていたらしい．当時の『岩手日報』は「松屋呉服店の発展ぶりは近頃の話題だ，がまた御本家の川徳との対陣（？）も大分激しくなつて来たらしい[3]」として，川徳店員が売り出しのビラを松屋の前にまき散らし，松屋側がビラを拾い集めて川徳に電話で猛抗議した，といううわさ話を記事にしている．

『昭和十一年 岩手県商工人名録』をみると，1934年度の川村松助（松屋）の営業収益税は2万7420円，榊文治郎（榊呉服店）の営業収益税は2万9706円とほぼ拮抗している（川徳は合名会社となっており資本金のみ掲載で営業収益税不明）．松屋が部門の多角化を図りながら業績を急成長させていったことがわかる．また『昭和十一年 岩手県商工人名録』では川徳，松屋とも業態区別としては呉

服太物に分類されているものの，営業種目はいずれも呉服太物小間物化粧品となっており，こうした多角的な営業種目が記載されているのは，岩手県下でこの2店舗だけであった．川徳，松屋は双方ともに百貨店化に向けた経営戦略を志向し，強く意識しあう存在であったのである．

ところで県公会堂自体は，1934年段階になると，興行趣味的な催事に対し規制をかけていくことになる．『岩手日報』は「県公会堂の第一ホールは最近殆ど小屋の観を呈し」ている状況であり，「各商店のジャズ余興入りの出張販売所等実に目まぐるしいばかりに使用され県の収入を増して居る」ものの「凶作不況は何処風が吹くとばかりの各種興行物がチャンヂャン跳び廻つたり騒ぎ廻つた上に凶作岩手県からドンドン金を集めて行くなどは実に怪しからんとあつて例へ公会堂使用料の収入が減少するとしても之等は覚悟の前で今後公会堂の使用を許可せざること」とすることに決めたという記事を掲載している[4]．1934年は東北凶作があった時期でもあり，県の施設で過度な興行を認めることが問題視されていたのである．もっとも実際には翌1935年7月に県公会堂では松屋デーが開催され，余興ジャズと新舞踊の会も同時開催されるなど，県公会堂での催事規制は東北凶作を受けての一時的措置にすぎなかった側面も否定できないが，社会情勢の中で岩手県が県公会堂での催事を規制する姿勢をみせたことも事実であり，川徳，松屋は自らの店舗拡張をより強く志向していくこととなる．

1935年3月川徳は洋装部を新設するなど部門の多角化を進めていたが，松屋との競争は土地争いも含め激化していった．『岩手日報』は

　盛岡銀座の肴町一丁目に王座を占める川徳呉服店は，デパート式別館を新築，食堂まで開設．これが当たって盛岡銀ブラ達をうれしがらせた．だが，元来川徳は表通りからみると本店と別館の間に，吉田下駄店・長岡パン屋・藤要雑貨店の三軒に遮られて居つたけれども実は裏手の方はU字型にズーッと続いて居つたので，川徳としては中間を距てずに本館，別館が接続して居れば大いに理想的ではないかと世間からみられて居たものだ．ところが，今度このU字型三軒の商店の中央に在つた長岡パン屋が姿を消し二三日前忽然としてその場所に抱き松葉の中に松の字をデカデカと配した商標マークの戸が建てられたので肴町人はアッと魂消させた，それもその筈，このマークは中ノ橋通り松屋呉服店の看板だから人目を惹くのも無理

がない[5]

として松屋が買収したことを伝えている. 松屋は買収地について仙台の繁田園茶屋支店を誘致する計画としており, 買収地を百貨店建設とは直接は関係がなかったようであるが, 4月には川徳呉服店側も別館隣接の中直提灯店と長谷川大正堂(薬局)を買収する動きをみせており, 松屋の買収が川徳を刺激したことは否めない.

(2) 松屋の百貨店宣言

こうした中, 同年5月頃には川徳, 松屋両店の得意先である松尾鉱山の林知義所長が調停にたち, 合併話もあったようで,『岩手日報』によれば「両者10万円ずつ出資の合資会社とすることとし社長が川徳, 副社長が松屋が着き川徳別館の場所に一大デパートを建設せんとするもので店名は川徳としマークは松屋側のものにしよう」というものであったが, 結局実現をみることはなかった. 結果松屋は6月「仮営業所設置の御挨拶」を『岩手日報』に掲載,「旁々御得意様方の熱烈折角の御薦めもあり茲に店舗の改築を断行し全商品を一堂に集め更に生活の必需品を網羅し報謝奉仕への一大飛躍の為めに松屋百貨店として経営することに決心いたしました[6]」として百貨店となることを宣言, 新店舗建築期間中の仮営業所を合わせて案内した. 松屋の百貨店宣言に対抗するように, 川徳も9月から買収した別館隣接店舗を合わせた増築工事に入り, 11月増築工事が竣工したことを新聞紙上で報告,「従来の呉服, 洋品, 雑貨に「食料品部」を新設いたしまして東京食料品会の権威三越姉妹会社の二幸商会と特約を結び東都そのままの珍味を御食膳に, 或は御贈答用品として選ばせて頂く[7]」と食料品部の新設を紹介し, 11月16日から3日の増築記念大売出しを開催した. 二幸商会は味のデパートと称された三越の傍系会社であり, 当時新宿にも店舗を構えるとともに三越の本支店間の食料品部門の委託業務を担っていた. 催事展開, 取扱商品だけをみればこの時点で川徳呉服店も百貨店とほぼ変わらない商品構成を展開することになったといえる. 増築記念大売出し最終日には『岩手日報』に「盛況御礼」広告を載せており, 反響が大きかったことを物語っている.

一方で川徳の増築記念大売出しは来るべき松屋の新館落成への対抗策でもあった. 同年11月21日, 建設中であった松屋が鉄筋コンクリート造り, 地上4

階（塔屋有），地下1階建てで開店，地下では御家庭用金物雑貨大売出し，食料品記念特価大売出し，1階では特選洋品雑貨新型展覧会，婦人子供スエーター大売出し，2階では御婚礼衣装新柄陳列会，松美会特選京呉服陳列会，婦人コート新柄大売出し，四大産地銘仙新柄大売出し，3階ではウインタースポーツ用品大売出し，実用文房具大売出し，4階では御婚礼用家具陳列会と全フロアあげての大売出しを展開，合わせて景品総額は4400円にのぼる恵比寿講福引を実施した．また開店時には盛岡市長，盛岡商工会議所会頭が開扉式を担い，開店に合わせて4階催事場では岩手日報主催の岩手県新興名産品展覧会が開催されるなど，盛岡市をあげてのお祭りムードを高めた．従来岩手日報が主催した，1933年11月の岩手県下特産物陳列並に即売会などは，会場を岩手県公会堂第1ホールに求めていた．1935年5月に開催された岩手県下華道大会は翌年も県公会堂で開催しており，継続して県公会堂で催された文化催事もあったものの，松屋での岩手県新興名産品展覧会は大規模催事が県公会堂から民間商業施設催事場へ移っていく契機となった．合わせて松屋はこの新館落成を期に合名会社化し個人商店からの脱皮を図っている．

松屋新館開店初日盛況ぶりの模様を『岩手日報』は以下のよう伝えている．

> この日デパート入口の中ノ橋通りは大雑踏のために交通整理のお巡りさんを煩はす有様モーニング姿の松屋デパートの御大は感激に声をからして人波の整理に当つてゐるのも開店当日の一風景だ　この日の入場者の正確な数字は午後二時までに二万人，夜九時閉会までには四万人を超える超満員で屢々「札止め」して入場制限を加へる始末[8)]

最終的に岩手県振興名産品展覧会の会期中（21～25日）の延べ入場人員数は十数万人に達したという．

松屋は開店に合わせ男子店員，女子店員を各30名ずつ，食堂給仕10人を募集しており，食堂給仕も女性が主たる対象であったと思われることから，女子店員の比率を高めたものと思われる．11月24日付の『岩手日報』では松屋の女子店員中，ガイドガールとエレベーターガールが紹介されており，店内案内を担当するガイドガールは盛岡出身で札幌高等女学校を卒業後，札幌放送局のアナウンサー，松尾鉱山事務職を経て採用になったこと，エレベーターガールについては3名中2名が東京からよび寄せた人材で，地元出身者で松屋生え抜きの1名は新宿の伊勢丹で2週間エレベーター運転の訓練を受けて担当になっ

たことが記されている．こうした記述からは松屋が百貨店化の過程で揃えた女子店員が高等女学校卒業程度の学歴が求められつつあったこと，岩手県外の都市を経験している人材が集められ，地元出身者は適宜東京の百貨店で研修を受けさせられていたことがみてとれる．

(3) 地元における百貨店観

　松屋の新館落成は，盛岡市内の競合店である，川徳，榊呉服店にとっても脅威であったが，それぞれの対応は分かれた．11月25日付『岩手日報』において，川徳呉服店は「店舗を増築した自身に加え所在地である肴町一丁目を打つて一丸とした横のデパートを実現」として4階建ての松屋に対し，川徳を中心として肴町商店街を横のデパートと見立てて対抗している状況を記しているが，一方で「松屋デパートの商況如何に依つては現在本店の場所に一大デパート建設の計画」もあることを伝えている．一方で榊呉服店については「明春を期して現在の三階建物を近代建築模様を取入れて修理した上に，後方に接続してモダン建物を建てる計画があるそうだ」という情報とともに「川徳，松屋サンのお陰でこちらも大変いい成績です，人出があると結構売れるものです，当店のデパート計画ですか，それは秘中の秘ですが，いづれにしても呉服以外の商品は取扱はん積りです」という榊呉服店のコメントを合わせて掲載している．川徳と榊呉服店の部門多角化に対する経営戦略は対照的であったといえよう．

　またこの記事の見出しは「盛岡・商店街狂騒曲　せり合ふ百貨店　松屋に対抗し，川徳，榊両呉服店　横のデパート実現」であり，川徳，松屋は『岩手日報』の記事上では1935年11月頃から川徳デパート，松屋デパートとデパートを付けた通称が使われるようになっている．少なくても盛岡の地元市民にとってこの3店は「百貨店」とみなされるような小売店，いわゆる百貨店式経営商店として位置づけられていたといえる．もっとも，その中には呉服以外を取り扱わないと言及している榊呉服店も含めるなど定義はあいまいであった．戦前期における百貨店の業界新聞である百貨店新聞社が各年発刊していた『日本百貨店総覧　昭和12年版』には東北地方の百貨店として，川徳，松屋の記載はみられない．1937年に百貨店法が制定される以前，百貨店業界は商業組合法に基づき，百貨店商業組合を組織しており，東北地方では仙台立地の三越仙台支店，藤崎は加盟しているが，盛岡における川徳呉服店，松屋，榊呉服店はいずれも加盟していない．百貨店法制定以前において，盛岡は百貨店業界からは百貨店

未成立の地域とみられていた反面，百貨店式経営商店はすでに勃興しており，地元市民・メディアからは百貨店として認識されていたのである．

　ところで盛岡市内商業者の全体的な動向はどうだったのだろうか．『岩手日報』は 1935 年末の盛岡市内の歳末商戦状況について，4 階建ての松屋を「縦のデパート」，2 階建ての川徳呉服店を「横のデパート」と形容し，「市内は縦のデパート，横のデパートでデパートでなければ，商売が出来ぬような有様」で肴町界隈では「「デパートは見るもの，買物はいつも肴町」なんどと痛烈深刻を極めたビラがふりまかれるやうな景況，デパート対策は今や市内商業家当面の重大問題とされ，あつちでもこつでも知恵と資本とサービスで色んな人気吸収の花を咲かせてゐる[9]」と凝った宣伝広告やサービスデーの開催など各商店の工夫を紹介しているが，一方で商店街からの反百貨店運動のような報道はみられない．これは盛岡市内に百貨店式経営商店が登場したこともあり，競争は激化したが，商店街へ足を運ぶ来客の母数自体が増えたことと無関係ではないだろう．1935 年末の市内商店街の景況について取材した『岩手日報』は続報として以下のようにまとめている．「今年は大変人出が多い，魚に例へて大変失礼だが先づ魚群の襲来と思はれるが餌付きの悪いのは驚くほどだ，去年ならば師走も中旬には可なり餌付きがよかつた，之は各商店の度外れの競争の結果商品低下に安定率がなく，之れが購買客の心理に微妙に反映して一種の不安を与へ且つ客の経済観念が発達して来たが為めだらうとの意見に大体一致するやうだ[10]」．盛岡に駐屯していた陸軍が中国大陸へ派兵となったこと，1934 年来の凶作の影響も「多少はあるらしい」と注記はしているものの，上記記事からは年の瀬にかけて盛岡市内商店街の来客数自体は増加傾向にあった一方で，商店間の競争が激化し，売り上げに直結しづらかった状況がみてとれる．盛岡の場合，市内商業者が反百貨店運動のような，百貨店設置自体に反対を掲げる方向性には向かわなかったのは，川徳，松屋のような百貨店式経営商店の登場が盛岡市内の商況を活性化させた存在としてみられていたことが一要因といえよう．

　さて岩手日報主催の「岩手県新興名産品展覧会」は松屋の新館落成に花を添え，館内設備についても新館開店当初地上階運転であったエレベーターを1936 年 3 月までには地下までの運転が図れるよう延長工事が行われるなど，施設の整備も進めていったが，1936 年に入ると岩手日報主催の催事は，今度は川徳で開催されることとなる．1935 年 5 月 5 日から 11 日の 1 週間，川徳では岩手日報主催，盛岡運輸事務所並びに盛岡市後援のもと，東北六県振興名産

並に仙台鉄道局管内七県下の観光土産品を集めた「北日本銘産観光展」が催された。川徳は別館2階ホールを第1会場、本館階下を第2会場とし、これに合わせて食堂では名産料理を提供、この催事では初日から数千人が来場、『岩手日報』は「連日連夜圧倒的盛況」とその様子を報道している。岩手日報主催催事は、その後同年10月にも川徳呉服店を会場に「陸軍特別大演習写真展」として開催されている。

またこの「岩手県新興名産品展覧会」期間中には、川徳店内で桜まつりと銘打った売り出しを行い、全館あげての連動企画を図っているが、この桜まつりは買い上げ1円毎に肴町1丁目景品券が来客者に進呈されることになっており、商店街への波及効果も意識されていた。また川徳は、7月15日にも中元大福引売り出しの際、1円毎に肴町1丁目抽選券を配布している。この時川徳は2階壁面の店頭に東北唯一と謳った点滅する電気サインを新設し夜の肴町を彩った。こうした盛岡市内商店街との連携について松屋側も、1936年10月の十夜市において、2円以上買い上げの来客者に中央映画劇場の招待券を配布している。このほか同年11月川徳呉服店は盛岡市織物商組合の申し合わせに応じ、毎月17日を定休日とすることについて『岩手日報』を通じて広告している。この公休日設定に際し11月17日県公会堂で「公休日設定記念祝賀式」が行われたが、ここで祝辞を述べたのは当時、盛岡商工会議所の副頭取も務めていた松屋の川村松助であった。川徳3代目の川村徳助は1936年11月時点で成年式を行ったばかりであったが、2代目川村徳助は先にみたように、盛岡銀行監査役や盛岡商業会議所議員を務めるなど、盛岡の財界人として名を馳せていた。川徳、松屋ともに百貨店化を進めていった一方で、盛岡市内商工業者を調整する立場としての顔も有していたのであり、一定程度商店街や同業他社との共存共栄を図る姿勢がみてとれる。こうした地域商工業者との密接な関りが、盛岡における川徳、松屋の百貨店化の過程で反百貨店運動が発生しなかったもう1つの要因としてあげられよう。

(4)　合名会社川徳の成立

1937年10月、川徳は別館隣接地600.6平方メートルを買収し、店舗のさらなる増築工事を開始した。増築工事は12月までに完成、12月1日には百貨店法に基づき営業時間が午前9時から午後9時とすることが『岩手日報』上に掲載された。新装開店のため12月3、4日は全館休館し、12月5日付の『岩手

日報』に，満を持して当日開館の広告を出稿した．広告では新装開店に合わせ
て，文房具，陶器漆器，家庭用金物，日用品雑貨，南部名産おみやげ品売場，
遊園地コドモノクニなどの売場の新設，幡街芸妓総出演の舞踊の会，増築完成
景品付大売出しのお知らせが掲載され，『岩手日報』は川徳呉服店を「県下一
の大デパート」と伝えている．川徳社史『川徳創業百年』によればこの売場新
設にあわせて，家庭雑貨・文具・玩具・家具部門が新設されている．百貨店新
聞社による『日本百貨店総覧　昭和14年版』には，創業1875年，百貨店開店
1937年12月5日と記載している．川徳呉服店に先立って，松屋は10月1日
より百貨店法実施により営業時間を午前9時から午後9時とすることの広告を
『岩手日報』上に載せており，1937年末までに盛岡の川徳呉服店・松屋は，百
貨店法に基づく百貨店として名実ともに位置づけられたのである．さらに川徳
呉服店は1938年には商号を合名会社川徳呉服店から「合名会社川徳」に変更，
百貨店としての実態に即した商号変更を行った．また松屋も1938年9月5日
に閉店した肴町二丁目の永卯洋品店から，同店の閉店に伴い従業員，在庫を継
承し洋品部門が強化されている．永卯は幕末期に雑貨販売を営み，明治期に呉
服太物業に業態変更，大正期からは洋品店に転換，盛岡市内で最も古い洋品店
であった．永卯店主の佐々木卯太郎と松屋店主の川村松助の両夫人は姉妹同士
で姻戚関係にあったことが譲渡の背景にあったことを『岩手日報』では伝えて
いる．

　こうして盛岡に成立した2つの百貨店であったが，その経営規模はどのよう
なものであったのだろうか，当時の川徳，松屋の経営規模について『百貨店年
鑑　昭和13年版』，『日本百貨店総覧　昭和14年版』よりみてみたい．川徳は
合名会社，松屋は個人商店の形態をとっており戦前期において株式会社化して
いなかった，ということもあって営業報告書はなく，実際の売上高等はほとん
どわからない．そこで上記史料から判別できる資本金や店舗規模や従業員数か
ら把握を試みてみたい．川徳は1938年時点での資本金は合名会社化した1934
年から増資せず10万円で，店舗は地上二階建て，総床面積は2489平方メート
ル，売場面積2365平方メートル，従業員数は135名となっている．1939年時
点では従業員数は若干減少し120名となっているが，店員内訳が示されており，
それによれば男子店員50名，女子店員70名と女子店員比率は58.3パーセン
トであった．店舗内設備としてはエレベーター，エスカレーターは設置されて
おらず，冷暖房設備等もなかった．対する松屋は1938年時点での店舗は地下

表 4-1　東北地方における日本百貨店組合加盟店の店舗規模一覧

(m²)（小数点以下四捨五入）

地域	店名	会社形態	総床面積	売場面積	建物階層
弘前	宮川呉服店	株式会社	5,788	3,701	新館 5 階，旧館 3 階
青森	菊屋百貨店	株式会社	2,485	2,349	3 階
青森	松木屋百貨店	株式会社	1,750	1,659	3 階
盛岡	川徳	合名会社	2,489	2,365	2 階
盛岡	松屋	個人経営	1,596	1,550	地下 1 階，地上 4 階
仙台	三越仙台支店	株式会社	6,790	6,073	地下 1 階，地上 5 階
仙台	藤崎	株式会社	5,008	3,738	地下 1 階，地上 3 階

（注）　日本百貨店組合は百貨店法のもとで組織された業界団体で加盟は義務規定.
（出所）　百貨店新聞社編 [1939]『日本百貨店総覧　昭和 14 年版』百貨店新聞社.

1 階，地上 4 階，総床面積 1596 平方メートル，売場面積 1550 平方メートル，従業員数 120 名となっている．1939 年時では資本金 20 万円，総床面積 1595.89 平方メートル，売場面積 1550.37 平方メートル，従業員数は 101 名（男子店員 54 名，女子店員 47 名）となっており，川徳に比べると女子店員の比率は小さい（46.5 パーセント）．エレベーターが 1 台，冷房設備はないものの暖房設備は有りということになっている．総床面積はほぼ誤差の範囲でありこの間の増床はなかったものと思われる．

　このように比較してみると，横のデパート＝川徳と，縦のデパート＝松屋と『岩手日報』が形容していた通りの数字がみて取れる．川徳はエレベーターや冷暖房設備も有せず店舗自体は低層階の構造を取っていたが，総床面積に限ってみれば松屋の 1.5 倍を誇っており「県下一のデパート」であったといえる（表 4-1）．1937 年 8 月 13 日に制定された百貨店法を受けて，1937 年 9 月 25 日商工省令第 21 号として出された百貨店法施行規則では，「第一条　百貨店法第一条ノ売場面積ハ商工大臣ノ指定スル区域ニ於テハ三千平米以上，其ノ他ノ区域ニ於テハ千五百平方米以上トス」とされており，6 大都市以外の地方都市の百貨店売場面積の要件は 1500 平方メートル以上ということになっていた．松屋は基準すれすれで百貨店認定を受けたことになる．一方で川徳は百貨店法のもとで加盟が義務付けられた日本百貨店組合の中で東北地方加盟店唯一の 2 階建て低層構造の百貨店であり，近代的な鉄筋コンクリート造りの松屋には施設面では劣っていた．盛岡の 2 百貨店の店舗の特徴からは，地方百貨店の成立形態の多様性がみてとることができる．

(5) 川徳へのジャパン・ツーリスト・ビューロー設置

　ここまで岩手県盛岡市における百貨店の成立過程をみてきたが，川徳，松屋ともに呉服太物を取り扱いながら取扱商品を順次拡大させ，百貨店化を目指した地場の呉服系百貨店であったと定義することができる．またその立地も盛岡駅からは一定の距離があり，ターミナル隣接の形態はとらなかった．こうした意味において一見すると盛岡においては鉄道と百貨店との関係はみえにくい．しかし盛岡では百貨店成立過程において全く鉄道と無関係だったわけではない．その1つは旅行に関する催事展開である．

　1935年の松屋の新館落成を受けて川徳は1936年以降相次いで新味ある催事を打ち出し顧客の誘客に努めていくこととなるが，その一環として同年1月21日より全国駅スタンプ展覧会を開始，北海道より下関に至るまでの全国各駅のスタンプ数百種の一大展覧を行った．また前述のように5月5日からは岩手日報主催のもと北日本銘産観光展を開催，連日会場満員の大人気催事となったが，これには岩手県及び盛岡運輸事務所が後援しており，開催2日目には岩手県立盛岡商業学校長，盛岡市産業課長のほか盛岡駅長や運輸旅客主任等が加わった座談会が『岩手日報』の企画として開催，鈴木運輸旅客主任は席上，観光と停車場での購買に関する意見を述べている．川徳呉服店が松屋への対抗策として展開した催事の主力に地方名産と観光を織り交ぜ，盛岡運輸事務所がこれを後援していたことは興味深い．百貨店化の過程で川徳呉服店は観光催事に着目し，盛岡運輸事務所側も百貨店顧客層の観光需要や停車場での名産土産物に関する意識を調査していたのである．対する松屋側でも同年6月25日から7月25日にかけての全館大福引のサービスを行い，特別1等から3等までの景品を旅行往復遊覧券として顧客誘引を図っている．こうした催事の事例からは盛岡における百貨店の顧客層が，観光旅行をレジャーとして楽しむ潜在的消費者層でもあったことを物語っている．

　こうした流れを受けて，1938年4月には川徳呉服店においてジャパン・ツーリスト・ビューロー（日本旅行協会）案内所が開設された．これは盛岡駅鉄道案内所の役割も果たすもので，4月20日の『新岩手日報』によればその業務は①各地への切符類発売，②乗物一切・社寺券・宿泊券等を一括した特殊クーポンの発売，③団体旅行の取扱・旅程の作製，④内地・外地旅行の斡旋，⑤汽車時間表・雑誌『旅』『温泉』・案内記・地図等の発売，⑥旅行小切手の発売と障害・手荷物保険の取扱，⑦日本旅行倶楽部・日本温泉倶楽部への御

Chapter 4 戦前期盛岡における百貨店の展開と旅関連催事 **93**

入会受付であった．この案内所開設に合わせて，川徳では「世界名勝ヂオラマ展覧会」を開催するとともに，仙台鉄道局・盛岡運輸事務所・岩手県観光協会・盛岡市観光協会主催，新岩手日報社・川徳が後援するかたちのタイアップ企画として岩手県公会堂において「観光報国の夕」を展開した．その後川徳では6月に店内で盛岡観光写真展を開催している．このように盛岡では，呉服系百貨店が催事，商品展開，案内所を通じた旅客に関する情報発信地・消費空間として機能していったのであり，その過程で観光を通じた鉄道との密接な関係を構築していったのである．それではこれは盛岡における特殊事例であったのだろうか，ジャパン・ツーリスト・ビューローと百貨店との関係を次章ではみていくことにしたい．

3 ジャパン・ツーリスト・ビューローと呉服系百貨店

(1) ジャパン・ツーリスト・ビューロー案内所の百貨店設置

ジャパン・ツーリスト・ビューローは外国人観光客誘客促進を目的として1912（明治45）年に鉄道員を母体として創立された組織である．創立当初において，ジャパン・ツーリスト・ビューローは鉄道院の拠出金を原資に，私鉄，船舶会社，ホテル等による会費収入で運営されていたが，第一次世界大戦後，漸次のインフレーションの影響から，会費収入を基にした経営に一定の限界がみられるようになっていく（**表4-2**）．こうした状況を受けて，1918（大正7）年には，日本と中国，朝鮮半島間での連絡券について一般日本人客への販売を開始するなど，大正期に入ると外国人の日本への誘致宣伝事業から，徐々に代売斡旋事業を含めた事業へとの転換を図るようになっていく．さらに1920年理事であった木下淑夫は「観光事業に関する木下私案」を開陳，コンダクテッド・ツアー企画，荷物運送業務の取扱，観光産業を担う人材の養成機関設立，ホテル等施設への関与など，会員収入に拠らない新たな事業展開を案出した．こうした流れを受けて，ジャパン・ツーリスト・ビューローでは1921年以降，国内外での鉄道，汽船，旅行会社等との代売，代理店契約を相次いで締結していくこととなった．

しかし，こうした試みに反し，当時ジャパン・ツーリスト・ビューローが擁していた案内所は，横浜，神戸，下関，長崎など外国人観光客に応じるのに至便であった地域に偏っており，その販売ルートの拡大が課題であった．こうし

表4-2　ジャパン・ツーリスト・ビューロー本部関係
収支表

(円)

年度	収入				支出	収益
(西暦)	会費	手数料	その他	合計		
1912	54,000	—	1,454	55,454	8,554	46,900
1913	55,980	—	3,836	59,816	41,884	17,932
1914	55,000	627	5,461	61,088	49,361	11,727
1915	57,980	1,288	7,086	66,354	43,373	22,981
1916	57,980	2,329	6,467	66,776	45,322	21,454
1917	83,890	3,604	8,439	95,933	56,361	39,572
1918	83,910	6,335	11,393	101,638	80,305	21,333
1919	83,920	11,285	12,770	107,975	86,474	21,501
1920	85,980	16,392	17,195	119,567	103,708	15,859
1921	86,370	18,997	17,293	122,660	98,108	24,552
1922	86,440	20,575	19,281	126,296	160,172	△33,876
1923	84,660	30,723	15,010	130,393	115,200	15,193
1924	85,440	40,534	18,906	144,880	117,845	27,035
1925	86,250	51,069	24,876	162,195	145,345	16,850
1926	88,160	76,151	31,735	196,046	176,791	19,255
1927	88,090	92,540	45,343	225,973	175,030	50,943
1928	89,590	93,677	39,281	222,548	212,548	10,000
1929	89,560	113,207	42,687	245,454	234,898	10,556
1930	92,210	102,424	45,339	239,973	255,647	△15,674
1931	94,260	137,657	46,724	278,641	270,954	7,687
1932	97,460	228,307	51,101	376,868	384,014	△7,146
1933	98,110	321,749	74,019	493,878	420,954	72,924
1934	95,260	415,389	57,189	567,838	529,236	38,602

(出所)　ジャパン・ツーリスト・ビューロー（日本旅行協会）[1936]『ビ
ューロー読本　第3版』ジャパン・ツーリスト・ビューロー.

たジャパン・ツーリスト・ビューローの販売ルートの課題に対する解が百貨店
への案内所設置だったのである．

　百貨店への案内所設置にあたって，ジャパン・ツーリスト・ビューローが候
補としたのは，当時業界売上高一位を誇っていた三越呉服店（以下三越）であ
った．1912（明治45）年のジャパン・ツーリスト・ビューローの設立総会時，
三越は，髙島屋合名会社（のちの髙島屋）とともに私鉄，船舶会社，ホテル等に
まじって外来客をも対象とする小売業の代表として出席しており，三越専務取
締役を務めていた日比翁助はその後理事の1人に選任されるなど設立当初より
接点を持っていた．三越は店舗内に案内所を設置するにあたって，鉄道の切符

だけでなく観劇等のチケットも販売することを条件としたが，案内所の設置交渉はまとまり，1925年9月にジャパン・ツーリスト・ビューローの案内所が三越日本橋本店内に設置される運びとなった．

　一方，この頃鉄道省自体も駅以外の案内所開設の意向を持っており，1925年に関東大震災の影響から銀座に本店を移し，本格的な百貨店として再出発を図ることになった松屋と交渉，三越がジャパン・ツーリスト・ビューローを日本橋本店内に設置した同9月，松屋において鉄道案内所が設置されることとなった．この鉄道案内所は鉄道切符の出張販売所の機能を有し，鉄道省が民間施設に開設した案内所の嚆矢となったが，当時の新聞記事には「この案内所ではまた松屋での買い物や小荷物手荷物の類を一切無料で東京市内任意の駅まで送り届けてくれる[11]」とあり，百貨店での買い物と旅客切符販売との相乗効果を狙っていたことがわかる．その後同紙9月23日の記事では「その成績は非常によく最近まで案内件数六千七百五十件，乗車券発売数二千百八十件」と好評を博している様子を伝えている．

(2)　ジャパン・ツーリスト・ビューロー案内所の拡大

　この成功事例は百貨店内における日本人向け鉄道切符販売に弾みをつけることになる．1925年12月20日鉄道省はジャパン・ツーリスト・ビューローに対し，駅発券と同規格であるエドモンソン式乗車券の日本人向け発売を承認，それまで外国人客に留まっていた切符代売を拡大し，日本人客への鉄道省管轄の省線一般乗車券及びクーポン式遊覧券販売を認めた．

　この結果，三越・松屋それぞれの案内所に鉄道省，ジャパン・ツーリスト・ビューロー双方が相乗りすることになり，三越に鉄道案内所が，同年12月にはジャパン・ツーリスト・ビューローの案内所が松屋に併設されることとなる．次いでジャパン・ツーリスト・ビューローでは三越大阪店にも進出，1926年には大丸の京都，大阪各店にも案内所が設置，1929（昭和4）年には上野松坂屋にも案内所が設けられるなど，百貨店の新設・増改築に合わせる形で昭和初期，百貨店にジャパン・ツーリスト・ビューロー案内所が置かれることは一般化していった．

　またその利便性も順次改善され，1931年4月には東京市内において従来三越，松屋は東京駅発，松坂屋は上野駅発の切符に限っていたところ，新橋，両国橋，飯田町，新宿発の切符も扱えるようになり[12]，その後1932年6月からは

表4-3　ジャパン・ツーリスト・ビューロー
斡旋客数推移

(人)

| 年度
(西暦) | 外国人 | | 日本人 | 計 |
	中国人	その他		
1912	—	300	—	—
1917	—	8,526	—	—
1922	—	18,344	—	—
1927	4,341	47,916	166,089	218,346
1930	25,224	76,101	272,085	373,410
1931	63,893	79,098	345,349	488,340
1932	92,256	85,843	981,938	1,160,037
1933	282,578	113,918	1,165,341	1,561,837
1934	385,082	162,266	1,921,014	2,468,362
1935	623,264	195,155	2,384,406	3,202,825

(出所)　Japan Tourist Bureau [1937]『日本旅行協会業
務案内創立二十五周年』Japan Tourist Bureau.

東京および大阪市内において乗車券類の無料配達を開始した（速達便は20銭）.
両都市以外の案内所においても百貨店と契約して特別の便利を図る地域もあっ
たという. こうした影響もあって, ジャパン・ツーリスト・ビューローは任意
法人から公益の社団法人に改組した1927年度以降, 会費収入に対し販売斡旋
収益が上回るようになっていった（表4-2）.

　ジャパン・ツーリスト・ビューローの日本人斡旋客数も, 1927年に16万
6000人程度であったのが, 1933年には100万人を超え, 1935年には200万人
に達するなど急成長していくこととなる（表4-3）. ジャパン・ツーリスト・ビ
ューローの活動における日本人旅客取り扱いの比重が高まる中, 1932年5月
百貨店内における鉄道案内所の業務はジャパン・ツーリスト・ビューロー案内
所が引き受け, 委託経営が行われるようになった. ビューロー案内所では「鉄
道案内所」の看板も掲げるようになり, 従業員は辞令がなくても鉄道職員とし
ての事務を執ることとなり, 業務が1本化されるようになった［ジャパン・ツー
リスト・ビューロー 1936：11］. また1934年には, 日本人旅行奨励のための鉄道
省の外郭団体として1924年に設立されていた日本旅行協会（設立当初は日本旅行
文化協会）と合併, 社団法人ジャパン・ツーリスト・ビューロー（日本旅行協会）
となっている. 昭和初期ジャパン・ツーリスト・ビューローは外国人観光客の
誘致と斡旋を目的とした組織から, 日本人も対象とした旅行業への転換を図っ

ていくこととなり，その販路拡大の末端窓口が百貨店内に置かれていくことになるのである．

(3)　呉服系百貨店の旅関連催事

　このように，旅客券販売が百貨店内で行われるようになった背景の一つとしては，呉服系百貨店の集客力の高さがあげられる．1921年12月27日付け『読売新聞』は同年12月の東京市電気局による東京市内全線の各停留所乗降人員調査の結果を報道しているが，この調査で乗降客数が最も多いのは室町三越前（三越日本橋本店）で1日平均乗客数1万689人，降客数1万2637人となっている．また同じく『読売新聞』では1925年5月5日付で，同月1日から開店した松屋銀座店について，来店客数20万人を越えたという記事を掲載している．都市有数の集客力を誇る百貨店は，旅客券販売にとって格好のポイントであったといえよう．また，これに加えて重要であったのは，呉服系百貨店の多くが大々的な催事戦略を重視していたことである．松屋では1910年8月に「汽車博覧会」を開催し，三越日本橋本店では，1915年7月に流行会主催で「旅行に関する展覧会」を開催するなど，東京において初期に案内所が設置された三越，松屋は両店ともに1910年代以来，旅，鉄道に関する催物に熱心であり，また登山具や海水用具など，夏のレジャー，スキー等の冬のレジャーに関する商品も多く取扱い，夏・冬に広告を出稿しているほか，旅行鞄などの販売促進に係る広告も定期的に行っていた．

　日本旅行協会が発行していた日本人の旅行文化・旅行趣味の普及のための機関誌『旅』には，ジャパン・ツーリスト・ビューロー案内所が百貨店内に設置されるようになる，1920年代後半における百貨店催事の様子が紹介されている．1928年7月1日，2日三越日本橋店6階で，日本旅行協会主催，鉄道省・銚子鉄道株式会社後援になる「民謡と映画の会」が開催された．この催事では鉄道省が作成した「木曽川」「海の便り山の便り」が映写されるとともに，銚子鉄道による「房総を巡りて」の映写及び銚子盆踊り，大漁節等の民謡と踊りを披露され，夏の旅情を誘う催しとなっていた[13]．

　一方ほぼ同時期である1928年6月28日の『読売新聞』には「山の誘惑　海の誘惑」という記事が掲載され，三越日本橋店雑貨売場係主任であった牧野幹男が山や海への旅支度として，山向けの登山用品，海向けの海水用品を用途別に紹介している．紹介された商品も登山靴に付けるすべり止めの鋲3銭から，

30円前後のテントまで価格帯の幅が広く，価格を具体的に示した商品だけでも40種類以上にのぼっている．三越では旅情を誘う催事を展開するとともに，海や山でのレジャー用品の販売促進を行い，顧客誘引と催事に関連した商品の販売促進の連動を図っていたことが分かる．

　また1931年1月17日から28日の期間，上野松坂屋6階では「冬の行楽の会」が開催された．これは鉄道省，ジャパン・ツーリスト・ビューロー及び日本旅行協会の主催で，全国各地のスキー，スケート場や温泉地をジオラマや写真仕立てで紹介するとともに，紹介地への鉄道連絡や所要時間，旅館宿泊料，スキースケート遊覧券を提示し，合わせて郷土玩具やお土産も出陳するというもので，冬の旅行需要を喚起するものであった．催事来場者は「初日既に五千にも近い盛況」であったという．一方同月18日付の東京朝日新聞の広告によれば，上野松坂屋3階ではほぼ同時期の1月18日から25日にかけて新柄銘仙逸品会が催され，春流行の模様，縞，絣，大島の各銘仙の陳列が，5階では実用綿布大廉売，五十銭均一提供が行われている．当時百貨店の主力商品であった和服に関する陳列特売会と，旅関連催事を同時に開催していることは，百貨店の顧客層と，旅行需要を喚起する消費者層が重なっていたことを示している．

　集客力が高く，潜在的な旅客需要を見込める顧客層を有していた百貨店は，鉄道省やジャパン・ツーリスト・ビューローが案内所を設置する場として，これ以上ない存在であったといえよう．また百貨店側もジャパン・ツーリスト・ビューローの案内所設置については便宜を図っていた．ジャパン・ツーリスト・ビューローでは1931年以降，案内所の急増にあって従業員の質を保つため，「ビューロー従業員の教科書」として『ビューロー読本』を発刊したが，そこには「ビューローは活動の資源として，鉄道省，百貨店其他の了解に依り事務室，案内所等を無料にて使用して居るので，家賃の負担が著しく軽減されてゐる」と記されている［ジャパン・ツーリスト・ビューロー　1936：23］．上述のとおり，百貨店にとって「旅行」は重要な催事戦略として位置づけられており，ジャパン・ツーリスト・ビューローの案内所は百貨店の顧客誘引策に合致していたのである．百貨店法が制定される1937年までには全国21都市の市内立地の33百貨店にジャパン・ツーリスト・ビューローが置かれることとなり，そのほとんどが呉服系百貨店であった（表4-4）．このように戦前期における呉服系百貨店は催事，商品展開を通じて旅客に関する情報発信地・消費空間として機能していき，その過程でジャパン・ツーリスト・ビューロー案内所誘致をす

Chapter 4 戦前期盛岡における百貨店の展開と旅関連催事　99

表 4-4　ジャパン・ツーリスト・ビューロー案内所
　　　　設置の百貨店一覧（1937 年時）

北海道	今井商店札幌店	神戸	大丸神戸店
	今井商店小樽店	岡山	天満屋
	今井商店函館店	広島	福屋
青森	松木屋呉服店	松江	尾原呉服店
仙台	三越仙台店	高松	三越高松店
東京	三越日本橋店	小倉	井筒屋
	三越新宿店	福岡	玉屋福岡店
	松屋銀座店		福岡松屋
	上野松坂屋	佐世保	玉屋佐世保店
	白木屋日本橋店	熊本	千徳
	髙島屋日本橋店	鹿児島	山形屋呉服店
	伊勢丹新宿店	台北	菊元商行
横浜	野澤屋	台南	林百貨店
名古屋	松坂屋名古屋店	京城	和信京城店
岐阜	丸物岐阜店		三越京城店
金沢	宮市大丸金沢店	釜山	三中井呉服店釜山店
富山	宮市大丸富山店	大邱	三中井呉服店大邱店
京都	大丸京都店	平壌	三中井呉服店平壌店
大阪	三越大阪店	咸興	三中井呉服店咸興店
	大丸大阪店	新京	三中井呉服店新京出張所
	松坂屋大阪店		
	十合大阪店		

（注1）　1934 年三越金沢支店に開設（1935 年宮市大丸内に移転），
　　　　1938 年川徳（盛岡）に開設．松江の尾原呉服店は百貨店組合
　　　　非加盟．
（注2）　都市名は当時の名称を記載した．
（出所）　ジャパン・ツーリスト・ビューロー（日本旅行協会）［1936］
　　　　『ビューロー読本 第 3 版』ジャパン・ツーリスト・ビューロー，
　　　　Japan Tourist Bureau［1937］『日本旅行協会業務案内創立
　　　　二十五周年』Japan Tourist Bureau，日本交通公社［1957］
　　　　『45 年の歩み』日本交通公社，日本旅行倶楽部［1937］『旅』
　　　　14(11) 日本旅行倶楽部．

すめていったのである．

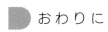
おわりに

　東北地方は戦前期においていわゆるターミナルデパートが成立しなかった地

域である．東北地方の百貨店は本章で取りあげた盛岡の事例のように，呉服系
百貨店を出自としているものが多く，このため電鉄系百貨店のような鉄道資本
の影響はみられず，小林一三モデルの伝播も限定的であったといえる．しかし
本章で明らかにしたように鉄道との関係が全くなかったわけではない．むしろ
盛岡の百貨店形成過程をみていくと，百貨店化の過程で地元メディアや鉄道運
輸局とタイアップした名産・観光に関する催事を展開することは，当該商店が
百貨店と目されていく契機の一つとなっていたことが分かる．

　川徳や松屋は当初においては店舗内に大掛かりな催事スペースを有しておら
ず，1930年代初頭において岩手県公会堂などの公的施設を会場にした催事を
行っていたが，店舗の新設や増床の中で，独自の催事空間を持つようになって
いく．その目玉催事として1935年松屋では4階建て店舗を新築した際に岩手
県新興名産品展覧会を催し，会期中十数万人の来場者をみる大盛況となった．
これに対抗して1936年には，川徳でも岩手日報主催，盛岡運輸事務所並びに
盛岡市後援のもと，北日本銘産観光展を開催し好評を博した．両店とも，その
後も旅行関連催事を適宜開催していく中，1938年4月には川徳においてジャ
パン・ツーリスト・ビューロー案内所が設置されることとなる．川徳，松屋は
盛岡駅隣接の百貨店ではなく，東北地方全体でみても店舗規模は必ずしも大き
くはなかったが，催事やジャパン・ツーリスト・ビューロー設置を通じた顧客
誘引策の重要性を認識しており，鉄道を含めた旅客事業と接点を持ちながら百
貨店化を進めたのである．

　こうした盛岡の事例は東北地方に特殊なものではなく，むしろ全国的な視点
から位置付けることが必要である．ジャパン・ツーリスト・ビューローは
1920年代に入り，それまでの外国人客を中心とした業務を転換し，日本人旅
行客を対象とした旅行事業を重視するようになっていく．その過程で日本人に
向けた鉄道切符等の旅券販売を拡大し，鉄道案内所の業務委託を受けるに至る
が，業務の窓口となる案内所の立地として着目したのが呉服系百貨店であった．
とりわけ早くから旅行関連催事を行い，駅ターミナルとは異なる立地で高い集
客力と潜在的な旅客需要を惹起させていた呉服系百貨店は，新たなジャパン・
ツーリスト・ビューローの販路拡張に適合的であった．呉服系百貨店側もジャ
パン・ツーリスト・ビューローの店内設置には便宜を図り，百貨店顧客層への
利便性を向上させ，旅行需要と店内商品の販売促進を連動させていった．こう
して1920年代半ばから1930年代にかけて呉服系百貨店内にジャパン・ツーリ

スト・ビューロー案内所が設けられる事例が増加していくこととなり，6大都市のみならず地方都市においても駅以外の旅客窓口の裾野を広げるけん引役となった．呉服系百貨店は1920年代半ば以降，鉄道を含めた旅客事業の窓口として大きな役割を果たしていくことになったのである．

注

1) 『岩手新聞』1885年12月25日付.
2) 『岩手日報』1934年2月21日付.
3) 『岩手日報』1935年2月2日付.
4) 『岩手日報』1934年10月28日付.
5) 『岩手日報』1935年3月31日付.
6) 『岩手日報』1935年6月7日付.
7) 『岩手日報』1935年11月14日付.
8) 『岩手日報』1935年11月22日付.
9) 『岩手日報』1935年12月12日付.
10) 『岩手日報』1935年12月26日付.
11) 『東京朝日新聞』1925年9月3日付.
12) 『東京朝日新聞』1931年4月3日付.
13) 『旅』5(8), 1928年, pp. 114-17.
14) 『旅』8(2), 1931年, p. 104.

参考文献

赤井正二 [2008]「旅行の近代化と「指導機関」――大正・昭和初期の雑誌『旅』から――」『立命館産業社会論集』44(1).

岩本由輝 [1997]「仙台市における卸売市場・勧工場・公設市場・百貨店の展開」『市場史研究』16.

遠城明雄 [2003]「一九三〇年代の都市中小小売商――福岡県の場合――」『史淵』140.

大岡聡 [2009]「昭和戦前・戦時期の百貨店と消費社会」『成城大学経済研究所研究報告』(52).

大岡聡 [2012]「一九三〇年代の地方都市百貨店とモダニズム――福井市・だるま屋を事例に――」，田﨑宣義編『近代日本の都市と農村　激動の一九一〇―五〇年代』青弓社.

大橋富一郎編 [1938]『百貨店年鑑　昭和13年版』日本百貨店通信社.

加藤諭 [2006]「昭和初期東北地方における百貨店の催物――三越仙台支店，藤崎を事例に――」『東北文化研究室紀要』.

加藤諭 [2009]「戦前期における百貨店の催事――三越支店網を通じて――」『文化』73

(1・2).

加藤諭［2010］「戦前期における地方百貨店とその影響」『歴史』114.

加藤諭［2014］「戦前期東北における百貨店の展開過程——岩手・宮城・山形・福島を中心に——」，平川新・千葉正樹編『講座東北の歴史　第二巻　都市と村』清文堂出版.

加藤諭［2016］「戦前期東北の百貨店業形成——藤崎を事例に——」，荒武賢一朗編『東北からみえる近世・近現代　さまざまな視点から豊かな歴史像へ』岩田書院.

川徳［1966］『川徳創業百年』川徳.

川徳［2007］『奉仕こそわがつとめ　株式会社川徳創業140年記念誌』川徳.

合力可夫［2001］「地方百貨店成立前史——（株）玉屋を例として——」『第一経大論集』（第一経済大学），31(2).

国立歴史民俗博物館・岩淵令治編［2014］『「江戸」の発見と商品化　大正期における三越の流行創出と消費文化』岩田書店.

信夫隆司［2001］「中村房次郎と松尾鉱山」『総合政策』3(1).

ジャパン・ツーリスト・ビューロー（日本旅行協会）［1936］『ビューロー読本 第3版』ジャパン・ツーリスト・ビューロー.

Japan Tourist Bureau［1937］『日本旅行協会業務案内創立二十五周年』Japan Tourist Bureau.

JTB 100周年事業推進委員会編纂［2012］『JTBグループ100年史　1912-2012』ジェイティービー.

新岩手社［1938-1951］『新岩手日報』新岩手社（1938年は新岩手日報従業員組合事務所，新岩手日報発行所，新岩手日報社）.

神野由紀［1994］『趣味の誕生—百貨店がつくったテイスト』勁草書房.

神野由紀［2015］『百貨店で「趣味」を買う　大衆消費文化の近代』吉川弘文館.

末田智樹［2010］『日本百貨店業成立史——企業家の革新と経営組織の確立——』ミネルヴァ書房.

鈴木安昭［1980］『昭和初期の小売商問題——百貨店と中小商店の角逐——』日本経済新聞社.

高柳美香［1994］『ショーウインドー物語』勁草書房.

谷内正往［2014］『戦前期大阪の鉄道とデパート　都市交通による沿線培養の研究』東方出版.

東京朝日新聞社［1925，1931］『東京朝日新聞』東京朝日新聞社.

中西聡［2012］「両大戦間期日本における百貨店の経営展開——いとう呉服店（松阪屋）の「百貨店」化と大衆化——」『経営史学』47(3).

中村宏［2006］「戦前における国際観光（外客誘致）政策——貴賓会，ジャパン・ツーリスト・ビューロー，国際観光局設置——」『神戸学院法学』36(2).

日本交通公社編［1957］『45年の歩み』日本交通公社.

日本交通公社総務部総務課編［1952］『四拾年乃歩み』日本交通公社.

日本旅行協会［1928］『旅』5(8).

日本旅行倶楽部［1937］『旅』14(11).

初田亨［1993］『百貨店の誕生』三省堂.

百貨店新聞社編［1936］『日本百貨店総覧　昭和12年版』百貨店新聞社.

百貨店新聞社編［1939］『日本百貨店総覧　昭和14年版』百貨店新聞社.

平野隆［1999］「百貨店の地方進出と中小商店」，山本武利・西沢保編『百貨店の文化史——
　　日本の消費革命』世界思想社.

藤岡里圭［2006］『百貨店の生成過程』有斐閣.

前田和利［1999］「日本における百貨店の革新性と適応性——生成・成長・成熟・危機の
　　過程——」『駒大経営研究』30(3・4).

満薗勇［2014］『日本型大衆消費社会への胎動　戦前期日本の通信販売と月賦販売』東京
　　大学出版会.

満薗勇［2015］『商店街はいま必要なのか「日本型流通」の近現代史』講談社（現代新書）.

盛岡商業会議所［1926］『大正十五年十月　盛岡商工人名録』盛岡商業会議所.

盛岡商工会議所［1928］『昭和三年十二月　盛岡商工人名録』盛岡商工会議所.

盛岡商工会議所［1936］『昭和十一年　岩手県商工人名録』盛岡商工会議所.

山本武利・西沢保編［1999］『百貨店の文化史——日本の消費革命——』世界思想社.

横井顕行［1888］『盛岡諸有名式覧表』又玄堂.

吉見俊哉［2016］『視覚都市の地政学——まなざしとしての近代——』岩波書店.

（加藤　諭）

ターミナルデパートの素人経営を
編み出した阪急百貨店

 はじめに

　日本における百貨店業の成立段階については，当時の諸条件のもとで第1ステップとして明治後期からの三越・松坂屋の百貨店化，第2ステップとして大正中期からの白木屋・松屋・髙島屋・十合・大丸の百貨店化の2段階がある．これは，従来の大都市呉服系百貨店（以下，呉服系百貨店）の株式会社への移行から捉えた場合である．この二つの段階に加え，第3ステップとして昭和初期からの阪急百貨店をはじめとした電鉄系百貨店の登場を加え，それらが果たした役割の一端を明らかにした［末田 2010：10-29，339-53］．しかし，各電鉄会社は兼業あるいは多角経営の一環として電鉄系百貨店を創業し，小売業態からの百貨店業への参入ではなかった．研究の着眼点の違いもあり，筆者以外で経営史的視点から昭和初期までの日本百貨店業成立史および呉服系百貨店との比較のなかで，電鉄系百貨店の役割に積極的に評価を与える研究は少なかった［末田 2011：111-60］．

　大都市における電鉄系百貨店とは，一般的に大阪と東京の大手私鉄会社が母体となり，自社のターミナルビルに設置した直営デパートのことで，ターミナルデパートとも呼称される．昭和初期までに著しい発展をみせた呉服系百貨店の三越・松坂屋・髙島屋・大丸と区別して，電鉄系百貨店は1950（昭和25）年代から高度成長期にかけて発展したというイメージが持たれてきた．このイメージが尾を引き，電鉄系百貨店の経営展開については百貨店業史研究の観点からの関心が非常に薄く，1990年代以降に進展した明治後期から昭和初期まで百貨店に関する社会文化史・商業論においても詳細な検討は全くみられなかった．

　近年では，筆者以外に谷内正往による電鉄系百貨店に関する優れた研究がある［谷内 2014；2017］．彼は，大阪の電鉄系百貨店の成立と経営展開を呉服系百貨店と比較考察したうえで，電鉄系百貨店が日本百貨店業の成立段階のなかで

果たしてきた役割とその位置づけを積極的に深めている［谷内 2014：66-71，313-16；2017：3-7］．したがって，電鉄系百貨店＝ターミナルデパート史は経営史的視点から研究がすすめられるようになったものの，電鉄系百貨店の成立背景や経営展開に関しては未だ検討の余地が残されている．

　戦時期までの百貨店業史研究において重要な資料としては，百貨店新聞社が刊行した『百貨店新聞』や『日本百貨店総覧』シリーズがある[1]．そのなかでは，電鉄系百貨店の阪急百貨店と東横百貨店の経営展開や，ターミナルデパート経営に乗り出した呉服系百貨店の髙島屋南海店の記事を多く掲載している．これらは，当時から電鉄系百貨店が呉服系百貨店と同じ百貨店経営を展開していたと明確に位置づけられた重要な資料である．とりわけ，阪急百貨店の記事が多数掲載され，そこから阪急百貨店の経営展開が他の電鉄系百貨店の開業や呉服系百貨店の立地展開に波及効果を及ぼしたことがわかる．当時から阪急百貨店創業者の小林一三は，電鉄経営と兼業を組み合せて新しいビジネスモデルを創成した革新的企業経営者として，百貨店業界でも高く評価されていた．彼は，昭和初期の電鉄業界のみならず百貨店業界に新たな旋風を巻き起こしていた[2]．

　たとえば，大分市の『豊州新報』1936（昭和11）年4月18日付は小林のコメントを掲載している．記事には，「欧米の映画・演劇・電鉄・百貨店など関係事業の視察に赴いて帰った東電社長，東邦社長，阪急電鉄社長小林一三氏の一行が乗船しておるので，同船には宝塚少女歌劇の生徒を中心として盛んな出迎えがあった．小林一三氏は，電鉄や百貨店のことは阪急に報告してからでないと何も語れないよ，と仕事のことには全く入らず，ヨーロッパの裸体芸術を見てすっかり保守主義になって帰って来たことについてなら幾等でもお話しする，と朗かに漫談を試みた．（後略）」と書かれている．この時期に大分市の新聞記事において小林の経歴や出張動向が垣間見え，九州地方からも注目を浴びていたことがわかる[3]．

　では，阪急百貨店が百貨店業界に与えた影響（＝役割）とは何であったのであろうか．

　第1には，小林が阪急百貨店を開業するまでに地道に調査研究と準備期間を積み重ねつつ，次々に捻り出した独創的なビスネス展開があげられる．彼が，自らの発想をもとに電鉄直営の「食料品＋雑貨類・日用品＋食堂」をメインとしたターミナルデパートを創業し，呉服系百貨店とは異なる形で百貨店の大衆化に成功したことである．第2には，ターミナルデパートの特色として阪急沿

線という有利な立地条件を最大の武器に沿線住民客の顧客化を目指し，電鉄乗り場と百貨店売場を連結したターミナル方式の近代的大規模小売店舗を作り上げたことである．

第3には，阪急百貨店の地下の食料品売場における営業展開が，現代の「デパ地下」を思わせるほどの大成功を収めていたことである[4]．第4には，小林のもと阪急百貨店のみならず阪急電鉄グループの幹部社員が一丸となって常に創意工夫の意識を持ち，何事にも粘り強くバイタリティーに富んでいたことである［末田 2010：203-56；2011：114-18；2013a：3-21][5]．

一方で谷内は，小林がまずプライベートブランド（以下，PB）を大量生産し，沿線客に対する薄利多売商法を見出すことで小売業への転換のチャンスをつかんだとしている．その後，小林が阪急百貨店を中核としたアミューズメントセンター化を狙って一大施設を作り上げ，電鉄利用客の利便性向上＝沿線培養に成功したと評価した［谷内 2014：50-71，81-118］．鉄道史や地域文化史の分野からでは，小林の事業戦略が大阪の第3次産業を促進し，沿線にサラリーマンを出現させる契機を作り，あるいは大阪北部における新たなライフスタイルの形成に貢献したなど高く評価されてきた［三宅 1962；岩堀 1972；津金澤 1991］．

電鉄会社の鉄道関連事業による多角経営の一環としてスタートしたことが，呉服系百貨店と区別して電鉄系百貨店と呼称される以上，電鉄系百貨店の経営展開のメリットや特色に直結したのはまちがいない．小林が呉服系百貨店の近代的大型店舗への集客方法に刺激を受け，電鉄への集客に百貨店の大衆化現象を利用し成功した．その一方で，阪急百貨店をはじめとする電鉄系百貨店が逆に呉服系百貨店へ与えた影響も多大であったと思われる．では，電鉄系百貨店の経営展開のメリット・特色となった経営資源や，呉服系百貨店へ与えた影響とはどのようなものであったか．

本章では，阪急百貨店の成功要因について，上述の第4の小林のもと一心不乱に営業を試みた幹部社員の活動から明らかにする．阪急百貨店では，彼らを「素人」とよんでいた．開業当初の素人の幹部社員が展開した営業方法こそが，今日まで続く百貨店業界および小売業界全体の発展にとって重要な人的資源であったと想定し，以下分析を深める．

1 電鉄系百貨店およびターミナルデパートの勃興期

　昭和初期から戦後の 1960 年代頃までで限定すると，電鉄系百貨店とは東京・大阪・名古屋市の 3 大都市圏を中心とした大手私鉄が始発（終着）駅ビルを活用し，そのターミナル周辺の不動産・観光開発事業を絡めて，沿線の顧客吸収を経営戦略として発展をみせた百貨店のことである．阪急百貨店のほか，創業順でみれば東急百貨店，近鉄百貨店，西武百貨店，名鉄百貨店，阪神百貨店，東武百貨店，小田急百貨店，京王百貨店，京阪百貨店，京急百貨店などがあげられ，日本百貨店協会に加盟し，現在でも百貨店業界を支えている［末田 2011：113］．

　今ではバスターミナルの併設や呉服系百貨店のターミナルデパート化（賃貸ビル）はもちろんのこと，親会社である電鉄会社どうしの経営統合による百貨店グループの巨大化，JR 系と呉服系百貨店の共同運営の形態も出現している．ターミナルとの距離の視点から捉えれば，隣接や駅前など必ずしも始発（終着）駅ビルではないものの，ターミナル的意識を持って営業に取り組む呉服系百貨店や地方百貨店もみられる．地方都市では私鉄による直営または私鉄と呉服系百貨店との共同運営が展開され，ターミナルデパートは時代によって経営・運営形態を著しく変化してきた．この要因には，阪急百貨店の登場とその営業形態の影響が大きくかかわっていた［末田 2011：113-114］．このようななか現下においては，「鉄道と商業」という視点から見直すためにも多くの研究分野から電鉄系百貨店，そして電鉄会社による直営ではない種々のターミナルデパートの成立・発展過程を見直す必要があろう．

　本章では，上記であげた電鉄系百貨店およびターミナルデパートの変容を踏まえ，戦前・戦後の電鉄系百貨店と電鉄直営に限らず広義の意味でターミナルデパートとして捉えられるものを含め，大阪，東京，地方の 3 つに分け開設時期を**表 5-1** に整理した．大阪では昭和初期に開設された電鉄系百貨店が多く，東京では昭和初期と 1960 年代以降の開設が目立つ．地方都市では昭和初期に電鉄系百貨店とターミナルデパートがみられ，戦後以降ではバスターミナルを中心に 1950 年代以後の開設が多かったことが判明する．このように電鉄系百貨店やターミナルデパートが，昭和初期と 1950 年代以降に全国において急増した．

Chapter 5 ターミナルデパートの素人経営を編み出した阪急百貨店 *109*

表 5-1 昭和初期から高度成長期までの電鉄系百貨店・ターミナルデパートの開設一覧

大　　阪	開設（設立）年月	東　　京	開設（設立）年月
三笠屋百貨店	大正 15 年 9 月 16 日	松屋浅草支店	昭和 6 年 11 月 1 日
阪急百貨店	昭和 4 年 4 月 15 日	東横百貨店	昭和 9 年 11 月 1 日
髙島屋南海店	昭和 7 年 7 月 15 日	京浜デパート品川店	昭和 8 年 7 月 20 日
京阪デパート	昭和 7 年 12 月 1 日	菊屋デパート池袋分店	昭和 10 年 11 月 3 日
大鉄百貨店	昭和 10 年 11 月 16 日	武蔵野デパート（西武）	昭和 15 年 3 月 14 日
阪急百貨店神戸支店	昭和 11 年 4 月 11 日	東武百貨店	昭和 37 年 5 月 29 日
大軌百貨店	昭和 11 年 9 月 25 日	小田急百貨店	昭和 37 年 11 月 3 日
阪神百貨店	昭和 32 年 6 月 1 日	京王百貨店	昭和 39 年 11 月 1 日

地　方　都　市	開設（設立）年月
九軌百貨店（福岡）	昭和 8 年 7 月 11 日
岩田屋（福岡）	昭和 11 年 10 月 7 日
天満屋（岡山，バス）	昭和 24 年 12 月 5 日
山陽百貨店（姫路＋バス）	昭和 28 年 7 月 1 日
トキハ（大分，バス）	昭和 29 年 5 月 1 日
山形屋（鹿児島，バス）	昭和 29 年 7 月 1 日
名鉄百貨店（名古屋）	昭和 29 年 12 月 1 日
一畑百貨店出雲店（島根，バス）	昭和 39 年 4 月

（注）　年月日は開設，設立，創立，営業開始日である．バスはバス・ステーション（ターミナル）のこと．
　　　　なお，一畑百貨店については日にちが不明である．
（出所）　各社（鉄道・百貨店）社史より筆者作成．

　表 5-1 にみられる 1929（昭和 4）年 4 月開設の阪急百貨店が，昭和初期における東京の電鉄系百貨店や地方都市のターミナルデパートの開設，戦後以降では地方都市の電鉄系百貨店・ターミナルデパートの開設にとって大きな影響を及ぼしたことは十分仮定できる．しかし，従来阪急百貨店が影響を与えた経営戦略に関する実証的研究が見当たらず，本章で考察する意義は高い．以下，日本の百貨店業が昭和初期から発展するうえで，大きな役割を果たしたと考えられる阪急百貨店が編み出した素人経営とターミナルデパート経営の実態について，昭和初期以降の百貨店業態の新たな経営戦略として掘り下げていこう．

2 阪急百貨店の急成長の要因と経営方針

　小林は 1920（大正 9）年 11 月梅田自社ビル 2 階に阪急直営食堂を開業し，1 階を白木屋に賃し出し，百貨店の営業システムのノウハウを学んだ．彼は

1925（大正14）年6月に阪急マーケットを開業し，その時点では2階に食料品・菓子・書籍，3階に家庭用品・洋品雑貨・化粧品，4・5階に食堂を設置した．しかし阪急マーケットは仕入部門が弱く，新聞広告で仕入先の募集を緊急に展開したものの，当初の販売商品は寄せ集め品的な感を免れなかった．ところが小林は，単品の大量販売を中心に特売といった営業方法でカバーした．その後，阪急マーケットの業績は食堂の売上げ好調で，右肩上がりとなった．そして小林は，沿線客を対象とした大売出し用の商品と食堂経営に力点を置き，さらに独創的な営業活動を推進した．

小林は，阪急マーケットの良好な経営状況から判断し，1929（昭和4）年4月15日梅田駅自社ビルに阪急百貨店を，当時としては売場面積日本一のターミナル式百貨店（3212坪）として開店させた．世界初のターミナルデパートとして登場したものの，当初はマーケット出自での阪急百貨店にとって揃えやすい雑貨類・日用品の構成で営業を開始した．阪急百貨店の「どこよりもよい品物を，どこよりも安く売りたい」という大方針が消費者の心を惹き付け，昭和金融恐慌の影響後で消費経済が冷え込んでいたことも重なって，大衆志向の沿線客の吸収に成功した．この背景には，阪急百貨店が小林の指揮のもと電鉄本体による沿線の住宅地開発と結びつけた顧客づくりをプロモートしたことがあった［百貨店新聞社 1936：204-205］．

ところが阪急百貨店では，マーケット時代同様に販売商品の仕入先不足という問題点が浮上した．第2期増築（本館西側2969坪）が昭和恐慌の影響が残る1931（昭和6）年11月頃であり，景気低迷のなかで決して恵まれた環境ではなかった．小林は，この問題を回避する一案として直営工場を設立し，PB販売に一層傾注した．そのうえ，小林は第3期増築（西館全部4330坪）を1932（昭和7）年11月，第4期増築（東館全部4157坪）を1936（昭和11）年3月に完成させ，凄まじい勢いで店舗面積を拡大した．同時期の同年4月に小林は阪急電鉄神戸三宮まで開通させ，沿線地域を拡大することによって顧客化をよりすすめ，わずか7年で大阪屈指の大百貨店へと成長させた．

『大阪急』が，1936（昭和11）年3月の第4期増築の記念誌として百貨店新聞社から刊行されている．この時期になると，『大阪急』からは阪急百貨店の仕入先が充実していたことがわかる．阪急百貨店はターミナルデパート＝「食料品＋雑貨類・日用品＋食堂」百貨店として歩み出し，呉服系百貨店とは出自が異なる電鉄会社の事業体の一部として，百貨店経営の新しいビジネスモデルを

完成させたといえよう．小林は沿線客の嗜好を基本的な品揃えの戦略として開始したものの，後に沿線客にも呉服・美術品の需要が見込めるとの感触を掴んだ．彼は呉服系百貨店と同様に阪急百貨店に外商部を設置し，高額品販売の経営戦略に打って出た．阪急百貨店は，次第に呉服系百貨店の呉服類メインの商品構成にも対抗できるようになり，大阪一の百貨店を目指し一層の前進をみせた．[7]

　このような成立過程のなか，阪急百貨店が急成長した要因は何であったのか．そこで，当時阪急百貨店が自ら整理した発展要因のすべてが書かれている「繁栄の四大原因」を**表5-2**にあげておこう．要約してみると，第1には阪急百貨店の立地にみえる地の利，第2には電鉄の副業による家賃・広告費の不要と現

表5-2　阪急百貨店の急成長の要因

繁栄の4大原因として第1に「地の利」，第2に「営業費の僅少」，第3に「経営の真面目」，第4に「信用」

1．今日に於いては阪急電鉄の呑吐する乗降客のみにても日々十数万に及び，その他省線大阪駅，阪神梅田駅に集散する客の数を合わすれば驚くべき数字に達すべく，この点に於いては阪急百貨店の位置は正に大阪第一流の要所に位しているであろう．

2．電鉄の副業であるから，家賃が要らないから，広告費が少くて済むから，現金売を主としているから等々の題目も必ずしも自画自賛とは云えず，そこには首肯し得る幾多の事実の基礎があるようだ．

3．他の同業百貨店が多く呉服屋の転身であるだけに，主要商品たる呉服類その他の仕入販売には練達の士が多く，甚だ便宜であるにはあるが，他面には旧来の商取引に纏綿していた諸種の弊害も自然引継がれて，今日と雖も全然跡を断ったとは云い得ないようだ．百貨店の幹部員又は仕入係員と問屋の間に伏在する私取引（略）少なくともそうした点に於いては阪急程厳格な店は尠なかろう．例えば百貨店従業員が取引先の問屋から直接物品を購買する事を阪急では厳禁している．若し之に違反した者があれば厳科に処せられ，甚だしきは解雇の憂き目に逢った事例さえある有様で，こういう風であるから所謂袖の下の如きは絶対に通用しないという．そうして問屋を極端に精選し真面目な者以外には取引を行わない．之等は凡べて商品に反映して来る訳で，阪急の所謂安価良品主義も概ね茲に胚胎して来る訳である．

4．阪急の絶大な信用を以て凡ゆるインチキを廃し，その声価を裏書きする商品を提供する事に努むるならば，その信用は互いに原因結果として一層の繁栄を将来するであろう．

5．その他阪急を今日あらしめた原因は種々あろうが，要するにその出発点は全くのズブ素人のみで，初期には果たして巧く実を結ぶかどうか世間からは多少の危惧の念を以て見られていたものだが，見事それらを杞憂に了らしめ，今日では単に阪急電車のターミナル・デパートとして沿線顧客の便に資しているのみならず，否数から云えば反って大阪市内の顧客は沿線各地の総計を遥かに凌駕して居るから，今仮に之を純然たる百貨店として電鉄より独立せしむるも何等経営上に支障ないのみか，益々将来に富むものあるを思わせる．此建前から通鑑して今日の大成を確立せしめたる経営者の努力は大に偉とするに足ると謂えよう．

（出所）『大阪急』（1936年）pp.14-16より筆者作成．

金売りの経営方針による営業費の僅少，第3には厳選した仕入先との厳格な取引方針による安価良品主義から知り得る経営の真面目さ，第4には阪急電鉄の信用をバックにした商品販売の展開，第5には「全くのズブ素人のみ」からの出発が心配されたものの，経営が安定してきた背景に経営者の努力があったことが書かれている[8].

第1・2は，これまで阪急百貨店の発展要因として頻繁に論じられてきた．第3は当時の呉服系百貨店の取引方針を批判する一方で，百貨店経営においても重要な経営方針，かつ素人経営だからこそ可能な取引方針であったと理解できる．第4は電鉄会社の信用を活用し，呉服系百貨店とは違った信用の意味を独自に作り上げている．当時の百貨店とは異なった新たな信用を生み出し活用したことは，その後も多くの電鉄会社が百貨店事業へ参入し，次々に成功した大きな理由であったとみてよかろう．電鉄会社自らが有する信用と利便性を，大いに活用することに気付いた小林の名案と見事な判断であった．第5も当時の呉服系百貨店では全く発想しえない内容であった．これは当時の小売業経営にとっては意味不明の内情と捉えられるかもしれないが，実は小売業の新たな経営戦略をクリエイトした革新的な営業方法であった．

では，この第5の「全くのズブ素人のみ」による小売業の可能性について，阪急百貨店の営業方針やその後の事業展開から考察していこう．阪急百貨店の経営の大方針（**表 5-3**）の(3)の外売りをしないことは，実は裏を返せば小売業での販売経験がない社員にとって有利な営業活動であったといえる．当時は外売りで用いられた「掛売」が販売方法の主流の時代であり，ほとんどの商品を大型店舗内で現金販売する(2)は新しい営業スタイルであり，素人にはいわば適した販売方法であったと思われる．電鉄での輸送に頼って遠方への商品を各駅まで運ぶ(4)は，百貨店の店内売場の社員の余計な仕事を省くことにもなり，店舗内の営業に集中できることを意味していた．

表 5-3　阪急百貨店の大方針

「どこよりも良い品を　どこよりも安く売る」	
なぜ，それができるか．経費がかからないからである．	
(1) 広告費が少なくてすむから	(2) 現金売を主としているから
(3) 外売をしないから	(4) 遠方配達の経費も省けるから
(5) 阪急電車の副業であるから	(6) 家賃がいらないから

（注）　昭和7年10月8日新聞掲載．
（出所）　『株式会社阪急百貨店25年史』（1976年）p.122より筆者作成．

表 5-3 は阪急百貨店初期の経営方針であり，素人だからこそ開店当初にでき
なかった営業方法を逆に経営方針の利点としてあげていた．このことが小林と
その部下達の発想の転換であったと思われる．ところで，表 5-2 は 1936（昭和
11）年に掲載されたもので，「2」では外売りと配達について削られていた．
この頃には阪急百貨店では外商部を設置し，外売りとそれに伴う無料での商品
配達の配送業務を拡大し，呉服系百貨店のビジネス形態に近づきつつあったか
らであろう．

表 5-4 は 1934（昭和 9）年 9 月に設立された大阪物産館の経営方針である．
ここから小林が阪急百貨店の弱点を補うかのように大阪物産館を設立し，卸売
業へ進出した背景がわかる[9]．これは阪急百貨店の経営方針に類似し，小林は小
売業だけに拘っていたわけではなかった．彼は電鉄を本体として取り組んだ大
衆志向のビジネスにおいて，得意の発想の転換で弱点を一つずつ消去していく
かのように果敢に挑戦し続けた[10]．小林は素人から出発したゆえに，初心と進展
を心に深く刻みつけ，常にビジネスチャンスを掴むことを重視した経営者であ
った．

小林が最低限の必要経費による廉価販売を掲げた商品は，開店当初に高額品
でなかったこともあって，素人でも営業を可能にした．とくに阪急マーケッ
ト・阪急百貨店は全社員が素人としてスタートし，何でも仕入れ何でも販売す
ることを営業の指針として，毎日の現場での試行錯誤とフロンティアへの挑戦
の連続であったと想像できる．たとえば，阪急百貨店では『阪急のカタログ』
に珍しい販売商品を多く掲載していた．呉服系百貨店では取り扱わなかった品
物の商品化を可能にしたのは，素人による逆転の発想とあらゆる製品を商品に
変えていくチャレンジ精神の信念があったからにほかならない[11]．

表 5-4 大阪物産館の信条

大阪は日本一の生産都市でありますから商品は他の都市より安く， 其大阪で「どこよりも良い商品をどこよりも安く」	
(1) 阪急電車の副業であるから	(2) 家賃も出張費もいらないから
(3) 現金即売主義で手数がかからぬから	(4) 多数の直営及び傍系工場を持っているから

（出所）前掲『大阪急』p. 47 より筆者作成.

3 電鉄調査課長林藤之輔の百貨店販売員への転身と優秀な素人集団

「全くのズブ素人のみ」であった阪急百貨店のスタート地点において，社員はどのようなメンバーから構成されていたのであろうか．

林藤之輔を例にみていこう．彼は 1888（明治 21）年 2 月 19 日生まれで，1912（明治 45）年慶応義塾大学理財科を卒業し，すぐさま同年に阪急電鉄に入社した．1921（大正 10）年には調度課長，1923（大正 12）年からは欧米へ 1 年間の視察を行い，1925（大正 14）年に阪急マーケット準備委員長の大役を任されている．その後は 1928（昭和 3）年に阪急百貨店準備委員，同年 9 月には調査課（課長職）へと昇進した．翌 29（昭和 4）年 1 月には営業係，同年 3 月には営業課へ配属され，阪急百貨店開業時の 4 月には百貨店部営業課長兼食堂課長という一番の花形ポストに就いた．

林は，第 3 期増築後の 1933（昭和 8）年に百貨店部営業部第一部長へ昇進した．1933（昭和 8）年 2 月時点の阪急百貨店の部長クラスを一覧にした**表 5-5**をみてみよう．林は，百貨店部長の小林と専務の上田寧に次いで，岩倉具光と並ぶポストに位置していたことがわかる．林は，1934（昭和 9）年に取締役に就任し，第 4 期増築時の 1936（昭和 11）年 3 月には百貨店部営業部次長になっていた．そののち百貨店部営業部長に登りつめることで小林から阪急百貨店の営業部隊を任され，1946（昭和 21）年 9 月に常務取締役を辞任するまで阪急百貨店の経営発展に貢献した第一線での最高責任者であった[12]．

阪急百貨店の創業と急速な成長の立役者として，これまで小林ばかりが着眼されてきたが，一方で彼の部下に優れた人材が存在したことも決して看過できない．林は営業の現場にたち続け，阪急マーケット設立から阪急百貨店への移

表 5-5　昭和 8 年 2 月阪急百貨店の部長級一覧

百貨店部長	社長	小林一三
同　次長	専務	上田寧
第 1 部長（地階及び 2 階担当）		林藤之輔
第 2 部長（次長事務取扱い兼 3・4 階担当）		岩倉具光
第 3 部長（5・6 階担当）		安部悌蔵
第 4 部長（その他各部担当）		山崎高晴
庶務部長（但し同年 7 月任命）		吉原政義

（出所）　前掲『大阪急』pp. 25-26 より筆者作成．

Chapter 5　ターミナルデパートの素人経営を編み出した阪急百貨店　*115*

行期，さらには先駆的な電鉄系百貨店としての阪急百貨店の飛躍期における陰の立役者であった．

　引き立て役として小林を支え続けた林の姿を焙り出すためにも，彼の活動の評価について深めておこう．まず阪急内部の資料には，「阪急創立以来の殊勲者，今日隆々たる社運と共に春風に軽駕を馭する王侯と思われるが，省みて会社創立当時の難局悲境に次ぐの悲境を重ねて以来，夜の目も眠らず苦心艱難懸命の能才を絞っての悪戦苦闘が漸く報いられて今日あらしめた」とある．林は，阪急マーケットおよび阪急百貨店創立の殊勲者として褒め称えられている．一方で，阪急百貨店が創立された時は「難局悲境」で，次々と「悲境」が重なり，「苦心艱難」「悪戦苦闘」などの表現からも素人による営業展開がいかに厳しかったかを十分想像できる．加えて，林が「剛腹の裡に神謀鬼策を蔵し，親しみ易く馴れ難い人に対して肌触りよく，而かも人間味厚く玲瓏玉の如き人格者」であったとあり，彼の人柄についてもその評価は頗る高い［宮脇 1937：3］．

　阪急内部からの評価以外ではどうであろうか．1936（昭和 11）年の百貨店新聞社刊行『日本百貨店総覧』には，「阪急百貨店の今日の発展を顧みる時，阪急の林か林の阪急かを連想させるも無理ではない．近々数年の歴史によって吾国百貨店界に驚異的な記残を歴した阪急百貨店の発展史は唯々驚嘆の限りであるが，その発展の裏面に百貨店を構成する人々の涙ぐましい苦心，努力」があったと載せられ，又しても称賛を受けている．林が阪急百貨店の急成長の裏方として「苦心」「努力」を持って誠心誠意支えたことが，「阪急の林か林の阪急か」とまでの表現となっている．さらに，林を「先ず其の第 1 に推すことには誰しも異論はなかろう，それほどまでに氏の功績は阪急百貨店発展史を飾るにふさわしいものだ，あのマーケットの時代より今日の阪急を築き上げる迄の氏の過去はさながらの奮闘史」であったと書き記している．林が，阪急マーケットから阪急百貨店へと発展させた過程は「奮闘」の歴史であった［狩野編 1936：94-95（全国百貨店人集）］．ここには林の人物像が浮き出ているほか，電鉄職員から百貨店販売員への転身，すなわち阪急百貨店の素人によるスタートがどれほど過酷なものであったかが鮮明に表れている．

　表 5-6 には，1925（大正 14）年の阪急マーケット開設時と 1936（昭和 11）年の第 4 期増築時における林以外のおもな幹部社員の一覧を載せた．阪急百貨店の開業時を支えた若手幹部社員がわかる．たとえば，野田孝は高度成長期に阪急百貨店を発展させた 2 代目取締役社長であった．なお，大変興味深いことに，

表5-6　大正14年および昭和11年の幹部
社員とその職名

幹部社員名	大正14年2月	昭和11年3月
林 藤之輔	マーケット部長	百貨店営業次長
淵上 新蔵	2階主任兼菓子部	大阪物産館長
野田 孝	食料品部	第1課長
大喜多 一雄	食料品部	本社調査課
乾 忠昭	諸雑貨部	第4課長
田中 徳次郎	玩具部	第2課長
藤木 元	仕入主任	東横百貨店次長
田村 明	化粧品雑貨部	第3課長
三好 克	出納主任	出納係長

（出所）　前掲『大阪急』pp. 20-21, 前掲『株式会社阪急
百貨店25年史』p. 130 より筆者作成.

表5-7　店員の増加数

	男店員	女店員	合計（人）
昭和 7 年 12 月末	1,420	1,621	3,041
昭和 8 年 12 月末	1,403	1,764	3,167
昭和 9 年 12 月末	1,504	1,946	3,450
昭和 10 年 12 月末	1,552	2,012	3,564
昭和 11 年 3 月中旬	1,578	2,087	3,665

（注）　昭和10年12月末の総計は3,562とあるが，合計す
ると3,564であるため修正している.
（出所）　前掲『大阪急』p. 27 より筆者作成.

同年に淵上信蔵が大阪物産館長へ異動，藤木元が東横百貨店次長へと転社していた．彼らの阪急百貨店での実績が買われての栄転であったと思われる．一方で，阪急百貨店での素人営業のノウハウが，次の場所へと受け継がれ活かされていったことを物語っていよう．

　表5-7には阪急百貨店の店員数とその推移を作成した．阪急百貨店開業から3年後の1932（昭和7）年12月末には，男性店員1420人，女性店員1621人の合計3041人という一店舗にしては膨大な店員数となっていた．1936（昭和11）年には女子店員が2087人となり，増加傾向であった．女性店員を含め，当時小売業界でこれだけ膨れ上がった店員を管理した幹部社員が，表5-6以外にも存在したことを十分想像できる．

　そこで，表5-8には林以外の各課の主任クラス以上について一覧にした．第1には，彼らが大学卒業者で占められていたことである[13]．第2には，彼らは最

Chapter 5　ターミナルデパートの素人経営を編み出した阪急百貨店　*117*

表 5-8　阪急百貨店の専務取締役，百貨店次長・各部長・課長・係長・主任級の出身大学・経歴等一覧（昭和 12 年 6 月時点）

専務取締役 岩倉具光	岩倉具視公第 3 子具経子爵の 3 男，明治 41 年東京高商（現商科大学）出身の秀才，内閣総理大臣官房事務取扱，桂大蔵大臣秘書官兼銀行課勤務，明治 44 年退官後渡英，欧米歴遊，大正元年帰朝，日本興業銀行，国際運送の専務等歴任，大正 12 年阪急監査役として入社，昭和 4 年百貨店部長担任，昭和 6 年取締役百貨店部長，昭和 11 年専務取締役となる.
百貨店部次長，取締役 安部悌蔵	明治 45 年慶應義塾大学理財科出身，同年 5 月入社，大正 5 年地所課長，大正 5 年 3 月庶務課長代理，大正 5 年 7 月電灯電力課長，大正 11 年より 1 年 3 ヶ月米国に出張，昭和 6 年共栄部長，昭和 8 年百貨店部営業第 3 部長，昭和 9 年事業部兼通取課長，昭和 11 年百貨店部次長，林百貨店部長と同期の慶應出身.
百貨店部庶務部長，取締役 吉原政義	大正 5 年京大英法科出身，大正 5 年正金銀行入社，大正 9 年日本信託銀行林頭取の下に可愛い若手証券部長と愛され将来頭取の印綬を早くも約束されていた秀才，僅か 5 年で惜しげもなくサラリと銀行員を廃業，大正 14 年入社，調度課長の要職に納る，大正 15 年庶務課長，昭和 6 年秘書役兼総務部庶務課長，昭和 8 年百貨店庶務部長，昭和 10 年教育課長兼務，昭和 11 年取締役百貨店部庶務部長，外様大名格たる氏は多くの新進の逸材の指導に余念なく包容力大なることも亦社内随一の評あり.
百貨店部営業部長心得 太田垣士郎	大正 9 年京大経済学部出身の逸材，大正 9 年日本信託銀行入社，大正 14 年入社運輸課，昭和 5 年阪神合同バス株式会社支配人に納り待命休職，昭和 8 年復職，宝塚経営部場内課長心得，昭和 9 年百貨店部営業第 3 部第 6 課長心得，昭和 10 年百貨店部第 6 課長，昭和 11 年百貨店部営業部長心得，外様大名格たる重役吉原政義氏と信銀より入社.
百貨店事業部長心得兼 大阪物産館課長 清水　雅	大正 13 年慶應義塾大学経済学部出身後仏蘭西に留学，昭和 4 年入社，昭和 10 年小林前会長欧米視察の時随行，昭和 11 年百貨店部事業部物産館長心得，同年百貨店事業部長心得兼大阪物産館長，阪急随一の破格スピード的出世頭である．昭和 15 年取締役百貨店部長，昭和 22 年株式会社阪急百貨店取締役社長，昭和 32 年取締役会長，昭和 56 年取締役相談役，平成 5 年相談役.
百貨店部第 1 課長 野田　孝	大正 9 年山梨県立甲府中学校出身，慶應義塾々員（特薦），大正 10 年阪急電鉄入社，昭和 9 年百貨店部第 1 課長．昭和 19 年百貨店部長，昭和 22 年常務取締役，昭和 30 年専務取締役，昭和 32 年取締役社長，昭和 56 年取締役会長.
百貨店部第 1 課係長　上念賢次郎	大正 15 年慶應義塾大学経済学部出身の逸材，同年入社.
同第 1 課主任　吉村利三	昭和 2 年拓殖大学出身，同年入社.
同第 1 課主任　山岡勝美	昭和 4 年同志社大学経済学部出身，同年入社.

百貨店部第2課長　田中徳次郎	大正14年神戸高商（現商科大学）出身，同年入社．昭和25年取締役．
同第2課主任　宮崎武男	昭和3年慶應義塾大学経済学部出身，同年入社，運輸課を経て百貨店開店と同時に百貨店部へ転勤．
同第2課主任　松浦精一郎	昭和5年京都帝大法学部出身．
同第2課主任　今藤　繁	昭和4年同志社大学経済学部出身，同年入社 昭和22年取締役．
同第2課主任　福原信夫	昭和7年慶應義塾大学法学部出身，同年入社．
同第2課主任　谷浦正行	大正13年明治学院高等学部商業科出身，昭和4年入社．
百貨店部第3課長　田村　明	大正元年アングロチャイニーズスクール出身，三井物産海外支店を経て，大正15年入社，現百貨店部の創生期マーケット時代よリ一意専心．
同第3課係長　平井日出男	大正15年慶應義塾大学経済学部出身，同年入社 昭和30年常務取締役，昭和36年専務取締役，昭和44年取締役副社長．
同第3課係長　野口英之	大正14年神戸高等商業学校出身，同年入社．
同第3課主任　脇山明治郎	昭和5年早稲田大学経済学部出身，同年入社．
同第3課主任　安藤秀次	昭和3年慶應義塾大学経済学部出身，同年入社．
同第3課主任　直木　博	京都帝国大学経済学部出身．
同第3課主任　佐々木　久	昭和4年大阪商科大学高商部出身，同年入社，昭和22年株式会社阪急百貨店美術部長，昭和28年外商部長，昭和30年取締役，昭和36年常務取締役．
百貨店部第4課長　乾　忠昭	大正12年早稲田大学商科出身，同年入社．
同第4課係長　白瀧　收	大正14年慶應義塾大学経済学部出身，同年入社．
同第4課係長　岸谷鎮夫	大正14年神戸高商出身，同年入社．
同第4課係長　西村貫時	大正14年大阪高商出身，同年入社．
同第4課係長　荒木松次郎	昭和3年慶應義塾大学経済学部出身，同年入社．
百貨店部第5課長　三澤龗郎	大正11年立教大学出身，信銀より大正14年入社．
百貨店部第6課　辰馬俊夫	大正14年東京帝大経済学部出身，昭和3年入社，昭和6年百貨店営業課第6売物陶器係主任心得，昭和8年営業部第3部第6課陶器係主任，昭和9年営業部第6課洋家具主任，昭和11年百貨店営業部第6課長心得．
同第6課主任　正岡忠三郎	昭和2年京大経済学部出身，同年入社．
同第6課主任　細谷淳太	昭和6年高松高商出身，同年入社．

百貨店部庶務部教育課長 山内武夫	大正 14 年京大経済学部出身，同年入社，昭和 5 年調査課共栄係主任，昭和 8 年百貨店部総務課庶務係長，昭和 9 年百貨店部庶務部総務課長代理，昭和 10 年総務課長心得，昭和 11 年百貨店部庶務部教育課長．
百貨店部庶務部教育係主任　山本健二	昭和 3 年彦根高等商業学校出身，同年入社．
百貨店部計算課長　草間四郎	大正 12 年慶應義塾大学経済学部出身，同年入社．昭和 22 年監査役．
百貨店部庶務部総務課長 近藤岩男	大正 12 年慶應義塾大学経済学部出身，同年入社，大正 15 年運輸課事業係主任，昭和 6 年運輸課運輸係長，昭和 8 年百貨店部食堂課食堂係長，同年宝塚経営部食堂課長心得，昭和 10 年同場内課長，昭和 11 年百貨店部総務課長．
同部総務課庶務係主任　松下　繁	昭和 4 年早稲田大学商学部出身，同年入社．
百貨店事業部通販課長 佐藤信二郎	大正 14 年京大法学部出身，同年入社，昭和 5 年百貨店部総務課庶務主任心得，昭和 8 年百貨店総務課庶務主任，同年営業部第 7 階会場係主任兼 7 階催物係主任，昭和 11 年百貨店事業部通販課長心得．
同部通販課掛売係主任　人見映一郎	昭和 4 年慶應義塾大学経済学部出身，同年入社．
事業部物産館加工品係長　山本芳治郎	大正 12 年慶應義塾大学経済学部出身，同年入社し会計課．
同部服飾品係主任　雨宮謙爾	大正 14 年慶應義塾大学経済学部出身，同年入社．
同部肌着係主任　豊島善五郎	昭和 2 年大阪高等商業学校出身，同年入社，マーケット時代より引続き百貨店部に勤務．
同部計画係主任　比企野義五	昭和 4 年京都帝大経済学部出身，同年入社，比企野電灯電力課長の賢弟．
職名記載なし　左座喜美雄	昭和 9 年慶應義塾大学法学部出身，同年入社．
百貨店事業部製菓部製菓場係長 村上元吾	大正 13 年関西学院高商部出身，同年入社，運輸課食堂を経て製菓場係長．昭和 18 年百貨店共栄部長，昭和 22 年株式会社阪急百貨店取締役，昭和 30 年常務取締役，昭和 36 年専務取締役，昭和 44 年取締役副社長．
同（書記）　福井信次	大正 8 年県立伊丹中学校出身，大正 9 年入社，運輸庶務課を経て製菓工場係．
同　富田寿郎	昭和 10 年京都帝大法学部出身．
同　技士補　片桐秀政	昭和 11 年 3 月九州帝大農学部出身．
百貨店共栄部薬房係主任 泉谷忠三	昭和 7 年慶應義塾大学経済学部出身，同年入社，昭和 10 年百貨店部薬房主任，昭和 18 年起業課長，昭和 28 年株式会社阪急百貨店営業第 2 部長，昭和 32 年取締役，昭和 44 年常務取締役．
百貨店事業部製菓場主任　藤井虎之助	昭和 2 年大阪薬学専門学校出身，同年入社．

共栄部共栄課兼百貨店営業部万承係長 加納謙吉	明治45年東大法学部出身，大正元年東洋汽船株式会社入社，大正6年南洋製糖株式会社入社，大正13年三井信託株式会社入社，昭和4年入社，昭和5年百貨店部営業第一部万承係長，昭和11年共栄部共栄課兼百貨店事業部万承係長．
百貨店営業部　中村太一	昭和2年早稲田大学専門部法科出身，同年入社．
百貨店部営業部広告係主任 内山信愛	昭和3年東京帝大経済学部出身，同年入社，運輸課を経て百貨店部広告係主任．
百貨店部営業部広告係　梅田健一	昭和7年東京帝大経済学部出身．
百貨店部営業部サービス主任 村田悦蔵	昭和5年京大経済学部出身．昭和18年百貨店営業部サービス課長，昭和22年株式会社阪急百貨店秘書室部長，昭和32年取締役，昭和36年常任監査役．
百貨店部催物係主任　桑原忠助	昭和6年慶應義塾大学経済学部出身，同年入社，昭和7年百貨店部総務課，昭和12年百貨店部営業部催物係主任．
共栄部食堂課長　川端正蔵	大正12年慶應義塾大学経済学部出身，同年入社，運輸課貨物係主任，昭和2年宝塚経営部洋食堂係主任，昭和8年技術部工務課工務係長，昭和11年共栄部食堂課長．
同部同課梅田食堂和食係主任　森茂	大正14年大阪高商出身，同年入社，運輸課を経て食堂係主任．
同部同課梅田食堂洋食係主任　福味英雄	大正15年慶應義塾大学経済学部出身，同年入社．
同部同課神戸食堂主任 上田藤太郎	大正5年関西商工学校商業科出身，同年入社，電灯電力課，宝塚経営部食堂，梅田食堂を経て神戸食堂主任．

（出所）宮脇久『阪急の現有勢力』（1937年），pp. 2-10, 59-74，宮脇久『阪急百貨店　創業30周年記念』（1959年），pp. 6-15，宮脇久『株式会社阪急百貨店　創立20周年記念』（1967年），pp. 8-20，『株式会社阪急百貨店50年史』（1998年），pp. 402-403より筆者作成．

初に阪急電鉄へ入社していたことである．呉服系百貨店では大卒者がまだ少ない時期であったのに対し，阪急百貨店では慶應義塾を卒業したものが非常に多かった．彼らは阪急電鉄への入社後にまず運輸課に配属され，その後阪急百貨店へ異動し，壮絶な営業に明け暮れつつ素人販売員から幹部社員へ成長していった実情がイメージできる．慶應以外に，京都大学，同志社大学，早稲田大学や，神戸高商（のち神戸大学），大阪高商（大阪商科大学，のち大阪市立大学）なども多く見受けられる．当時，幹部社員の大半が大卒者で占められた百貨店としては，慶應義塾の出身者で固められた三越以外に見当たらなかった［武内 1995：131-37］．阪急百貨店の登場は，昭和初期大都市における百貨店の幹部社員を大学出身者へと転換させる大きな役目を果たしたといえよう．

なお，1929（昭和4）年開業時に百貨店部長であった岩倉具光の前歴には目を見張るが，小売業とは全く関係がない職種ばかりであった．林と同期であっ

た百貨店部次長の安部悌蔵は，地所課長や電灯電力課長などをへて阪急百貨店への異動であった．百貨店経営は「全くズブ素人のみ」でのスタートであったものの，実際には素人＝大学出身者で占めていたことが阪急百貨店の経営戦略を大きく左右し，事業発展の方向に舵を切った[14]．

4 阪急百貨店の各売場からみえる素人による営業方法とその独自性

　阪急百貨店の催事による営業展開からみていこう．1929（昭和4）年7月から1931（同6）年12月までの催事一覧を**表5-9**に作成した．明治後期から昭和初期にかけた百貨店の催事展開の研究は，筆者による松坂屋に関する分析がある[15]．阪急百貨店と同時期の松坂屋における月ごとの催事数と比較してみると，前者のそれが非常に少なかったことがわかる．催事の回数としては月に平均5〜6回で，内容としては特売会，陳列会，流行会，展覧会の表現が多く，阪急百貨店の特色であったことが読み取れる．阪急百貨店では，開業当初から催事を活用して集客する営業展開ではなかった[16]．

　というのは，催事については主任の佐藤信二郎が，「催し物と云っても阪急では，他の百貨店の如く大規模な物は未だ行った事がない．それは小林会長の主義が何処よりも良い品を安くという一本調子で，その為には凡ゆる経費を出来るだけ節約するより他に道なく，従って費用の多く嵩む催し物も行われない訳である．だから阪急の催し物と云えば大抵は展観類，乃至は季節物の売出しに終始」したと話していたからである［百貨店新聞社 1936：98］．開業当初の阪急百貨店の催事展開は，ほかの呉服系百貨店と違って顧客吸引のためのメインの営業方法になっておらず，その理由の根底には小林の経営方針があった．**表5-2**の「繁栄の4大原因」に催事展開は含まれていなかった点からも頷けよう．

　では，阪急百貨店ではどのような売場が集客に貢献していたのであろうか．**表5-10**は阪急百貨店の各階売場の商品と担当責任者である．まず地下の食料品（珍味）売場と2階の菓子売場などが際立ち，同時期の呉服系百貨店と比べて特徴的であったと感じさせる[17]．そこで各課の担当課長のコメントから知れる阪急百貨店の営業方法の特色や呉服系百貨店のそれとの違いをみていこう．

　第1課の地下珍味売場担当の課長野田孝は，「第1課即ち地階食料品売場は最も重要なる売場の1つ」で，この「市内の一般百貨店の同売場よりは地の利，人の利に於いて遥かに優れた地位を占め，所謂退け時ラッシュアワー前後には

表5-9　昭和4・5・6年の阪急百貨店の催事一覧

昭和4年	7月	15— 日	中元暑中御進物用品売出し*	昭和6年	2月	4— 9日	田中良氏日本挿画展
昭和4年	10月	15—25日	福引付誓文払大売出し*			11—15日	ポリドール試聴会
昭和4年	11月	16—20日	阪急工芸会主催第1回美術工芸品展覧会			17—20日	素人手芸店
昭和4年	12月	—31日	歳暮大売出し*			22—26日	八千草会小品画展覧会
昭和5年	2月	14—20日	2月の特価専売週間*	昭和6年	3月	1— 5日	春の京呉服の会
		16—20日	国産写真材料宣伝会			7—12日	春の子供服陳列会
		22—27日	曲木家具陳列会			14—19日	春の御婦人流行会
昭和5年	4月	5—14日	化粧品大会			21—26日	紳士用品春の流行会
		10—20日	開業1周年記念大売出し*			28—31日	阪急セル大会
		23—29日	釣具の会	昭和6年	4月	4— 8日	帯地特売会
昭和5年	5月	1— 6日	初夏の婦人子供服と帽子陳列会			10—13日	阪急清華会主催第2回揮毫会
		8—13日	御子達乗物大会			15—20日	開店記念呉服大奉仕
		15—20日	阪急清華会生花大会			22—29日	釣具の会
		22—29日	夏の京染訪問服と染着尺の会	昭和6年	5月	1—10日	国産優良化粧品大会
昭和5年	6月	1— 5日	縮まぬ明石競技会			12—17日	初夏の子供服と帽子陳列会
		7—12日	夏の家具の会			18—22日	別染浴衣陳列会
		14—19日	盛夏の赤ちゃんと子供用品陳列会			24—28日	御子達乗物大会
		21—26日	越後白絣と若柳縮の会	昭和6年	6月	1— 4日	夏の帯地大会
昭和5年	7月	1— 3日	麻織物大会			6—11日	縮まぬ明石陳列会
		5—10日	海水浴用品の会			13—18日	白絣の会
		12—22日	ゆかた超特売会			20—25日	麻織物大会
		25—30日	水遊び玩具の会			27—30日	クレープ製造実演大会
昭和5年	8月	1— 7日	国産カットグラスの会	昭和6年	7月	4— 9日	海水浴用品陳列会
		9—13日	宝塚舞台美術展覧会			11—20日	浴衣特売会
		15—20日	昆虫及植物に関する展覧会			22—28日	硝子製品陳列会
		22—27日	現代名家和俳句展覧会	昭和6年	8月	1— 6日	香水と石鹸の会
昭和5年	9月	1— 4日	御子達乗物大会			8—13日	劇画協会主催劇画展覧会
		6—11日	国産雑貨大会			15—27日	30銭均一専売会
		13—18日	大国一家鋳金作品展	昭和6年	9月	1— 3日	日ノ本写真器宣伝実演会
		20—25日	子供服陳列会			5—10日	渡辺春宵氏水彩画展覧会
		27—30日	秋の京染競技会			12—17日	御子達乗物大会
昭和5年	10月	4— 9日	邦楽器陳列会			19—24日	秋の子供服と帽子陳列会
		11—15日	銘仙特売会			26—30日	歌人俳人短冊色紙半折の会
		17—23日	秋の御婦人流行会	昭和6年	10月	3— 8日	秋の紳士用品流行会
		25—30日	呉服特売会			10—20日	誓文払50銭均一特売会
	11月	1— 6日	流行ショール陳列会			22—29日	秋の御婦人流行会
		8—13日	優良国産アングロメリヤス製造実演即売会	昭和6年	11月	1— 5日	流行ショール陳列会
		15—20日	工美会			7—12日	阪急冬メリヤス宣伝特売会
		22—26日	銅，真鍮，錫研究会主催 家庭用銅，真鍮，製品陳列会			14—19日	工美会
		28—30日	須磨対水氏作品展覧会			21—26日	チェコスロバキア農民美術展覧会
	12月	4— 9日	コート地陳列会	昭和6年	12月	1— 6日	御座敷用品陳列会
		11—15日	銀器と毛皮の会			7—13日	毛皮陳列会
		17—21日	国産硬質陶器の会			14—20日	御子達雑貨特売会
		23—31日	お正月用品の陳列会			22—31日	御正月用品専売会
昭和6年	1月	5—11日	新春おもちゃの会			1— 7日	第一回京呉会（7階）
		13—18日	スキー用品陳列会			9—15日	呉服歳末特売会（7階）
		20—25日	家庭手芸自由講習会			16—24日	クリスマス・セール（7階）
		27—31日	セルロイド大会			25—31日	歳の市（7階）
						9—31日	羽子板陳列会（7階）

（注）　＊は全店催，（　）は7階，それ以外すべて6階.
（出所）　前掲『大阪急』pp.99-102を基本に，『阪急百貨店25年史』pp.745-746を参考に筆者作成.

表 5-10　阪急百貨店の各階売場の商品と担当責任者

営業部	各売場の目玉	課長以下の担当係長，主任一覧
第1課	地階珍味売場	詰合係主任，魚菜係長，佃煮係主任，缶詰係主任，荒物係主任，園芸係主任
第2課	2階菓子売場	第1菓子係主任，第2菓子係主任，玩具係長，文房具係主任，書籍係主任
第3課	3階特選売場	化粧品係主任，髪飾係係長，履物係主任，袋物係主任，貴金属係主任，ショール係主任，手芸品係主任，小物係主任，写真係主任，楽器係主任
第4課	4階一般売場と特選品売場，京呉会	第1京呉服係主任，第2京呉服係主任，第3京呉服係主任，帯地係主任，銘仙係主任，木綿係主任，洋反物係主任，蒲団係主任，既製品係主任，逸品売場係主任
第5課	5階特選品売場	運動具係主任，洋服係主任，婦人子供服係主任，第1肌着係主任，第2肌着係主任，靴鞄係主任，帽子係主任，第1服飾品係長，第2服飾品係主任，幼児用品係主任
第6課	6階畳建具御用承り部	和家具係主任，洋家具係主任，電気器具係長，陶器係主任，漆器係主任，美術品係主任
食堂課	8階洋食堂	洋食堂係主任，和食堂係主任，支那食堂係主任

（出所）　前掲『大阪急』pp. 53-86 より筆者作成.

サラリーマン階級の買物客が殺到し，他店では見られぬ風景を現出」したと強調する［百貨店新聞社 1936：59-60］.

　阪急百貨店では立地を生かし，阪急電車乗り場のコンコースから最も近い位置に，「阪急独特のもので諸国の代表的珍味を集め」た売場を配置したことで，店内きっての人気売場として大繁盛した．なお野田は，先述のように戦後において常務および専務取締役から2代目取締役社長へと登りつめた人物で，林の配下として阪急百貨店の花形部門を任されていた[18].

　第2課の課長田中徳次郎は，2階の「主たる商品は菓子，玩具，書籍，文房具等であるが，その中最も繁忙を極めているのは菓子売場」で，この要因をターミナルデパートの「地の利，人の利」に求めている．さらに，ここに「供給される菓子類の中生和洋菓子，パン，カステラ等は凡て直営三国製菓工場の製品で，即ち和洋干菓子を除いた大部分は自家製品」で，とにかく「食料品に関する売場では阪急の殷賑振りは断然他店を」圧倒したと語る［百貨店新聞社 1936：62-63］.

　第2課のメイン売場は菓子類で，第1課と並んで賑わいをみせた様子がわかる．その理由としては，第1には野田が述べたターミナルデパートであったこと，第2には商品のほとんどがPBであったために安価に販売することができ

たからであった．第1・2課は大盛況の売場を有しており，この要因としては「地の利，人の利」以外に最寄品という手軽に購入できる廉価商品であったことがあげられる．これらの商品は，マンツーマンのきめ細かい接客対応をしなくても次から次へと販売できたのであろう[19]．

第3課の特撰売場の課長田村明は，「化粧品ではポマード，コスメチック，石鹼，ローションの類は自家製品」が主力で，この3階には「特撰売場があり，パラソル，ショール，袋物，髪飾品等婦人装身具類の新流行逸品を陳列」していたと誇る．そして，この特撰売場は「他店にはない特殊の売場」で，「他の百貨店よりも優れた逸品の蒐集に努力しているという印象を強めるべく，こうした売場を特設」したと述べる［百貨店新聞社 1936：65］．

化粧品ではPBが主力であり，他店の呉服系百貨店にはみられない貴金属宝飾類を主とした売場作りを展開していたことがわかる．3階ではPBを上手く取り入れ独自の自主企画の売場を配していた．この魅力的な売場作りが却って沿線に愛用者を増加させ，新たな顧客開拓に繋がったと理解できる．

呉服売場をメインとした第4課の課長乾忠明は，4階の「売場は全階呉服反物類に終始」し，このうち「一般売場と特撰品売場を」区別して，前者は「普通品」，後者は「特撰高級品及び新柄流行品」を取り扱っていたとする．ほかの「電鉄経営の百貨店の概ねが所謂マーケット程度の日用普通品に主眼を置いて経営」されていたなかで，「阪急のみが高級品も併せて取扱い，然も他店に決して劣らぬ声価を獲得し，好成績」をあげていたことに着目してほしいと話す［百貨店新聞社 1936：68-69］．

彼は，一般の大衆向けの呉服類はもちろん販売するが，高級品・流行品の呉服類を主力の販売種目に掲げ，大鉄・大軌（三笠屋）・京阪などの電鉄系百貨店との差別化を図った戦略をアピールしていた．ここから阪急百貨店が第3課も含め高級品・流行品を積極的に販売することで，他の呉服系百貨店と肩を並べるほどに成長しつつあった様子がわかる．また，開店当初の阪急百貨店の営業スタイルから変化していた過程も判明する．

以上の4人の課長は表5-6にもみえる人物で，阪急マーケット時代から小林や林のもとで鍛えられてきた生え抜きの幹部社員であった．彼らは急成長を続けていた阪急百貨店の重要な売場を任されていた．

第5課の課長三澤轟郎は，阪急百貨店にチェンジしてからの「営業方針は全く一変，マーケット時代には殆んど実用向日用品に限られていたものだが，一

Chapter 5 ターミナルデパートの素人経営を編み出した阪急百貨店　*125*

躍高級雑貨に転向された」とまず述べる．第4課同様に阪急百貨店が大衆向け
の実用雑貨から高級雑貨に転換し，それ自体が営業方針になっていたことが判
明する．彼は，続けて「大体阪急沿線にはインテリ乃至はブルジョア層に富ん
でいるのだから，従って実用向雑貨の程度では顧客の欲求を満す」ことができ
ず，「最近の阪急は高級品，洗練された高踏的趣味の商品を集めるのに汲々と
している」と話し［百貨店新聞社 1936：71-72］，営業方針の転換理由を説明して
いる．

　5階売場では**表5-10**の商品のなかで，「最も重要な位置を占めているものは
何と云っても」雑貨類であったものの，高級雑貨へ転換した背景には沿線客の
嗜好があったことが知れる．結果的に，この方針が呉服系百貨店とは違った経
営展開の成功へと導いた．しかも，それが当時から阪急百貨店の特色となって
現在まで根強い営業方針が継続されてきたことは，今日までの百貨店業態・小
売業全体の発展に大きく貢献したといえよう．それに，彼は南海・京阪沿線か
らの顧客が増え，阪急百貨店の雑貨需要層が拡大し，この拡大の理由に無料配
達をあげていた［百貨店新聞社 1936：71-73］．阪急百貨店が遠方への無料配達を
営業戦略として行うようになっていたことを理解でき，さらに配達サービスが
阪急百貨店の顧客吸収の理由となっていた．

　第6課の課長太田垣士郎は，「畳建具御用承り部がある．之は先年高島屋で
も鳥渡手をつけた事があるが，能率関係から間もなく廃絶し，その後どの店で
も見放していたものを，阪急では沿線各地の顧客からその売場の開設を希望す
る向が相当に多く，昭和10年11月から和家具売場内に設置し，ターミナルの
立場から割合に好成績を挙げ今日に至った」とし，これも阪急百貨店の「特設
売場といえば云えない事もなかろう」と語る［百貨店新聞社 1936：75］．

　同じ大阪のターミナルデパートとして経営展開をみせている高島屋が撤退し
た部門に力を入れた背景には，沿線客からの要望が強かったとある．第5課と
同じく阪急沿線の顧客の需要にそった営業方針が生まれていた．顧客が希望す
る理由には，阪急沿線に自らが所有する土地の不動産経営や住宅地開発に乗り
出した結果，郊外に多くの分譲住宅が造成され，そこの住人から寄せられた要
望＝信用が阪急百貨店での顧客層増大に結びついたのであろう［百貨店新聞社
1936：204-203；末田 2010：216-217］．

　表5-10で最後の食堂課の課長斎藤順は，とくに「洋食堂は古く阪急マーケ
ット時代からの伝統を受け継いで，大阪洋食堂界の一名物になっている程，そ

表 5-11 食堂課の食券取扱いの用語

1	注文を受けて注文票を切り取る場合 「注文票何 10 銭頂きます」
2	料理を持参して引換券を回収する場合 「引換頂きます」
3	先に食券を勘定場で買い求めて貰う場合 「恐れ入りますが，先に勘定場で食券お買い求め願います」と丁寧に勘定場を差示してください
4	料理の配給遅れ引換券のみを示して料理を請求される場合（既に他の給仕が注文を承っているもの）注文品を聞いて後「少々お待ち願います」
5	追加注文を依頼され食券なき場合　例「ビフテキで御座いますか，50 銭お預かり致します」「20 銭券買って参りました，30 銭お返し致します」
6	金額の大きな食券を小さく取替える場合　例「取替えの為め 20 銭お預かり致します」「お待たせ致しました，10 銭券と 5 銭券に替えて参りました」
7	食券を現金と取替える様依頼された場合　「給仕は現金取替えを禁じられて居りますから，恐れ入りますが，お帰りの節勘定場でお取替え願います」
8	切り離してある食券は特に注意して，若しも番号が違っている時は「注文票と引換券の番号が違って居りますが，お間違いではございませんでしょうか」とお尋ね下さい

（出所）　前掲『大阪急』pp. 82-84 より筆者作成.

れ程に有名であり，牢として抜くべからざる信用と基礎を有し，他の百貨店又は電鉄会社で経営している同種食堂の営業状態とは断然群を抜いた好成績」を示していたと［百貨店新聞社 1936：79］，阪急百貨店の食堂を大阪の呉服系・電鉄系百貨店のなかで一番の営業成績を残していると高く評価する[20]．なぜならば，平日の顧客は 2 万 5000 人で，日曜祭日になると 5 万 5000 人から 6 万 5000 人に及ぶほどであったからである．

　それに加え彼は，「食堂課は百貨店の最も重要な 1 課であり，他の売場と相関的関係を持って，食堂の消長は即他売場売上の盛衰に影響」するため，常に深甚の注意を払っていたと話す．食堂課は地下珍味・菓子売場と並んで重要な課であり，洋食堂を阪急百貨店の 8 階の最上階に配置したのは無論シャワー効果を狙ったことであり，阪急百貨店がその端緒であった．しかも，その効果が他の売場，とりわけ地下の食料品売場の噴水効果と連動していたのには驚かされる［百貨店新聞社 1936：79-81］．高度成長期以降の百貨店の地下売場または地下街の発展や，新たな商業施設を含めた食堂街をブームにしたきっかけが，阪急百貨店の素人経営から生まれた営業展開に隠されていた．

　表 5-11 には食堂課の食券取扱の用語を載せた．これは昭和初期までの呉服系百貨店の史料ではみられない食堂課の標語で，阪急百貨店ならではの素人による営業への取り組みやその原点がみられる[21]．この意味では，電鉄系百貨店によるサービス業・外食産業の先導的な役割が昭和初期にみられということにも

表 5-12　サービスの標準標語：接客法の指導精神

	全店員から標語を募集：毎朝放送して反復各自の脳裏に徹底すべく努めている		
1	百万人の御贔屓もお客一人の噂から	8	無い品は猶予を願い問い合わせ
2	忘れるな，まず「いらっしゃいませ」の御挨拶	9	お客から受けた金額，必ず其場で復唱を
3	待たすな，お客．急がすな，買物	10	包装は綺麗，丁寧，迅速に
4	お待たせは必ず一言御挨拶	11	御進物の値札は必ず取りましょう
5	電話の応対，特に丁寧第一に	12	両替と払戻しは特に親切気持ちよく
6	売場での身構え，いつも応答出来るよう	13	売場での雑談私語は止しましょう
7	品切れは必ず代品お目にかけ	14	「毎度有難うございますは心から」

（出所）　前掲『大阪急』pp. 37-38 より筆者作成．

なろう．表 5-12 には接客にかかわる指導精神を載せた．一方では，やはり阪急百貨店が素人から始動した小売業経営であったことに蓋はできず，松坂屋の接客法から比べるとまだ発展途上の内容であった．

　以上，各課長が担当の売場の特徴を的確に把握し説明していた点から，彼らの営業意欲・意識が明確であったことが理解できた．それとともに，1936（昭和 11）年 3 月頃には素人の営業方法から高級品を取り扱う呉服系百貨店の営業形態に徐々に近づきつつあったことが読み取れる．阪急百貨店では，出発点であるマーケット方式の販売方法の良さを残しつつも，呉服系百貨店の営業方法も取り入れ，他の呉服系・電鉄系百貨店にはみられなかった阪急百貨店独自の営業スタイルを模索し編み出した．社員の全員が素人から小売業販売を開始したにもかかわらず，小林は彼らを上手く活かし呉服系百貨店の利点を吸収し，新たな百貨店業態を創案することに成功したと評価できる．しかも，戦後以降において営業方針として受け継がれている部門が，阪急百貨店に存在したのは電鉄系百貨店の役割を考える際に，このうえなく重要なことである［硲 1977：83-98］．

おわりに

　阪急百貨店は，1929（昭和 4）年 4 月 15 日に好立地条件を備えた大阪梅田に阪急電鉄直営のターミナルデパートとして開業した．阪急百貨店は，呉服系百貨店の経営展開を探りつつ電鉄本体とのタイアップで誕生し，沿線居住者に合わせた大衆向けの品揃えの充実を図ったターミナル店舗による営業に成功した．これが従来，昭和初期における阪急百貨店の経営発展の一大要因とされていた．

しかしそれだけでなく，当時阪急百貨店のターミナルデパート経営を主導したのは小売販売の営業経験を全く持たなかった電鉄職員であった．彼ら素人による営業展開が経営発展に大きく貢献した．小林は，開業前から素人＝電鉄職員（幹部社員，後経営陣）を小売・百貨店販売員へ転身させ，経営を軌道に乗せる大役を任せていたのであった．

　阪急百貨店の登場は，昭和初期に呉服系百貨店の業態を変化させる直接的な引き金ともなった．品揃えでは日用品・雑貨類や実用品のみならず高級雑貨さえもが重視されるようになり，食堂部門を全国の百貨店へ急速に拡大させる要因となった．百貨店空間の充実に大きく貢献した電鉄系百貨店の増加は，高度成長期以降の商取引を簡略化させ，百貨店業態からサービス・外食産業を含む多くの小売りの新業態を創出するクッション的な役割を担った（第6章の**図6-2**を参照）．

　百貨店業態の経営革新とでもいうべき素人経営の出現は，昭和初期から高度成長期にかけて百貨店業態・小売業態を大きく変化させる起因となった．素人だからこそ新しい商品販売にチャレンジでき，人材育成の強みともなった．社員の採用面に著しく影響を与え，呉服系百貨店の幹部社員はもちろん女子店員を含めて，大卒社員が増加する傾向を作った．しかも，昭和初期から今日までみられる呉服系百貨店によるターミナルデパート化や駅前デパート化，ならびに経営の多角化戦略に影響を及ぼした．そのうえ，現在において呉服系百貨店がターミナル施設を活用した小売業の革新的動きをみせていることは看過できない事実であろう．電鉄会社を本流としたターミナルデパート経営の歴史は，商品・人材・仕入先の問題など，日本における百貨店業態および小売業態がイノベーションし続けてきた要因を解明するための重要なファクターを包含している．

注
1）百貨店新聞社の『日本百貨店総覧』については，狩野編［1934；1936］，菱田編［1939］，村上編［1942］があり，そのほかには類似の資料として，大橋編［1935］，大橋編［1938］がみられる．すべての文献において電鉄会社による百貨店経営を百貨店業態の展開として取り扱っている．
2）小林一三の研究は数多くあり，末田［2010］や谷内［2014］で整理しているので参照のこと．本文と直接関係あるものについては参考文献に列挙した．
3）『豊州新報』1936年4月18日朝刊，p.7の「欧州人は男も女も裸で踊っている　全く

Chapter 5 ターミナルデパートの素人経営を編み出した阪急百貨店　*129*

変態と言う外ない 新帰朝の小林一三氏語る」の見出しの記事である．次章で取り上げ
ている昭和 11 年 10 月 7 日開業の岩田屋への介入から北部九州ではとくに関心が持たれ
ていたと思われる．また，記事の最後に「神戸電話」とあるところから，この情報を豊
洲新報社が電話で入手していたことが理解できる．

4）『百貨店新聞』（No. 259）1935 年 7 月 1 日，p. 5 に「ターミナル・デパート 食料品売
場昨今」と題して，「金ブチ眼鏡に口髭はやした銀行会社の課長候補やら，帰宅の分秒
を争う気持ちを満面に香わせ乍らせわしげな新婚のサラリーマン等々，今日の晩酌の
肴を漁り，或いは差し向いのつつましい膳を飾る御惣菜をあれやこれやとうろつき廻っ
ているのが─，これターミナルデパートの地下室風景である．大阪随一の住宅地の門戸
を扼する阪急と南紀一円の関門南海とは共に相対立するこれ等の代表的なものであろう．
（中略）阪急の焼芋はチョイと有名である．洋服着てステッキついてホヤホヤのお芋を
買って居る図は先ずここならでは見られまい．而も近い内に焼ガマの最大型が新しく備
えつけられるとの事だから素さ間じいものである．既製料理と折詰弁当とは此処の自慢
のもので，之は中津ガード下の市満株式会社で大量に造られる．1 日に折詰 1 万個の製
造能力がある牛肉も上等並等なんて曖昧な分け方をせず，必ず産地の名を表わして居る
所も利口なやり方だ」と載せられている．まさに現代のデパ地下を思わせる状況であろ
う．なお，谷内［2014：88-89］で『百貨店新聞』の同じ記述を使用しているが，筆者
の視点とは異なることを付しておく．

　なお本文と注記において引用部分については，旧字体は原則して新字体に改め，判読
を助けるため必要な個所に句読点を加えるなど適宜修正を施した．旧仮名遣いは現代仮
名遣いに直し，「つ」「や」「ツ」「ヨ」についてはポイントを下げ，「ゝ」「ゞ」などの踊
り字については読みやすくするために字を補った．送り仮名が必要な箇所や誤字・脱字
と思われる箇所については適宜修正を施した．便宜上，漢数字を算用数字に直したとこ
ろもある．

5）『百貨店新聞』（No. 300）1936 年 4 月 20 日，p. 3 に「小林会長の帰朝で阪急近く大異
動か 百貨店部でも相当幹部の更迭を見ん」との見出しで，「小林阪急会長は 17 日朝神
戸入港の郵船榛名丸で欧米視察の旅を了えて帰ったが，会長留守中は阪急本社内の新計
画又は人事異動等は一切見合わせていたので，視察旅行中小林氏の感じた腹案もある筈
で，孰れ近き将来には之等の新期計画乃至之に伴う人事異動なども相当広範囲に亘って
行われるらしく，無論百貨店部に於いても一部幹部級の更迭が発表されるべく社内でも
期待せられている」と書かれた記事がある．

　ほかに，『百貨店新聞』（No. 301）1936 年 4 月 27 日，p. 10 に「全面的に好調を示す
阪急今期の決算」，『百貨店新聞』（No. 306）1936 年 6 月 1 日，p. 2 に「阪急百貨店を電
鉄から独立 小林会長の意図明瞭 将来に備え近く職制変更か」，『百貨店新聞』（No.
309）1936 年 6 月 22 日，p. 2 に「阪急百貨店職制一部変更 之に伴う人事異動も発表」，
『百貨店新聞』（No. 326）1936 年 10 月 19 日，p. 2 に「阪急重役陣大異動 上田社長も共
に小林会長愈々引退 後任重役は社内から推選 26 日総会で本決り 略ぼ決定した新重

役の顔ぶれ 注目される百貨店の強化」,『百貨店新聞』(No.328) 1936 年 11 月 2 日,
p.2 に「百貨店強化を目指し阪急新重役陣容成る 岩倉,林,安部,吉原の諸氏 予想通
りに就任」,『百貨店新聞』(No.330) 1936 年 11 月 6 日, p.4 に「重役陣変動に続く阪
急の大異動発表 物産館仕入係を分ち其他新進抜擢の跡著し」と, 題された数多くの記
事が『百貨店新聞』に掲載されていることから, 当時阪急電鉄の一組織であった阪急百
貨店の位置づけと百貨店新聞社による高い評価がみえてこよう.

6)『百貨店新聞』(No.295) 昭和 11 年 3 月 16 日, p.2 に「総延坪 17,558 坪 世界百貨店
史上の驚異 大阪急新館 愈々 21 日開店 売場配置一部変更」とある. 前掲『百貨店新
聞』(No.300), p.3 に「洋食堂の外に 食料品部も新設 阪急神戸三宮終点に」の見出し
の記事が紹介されている.

7) 本節の阪急マーケット・阪急百貨店の成立・経営展開については, 末田 [2010:
203-56;2013a:3-21], 谷内 [2014:81-118;2017:3-25] を参考にした.

8) 百貨店新聞社編 [1936:1-7] に当時, 阪急百貨店部長の上田寧, 取締役営業部長の
岩倉具光, 百貨店部営業次長の林藤之輔らが, 7 年間で阪急百貨店が飛躍した理由と経
営方針を述べている. この点はすでに末田 [2013a:8-11] で論じている.

9) 清水 [1957:105] には「百貨店の一部門として出発したが, 商品の製造や卸をする
部門で, 百貨店が販売している商品の中から, 特定のものを選んで, それを安価に作り
上げ, 安く一般に提供する事を目的として生まれたものである」とあり, 表5-8 にみえ
る 1937 (昭和 12) 年において大阪物産館課長であった清水雅が回想している.

10) 小林一三の紹介により東宝に入社し, 日本劇場の初期支配人をへて, 小林の命により
株式会社東京会館へ移り支配人, 常務, 専務をへて社長にまでなった三神良三が執筆し
た [三神 1983] を参考にした.

11)『阪急のカタログ』昭和 14 年 9 月号・昭和 15 年 2 月号 (筆者所蔵) を参照した. 阪
急のカタログや通信販売の広告における販売商品については谷内 [2014:104-15] が非
常に詳しい. 地方都市における通信販売の広告について筆者は, 阪急百貨店の営業方針
が詳細に書かれたものとして,『徳島毎日新聞』1933 年 11 月 26 日付, p.7 (谷内が
『香川新報』1933 年 11 月 28 日付で紹介したものと同じ) を確認している. ほかに商品
広告として『徳島毎日新聞』1933 年 10 月 3 日付, p.6・1933 年 10 月 14 日付, p.6・
1933 年 11 月 3 日付, p.7・1933 年 11 月 17 日付, p.7・1933 年 12 月 9 日付, p.7・
1933 年 12 月 16 日付, p.8・1934 年 1 月 3 日付, p.7・1933 年 2 月 27 日付, p.7 で確認
している. 通信販売に関しては頻繁な広告展開であったことが読み取れる.

12) 林の経歴については, 百貨店新聞社編 [1936:20-22, 25], 阪急百貨店 [1976:
101-102, 128-129, 257], 宮脇 [1937:3], 狩野編 [1936:94-95 (全国百貨店人集)]
を参照した.

13) 1967 (昭和 42) 年 10 月 20 日京阪神急行電鉄本社における座談会「明日の阪急グルー
プを語る」で, 阪急百貨店社長であった野田孝は,「(前略) 働いている女子店員は,
短大以上, 大学出身者を厳選して, 採用しています. 銀座の名物—東京の名物にしよう

Chapter 5　ターミナルデパートの素人経営を編み出した阪急百貨店　*131*

というのが，われわれの希望です」［ダイヤモンド社 1968：253］と述べており，大学
出身者の採用が高度成長期において女子店員まで浸透していたことからみても，**表 5-8**
にみえる最初の幹部社員が大学出身者であったことが影響していたと思われる．

14）**表 5-8** にみえる（後述する）第 6 課の課長太田垣士郎については，「小林一三氏の門
　　下生として優等生であったのは，なんといっても映画『黒部の太陽』の主人公であった
　　太田垣士郎氏であろう．彼も京大経済学部を出た秀才で，最初は電鉄の百貨店部に入り，
　　見込まれて電軌部へふり戻された．幹部候補生が全て通るコースとして出札係から車掌，
　　運転士と下積みからやらされた．宝塚の劇場係，百貨店の課長などなんでもやらされた．
　　元来が器用な人だけに一三氏に鍛えられて〝なんでも屋〟の才能を身につけた．電鉄で
　　あれ，野球，歌劇，映画であれ，百貨店であれ，なんでも人一倍の経営ができないと小
　　林一三氏は満足できない男であった」と書かれている［立石 1969：201-202］.

15）明治後期から昭和初期にかけた松坂屋の経営展開に絡めた催事史は，末田［2011a；
　　2014a；2014b；2015；2016a］を参照のこと.

16）阪急百貨店［1976：745-851］によると，1953（昭和 28）年頃から月ごとの催事が 10
　　回以上開催される月が増加していたことがわかる.

17）狩野編［1934；1936］，菱田編［1939］に当時の百貨店のフロア構成が掲載されてい
　　るので参照のこと．阪急百貨店の第 4 期増築後のフロア構成は［阪急百貨店 1976：
　　157］）を参考にした.

18）野田の経歴は宮脇［1967：9］を参照．注（6）の座談会で野田孝は，「大衆の利益と
　　会社の利益を一致さすところに，阪急マンの経営努力があるわけです」と述べている
　　［ダイヤモンド社 1968：258］.

19）松坂屋の接客法は末田［2016b；2017a］，大丸の店内におけるサービス技術の向上と
　　その方法は末田［2018］を参照．この掲載史料から呉服系百貨店における買回品・専門
　　品のマンツーマンの丁寧な接客法の様子がとても読み取れる.

20）前掲『百貨店新聞』（No. 300），p. 14 に「大阪急食堂を見る」と題され，「7 階和食堂，
　　支那料理，東京竹葉亭鰻料理及び 8 階洋食堂を一丸に纏めて食堂課の管轄であるが，殊
　　に洋食堂は古く阪急マーケット時代からの伝統を受け継いで，大阪洋食堂界の一名物に
　　なっている程，それ程に有名であり，牢として抜くべからざる信用と基礎を有し，他の
　　百貨店又は電鉄会社で経営している同種食堂の営業状態とは断然群を抜いた好成績を挙
　　げている．マーケット時代には洋食堂はマーケット全体を代表していたような観があり，
　　従って今日の阪急百貨店の基礎も，この洋食堂に依って固められたと云っても必ずしも
　　過言ではなかろう」と紹介されている．なお，これは百貨店新聞社編［1936：78-86］
　　と同じ内容である.

21）前掲『百貨店新聞』（No. 300），p. 3 にも **表 5-11** と同じ食券取扱の用語と食券制度を
　　初めて採用した百貨店（百貨店新聞社［1936：84］と同じ文面）として紹介されている.

参考文献

岩堀安三［1972］『偉才小林一三の商法──その大衆志向のレジャー経営手法──』評言社.

老川慶喜［1996］『鉄道（日本史小百科 近代)』東京堂出版.

老川慶喜［2016］『日本鉄道史──大正・昭和戦前篇──』中央公論新社.

老川慶喜・渡邉恵一［2014］『ライフスタイルを形成した鉄道事業』芙蓉書房出版.

大橋富一郎編［1935］『配給報告 百貨店年鑑 昭和10年版』百貨店新報社.

大橋富一郎編［1938］『百貨店年鑑 昭和13年版』日本百貨店通信社.

狩野弘一編［1934］『世界百貨店要覧』百貨店新聞社.

狩野弘一編［1936］『日本百貨店総覧 昭和12年版』百貨店新聞社.

木村吾郎［1996］「小林一三の事業──阪急百貨店の創業を中心に──」『商業史研究所紀要』（大阪商業大学），4.

近鉄百貨店［1977］『40年のあゆみ』株式会社近鉄百貨店.

京阪神急行電鉄［1959］『京阪神急行電鉄50年史』京阪神急行電鉄.

50年史編集委員会［1998］『株式会社阪急百貨店50年史』阪急百貨店.

小松徹三編［1939］『東横百貨店──開店満5周年記念出版──』百貨店日日新聞社.

佐藤信之［2013］『鉄道会社の経営──ローカル線からエキナカまで──』中央公論新社.

清水雅［1957］『小林一三翁に教えられるもの』梅田書房.

末田智樹［2010］『日本百貨店業成立史──企業家の革新と経営組織の確立──』ミネルヴァ書房.

末田智樹［2011a］「株式会社いとう呉服店の催事展開からみえる百貨店の営業動向──大正中期における百貨店化過程の先駆的一齣──」『中部大学人文学部研究論集』26.

末田智樹［2011b］「昭和初期から戦前期にかけての百貨店による新たな市場開拓と大衆化──大阪におけるターミナルデパートの成立を中心に──」，廣田誠編『近代日本の交通と流通・市場（市場と流通の社会史3)』清文堂出版.

末田智樹［2013a］「『大阪急』にみた電鉄会社によるターミナルデパート経営の誕生と真髄」『社史で見る日本経済史第59巻百貨店新聞社 解説』ゆまに書房.

末田智樹［2013b］「知られざる老舗百貨店銀座松屋の成立発展とその礎石を解き明かす」『社史で見る日本経済史 第64巻 松屋発展史 解説』ゆまに書房.

末田智樹［2013c］「新興伊勢丹の登場と揺るぎなき新宿拠点の歴史的背景を読み解く」『社史で見る日本経済史 第65巻 大伊勢丹 解説』ゆまに書房.

末田智樹［2014a］「大正後期株式会社いとう呉服店の経営拡大と催事展開──大阪店再開と銀座店開設と松坂屋誕生──」『中部大学人文学部研究論集』31.

末田智樹［2014b］「戦前期の社史が語る素人経営による新境地を開いた東横百貨店」『社史で見る日本経済史 第69巻 東横百貨店 解説』ゆまに書房.

末田智樹［2014c］「京浜デパートが戦前期の品川駅に立地して飛躍した秘密」『社史で見る日本経済史 第70巻 京浜デパート大観 解説』ゆまに書房.

末田智樹［2014d］「1910 年代初頭株式会社いとう呉服店の催事にみる営業展開」『中部大学人文学部研究論集』32.

末田智樹［2015］「昭和恐慌前後における松坂屋の経営安定化策と催事展開」『中部大学人文学部研究論集』34.

末田智樹［2016a］「松坂屋の生活と文化を結ぶ催事の成立──良品廉価を礎とした店員の活動──」『市場史研究』35.

末田智樹［2016b］「大正期いとう呉服店（松坂屋）の接客法に関する史料紹介」『中部大学人文学部研究論集』36.

末田智樹［2017a］「松坂屋店員の実務教育資料『簡単な売場接客景』の紹介と若干の考察」『中部大学人文学部研究論集』37.

末田智樹［2017b］「丸井今井による札幌市発展への貢献と北海道主要都市における本支店網の形成」『社史で見る日本経済史 Vol. 91 今井（札幌丸井三越）　解説』ゆまに書房.

末田智樹［2017c］「戦前戦後，長崎市地元実業家による浜屋百貨店の創業と復興への挑戦」『社史で見る日本経済史 Vol. 90 濱屋百貨店二十年史　解説』ゆまに書房.

末田智樹［2018］「専務里見純吉によるサービス技術の向上と経営の近代化──昭和初期『大丸店員読本』の紹介をかねて──」『中部大学人文学部研究論集』39.

大鉄百貨店［1944］『大鉄百貨店史』大鉄百貨店.

ダイヤモンド社編［1968］『大衆とともに歩む 阪急グループ』ダイヤモンド社.

武内成［1995］『明治期三井と慶應義塾卒業生──中上川彦次郎と益田孝を中心に──』文眞堂.

立石武史［1969］『阪急グループの解剖──小林一三式“日ゼニ商法のすべて”──』双葉社.

谷内正往［2014］『戦線大阪の鉄道とデパート──都市交通による沿線培養の研究──』東方出版.

谷内正往［2017］『戦前大阪の鉄道駅小売事業』五絃舎.

津金澤聰廣［1991］『宝塚戦略──小林一三の生活文化論──』講談社.

東郷豊［1938］『人間・小林一三』今日の問題社.

中村多聞［1980］『百貨店とは何か』ストアーズ社.

日本経済新聞社編［1958］『百貨店の話』日本経済新聞社.

硲宗夫［1977］『阪急商法の秘密──“商法の神様”小林一三の理念を生かす企業集団──』日本実業出版社.

初田亨［1993］『百貨店の誕生』三省堂.

阪急百貨店［1976］『株式会社阪急百貨店 25 年史』阪急百貨店.

阪急電鉄［1982］『75 年のあゆみ』阪急電鉄.

阪急阪神ホールディングス［2008］『100 年のあゆみ』阪急阪神ホールディングス.

阪神百貨店［1988］『再成長へ向けて　阪神百貨店 30 年のあゆみ』阪神百貨店.

菱田芳治編［1939］『日本百貨店総覧　昭和14年版』百貨店新聞社.

百貨店新聞社編［1936］『大阪急』百貨店新聞社.

廣田誠［2013］『日本の流通・サービス産業――歴史と現状――』大阪大学出版会.

松田敦志［2004］「ターミナルデパートによる『郊外』化の推進――戦前期における阪急の事例を中心に――」『兵庫地理』49.

三神良三［1983］『小林一三・独創の経営―常識を打ち破った男の全研究』PHP研究所.

三宅晴輝［1962］『小林一三――今太閤万能の人――』日本書房.

宮副謙司・内海里香［2011］『全国百貨店の店舗戦略2011』同友館.

宮脇久［1937］『阪急の現有勢力』ストリートエコノミ社内阪急の現有勢力編纂部.

宮脇久［1959］『阪急百貨店　創業30周年記念』阪急百貨店.

宮脇久［1967］『株式会社阪急百貨店　創立20周年記念』阪急百貨店.

村上静人編［1942］『日本百貨店総覧　昭和17年版』百貨店新聞社.

山本武利・西沢保編［1999］『百貨店の文化史――日本の消費革命――』世界思想社.

和田進［1977］『百貨店ものがたり――第2集私鉄群雄編――』洋品界.

（末田　智樹）

阪急百貨店の経営戦略を受け継いだ東西の百貨店
―― 東横百貨店，岩田屋，天満屋，名鉄百貨店 ――

はじめに

　阪急百貨店が編み出した素人経営とターミナルデパート経営は，実際に昭和初期と戦後において東西の４つの百貨店に受け継がれていた．

　これまで電鉄系百貨店である阪急百貨店独自の経営戦略の解明に主眼が置かれ，その戦略がどのような百貨店に継承されていったのかについての考察は深められてこなかった．この点は呉服系百貨店の経営戦略についてもいえる．しかし，阪急百貨店が創案した電鉄系百貨店の経営戦略がのちに全国の百貨店に引き継がれていたことは間違いない．そのうえ，呉服系百貨店に多大な影響を与えたため，現下における呉服系と電鉄系の両百貨店が融合された日本独特の百貨店業態を生み出す礎となり，さらに現在でも進化し続けていると考える．

　本章では，阪急百貨店の経営戦略である素人経営とターミナルデパート経営の２つの経営戦略がどのように伝播していったのかを，昭和初期では東京渋谷の東横百貨店と福岡市の岩田屋，戦後以降では岡山市の天満屋と名古屋市の名鉄百貨店を事例に考察する．

　とくに，前章に引き続き各百貨店の経営者・幹部社員の営業活動に着目する．そして本章の最後に，阪急百貨店のターミナルデパート経営の普及経路と電鉄系百貨店の役割を百貨店業態および小売業態の発展過程のなかで図解する．

東横百貨店の素人経営

　1937（昭和12）年頃の東京における百貨店の立地状況を触れておくと，日本橋より銀座に至る繁華街に，三越，白木屋，松坂屋，髙島屋，松屋などの呉服系百貨店がひしめいていた．これらのなかには松屋が東武鉄道との間で駅ビルテナントとして契約し，当時の東武鉄道浅草雷門駅に松屋浅草支店の名で，1931（昭和6）年11月1日に開店したターミナルデパートがあった［末田

2013b：20-21]．東京の百貨店業界にて熾烈な競争が巻き起こっていたなか東横百貨店は，1934（昭和9）年11月1日に東京横浜電鉄の渋谷駅に五島慶太が中心となって開店した［末田 2010：242-44]．東横電鉄が本体という意味では，東横百貨店が東京初の直営ターミナルデパートであった［百貨店日日新聞社 1939：1,28]．

　しかし五島が決断した理由の1つには既述の呉服系百貨店の動向だけでなく，1933（昭和8）年9月28日新宿に開店した当時新興百貨店に位置づけできる伊勢丹の成功に大きな刺激を受けたことがあった．東横百貨店は，阪急百貨店と同じく電鉄会社からの百貨店業界への参入であった［百貨店日日新聞社 1939：41]．当初，阪急百貨店同様に人材不足が大きなネックとなったものの，五島はターミナルデパート直営に踏み切った．その最大の理由としては，東横電鉄重役の一人であった小林一三が阪急百貨店の営業ノウハウを，東横百貨店に提供することを約束していたからであった．五島は1933年4月より開業準備を開始し，同年5月20日から8月22日まで準備員9名を阪急百貨店へ見学と実習に派遣した［百貨店日日新聞社 1939：28-29]．五島が小林の影響を受けていたことで，表6-1の東横百貨店の信条はまさしく阪急百貨店と酷似していたことがわかる．

　五島は東横百貨店の開店を目前にした翌34（昭和9）年10月13日に，百貨店「業界の権威者」として小林を招聘し，青山学院講堂にて講演会を開催した．東横百貨店の店員のために東横重役として小林とほかの2人の百貨店経営に関する「権威者」が，「百貨店員に告ぐ」「店員は百貨店の財産なり」「百貨店のサービスを語る」と題し，「大なる希望を抱いて明日の大百貨店経営の第一線に立って活躍せんとする若き数百名の店員に尠からざる教訓と，深き決意とを促すこと偉大なるものがあった」といわせるほどの講演を行った［百貨店日日新聞社 1939：34]．この内容からも東横百貨店が素人集団による出発であったことがわかる．

表6-1　東横百貨店の信条（3ヶ条のうちの第1条）

第1　商品　どこの店よりも良い品をどこの店よりも安く売る．何故それが出来るか
(1)東横電車の副業であるから　(2)興業費が少ないから
(3)信用ある会社が経営する為に金利が少ないから
(4)広告費が少なくてすむから　(5)現金買を原則としておるから
(6)現金売を主としているから　(7)配達の費用が省けるから

（出所）『東横百貨店』（1939年）p. 50 より筆者作成．

Chapter 6 阪急百貨店の経営戦略を受け継いだ東西の百貨店　*137*

　この点は，開店5周年で記念刊行された社史に「素人経営に凱歌」との表現がみられる．具体的には「開店当時は，所謂素人のデパート経営と見られていて，同業の百貨店からも，多少その前途を危ぶまれていた」ものの，すべての「幹部をはじめ全従業員の熱と努力の賜物と云うべく，かくて同店は開店初期に於いて，早くも素人経営に凱歌の第一声は高らかに挙げられた」と書かれている．東横百貨店では素人経営と自ら呼称し，5年後にはその素人集団が経営を軌道に乗せていた［百貨店日日新聞社 1939：141-142］．

　表 6-2 には東横百貨店の部長・課長級の経歴を一覧にしてみた．一目で読み取れることは阪急百貨店と同じく，第1に大卒者で占められ，第2に東横電鉄への入社が最初であったことである．阪急百貨店と同様に慶應義塾の出身者が圧倒的に占め，次いで早稲田大学の出身者が目立つ．その多くが東横電鉄入社後にまず運輸課・開発課に配属されてから，次に東横百貨店へ異動し，幹部社員へと成長していった．それゆえに，東横百貨店の開店初期においては素人経営であったと表現されていたのであろう．百貨店の幹部社員が慶應出身者で占めていたのは，昭和初期までの東京の百貨店において三越だけではなかった．東横百貨店の開業は，昭和初期のみならず戦後以降の東京における百貨店の幹部社員を大学出身者へ転換させる口火にもなっていた．

　では，実際に開店当時の素人経営の様子をみておこう．『百貨店新聞』には開店1周年を迎え，記念誌的に書かれた文面がある．五島は「幸いにして，全く経験のなき私共が，予期以上の好成績」を得たのは，第1に「地の利」であったとするものの，「経営者も店員も，悉く無経験者でおりました」ために経営を心配されたが，「店員諸君の真摯なる努力と，魂を打込みたるサービスとによって，お客様の御満足を得」ることができたと実感を述べている[3]．『百貨店新聞』には，好成績を収めた要因として「盛況を思わせる食堂の数字」について触れられている．そして，同紙には「東横の有する自家生産機関」として，「アイスクリーム製造及び和洋製菓事業」の将来的な規模拡大に期待が寄せられていたことがあげられていた．それも，後者の規模拡大の目標が阪急百貨店の自家生産の規模までに躍進することであった[4]．

　『百貨店新聞』には，東横百貨店の営業成績が「郊外百貨店としての特殊な地位を飽くまでも占有して」いたことが関係し，「庶民階級の顧客に対し相当強い地盤を獲得」したからと記されている．しかも，将来一層向上する理由まで書かれていた．第1に，現在の顧客は「庶民階級が主であって高級顧客層の

138

表6-2　東横百貨店の百貨店部長・営業部長・課長級の経歴

百貨店部長 山本知太郎	一橋の高商卒業後，明治38年三井銀行入社．大正7年同行深川支店箱崎出張所長を辞し，服部氏出資の日米自動車の常務に就任，大正13年病のため辞任．後，田園都市会社支配人となり，昭和3年5月同社と目蒲電鉄の合併により目蒲の田園都市部長となり，東横の今日の分譲地経営の基礎を作った．昭和7年東横電鉄に於いて百貨店建設の計画時に氏は準備委員長を兼務し，同9年11月同店開店に際し，百貨店部長の重職に就かれ，文字通り不眠不休の活動を続け，開業後の細密なる予算の編成から問屋の選択，商品の陳列に至るまで，氏はそうした方面には全く素人であっただけに，その苦心と研究とは並々ならぬものがあった．
営業部長 天春馬一	大正5年慶大理財科出身．直ぐに古河合名会社へ入社．大正15年池上電鉄株式会社入社．同社が目蒲電鉄合併後は目蒲電鉄に転じ，昭和10年東横百貨店営業部次長，同12年12月東横興業株式会社取締役，同14年4月営業部長となる．
営業部次長 高橋禎二郎	大正15年早大政治経済学部卒業，昭和2年東横電鉄庶務課入社，昭和8年4月百貨店準備委員に挙げられ，開店後は管理課・経理課主任を歴任，同10年6月総務部次長，同年8月営業部次長．同12年6月百貨店業務其他視察見学のため欧米各国へ出張を命ぜられ，同13年3月帰朝．なお東横興業株式会社の取締役に挙げられている．天春部長と名コンビであると評されている．
第1課長(食料品部) 宇田川一郎	昭和3年慶大経済学部卒業，昭和6年3月東横食堂に勤務，同8年4月百貨店準備委員に挙げられ，同9年6月第1食料品主任，同11年第1課長兼食料品課長となる．
第2課長（2階） 金田一丈夫	昭和5年慶大法学部卒業後，昭和9年6月文房具係主任兼書籍係主任，同14年8月第2課長兼第3食料品係長兼履物係長となる．
第3課長（3階） 市橋満之介	昭和7年慶大経済学部卒業，同年4月東横電鉄開発課入社，同年8年12月百貨店準備委員となり，同9年6月雑貨部主任，営業部庶務係兼務を経て，同13年11月第3課長となる．
第4課副長（呉服部） 田中良平	昭和7年慶大経済学部卒業，同年4月目蒲電鉄開発課入社，同8年9月百貨店準備委員に任命，同9年6月福利係主任，同10年7月第3呉服主任，同13年10月第4課副長兼呉服係長となる．
第5課長（5階） 清水定夫	昭和3年早大商学部卒業，同年3月目蒲電鉄運輸課入社，同8年4月百貨店準備委員に任命，同9年6月第3雑貨部主任兼袋物，薬品等主任を兼務，その他各係歴任，同13年11月第5課長となる．
第5課副長 山岡次郎	昭和8年慶大経済学部卒業，同8年10月同店陶磁器係として入店，同9年6月陶磁器係，漆器係，台所用品係主任となり，同13年11月第5課副長となる．
第6課長（6階） 古仁所　智	昭和7年帝大経済学部卒業，同7年4月東横電鉄開発課入社，同8年4月百貨店準備委員任命，同9年雑貨部主任兼家具，電気名部の主任となり，同14年8月第6課長となる．
食堂課長 岡本真吾	大正6年慶應義塾商業学校卒業，昭和2年6月目蒲電鉄運輸課入社，同年12月東横食堂主任となり，且つ東横経営の各食堂主任として大いにその手腕を発揮し，同8年4月百貨店準備委員に任命，同10年9月食堂課副長兼7階食堂主任，屋上パーラー主任，同13年食堂課長，兼7階食堂主任，客席係長，厨房係長となる．
宣伝課長 松田次郎	昭和4年慶大経済学部卒業，同年5月東横電鉄運輸課入社，田園都市，庶務，開発等各課を歴任して，同9年8月百貨店部広告係に転任，同10年9月催物係主任，同13年11月宣伝課副長兼宣伝係主任，企画係主任となり，同14年8月宣伝課長となる．
管理課長 石井洋三	昭和3年早大政治経済学部政治科卒業，同4年10月池上電車運輸課入社，同9年10月東横電鉄経理課に出向，同年11月百貨店経理課用度係，同12月総務部経理課用度係主任，同13年6月営業部管理課副長兼庶務係主任，奉仕係主任，同年11月奉仕係長，同14年8月管理課長となる．
人事課長 福田治胤	昭和4年慶大法学部政治科卒業，同年4月東横電鉄運輸課入社，同7年1月開発課勤務，同8年4月百貨店準備委員任命，同9年6月庶務課主任兼人事係主任，同12年5月教育係主任兼務，同13年11月人事課長，兼人事係長，教育係長となる．
経理課長 河村錯一	昭和2年早大商学部卒業，同3年12月東横電鉄運輸課入社，同4年12月目蒲電鉄出向田園調布駅長となり，同6年5月目黒駅長，同8年4月東横電鉄出向，百貨店準備委員に挙げられ，同9年6月宣伝奉仕部主任兼宣伝広告係主任，同10年9月宣伝副長となり，その才腕を唱われ，業界並びに新聞界に信望を集め，躍進東横の宣伝の大任を果たし，同13年11月外売課長任命，同14年4月経理課長となる．
営繕課長 澤　勝蔵	帝大建築学科の出身にて，東京横浜電鉄株式会社の工務部次長兼建築課長の要職にある傍，東横百貨店の営繕課長として，その采配を振るっている．

（出所）　前掲『東横百貨店』pp. 134-161より筆者作成．

開拓が将来に残されて居る」こと．第2に，「外売部の活動が漸く最近開始」され「郊外地区として従来各百貨店外売部の最有望地となって居た関係上此方面の増収を予期」できること．第3に，「店員の営業知識が1年の見習期間を経て漸く大成」しつつあったことであった．第1・2は阪急百貨店の発展過程と類似し，第3は素人の店員ばかりでスタートをきった電鉄系百貨店であったことを頷かせる内容であった．

　ところが店員に全く問題がなかったわけではなく，なかでも「各部の主任級の年齢が係員と殆んど同年である関係上，ややもすれば主任の命令が係員に徹底されない」ところがあったとする．それに対する善処策としては，「次長級を各階の係長に兼任せしめて部主任の足らざる所を補」う方法が取られ，組織統制が図られたというのであった．

　1936（昭和11）年2・3月には，「比較的閑散期を利用し，商品販売機能に於ける全店員の再教育」という強制的な講習会を実施した．担当した人事係長は，この講習の「結果として4月からの繁務期に入って其販売能率に非常な好成績を上げる」ことに期待した．あわせて彼は，「4月より入店する新店員の販売能率指導にも大いに役立つもの」になると考え，積極的に開催したと述べている．

　一方，小林の後押しで渋谷に「一大映画劇場を建設してアミューズメントを

表 6-3　1936（昭和 11）年 2 月 11 日の東京の百貨店の入店客数調査

店　　名	入店客合計（人）	坪数概算（坪）	一坪当吸容率（人）	順　位
浅草松屋	11,436	7,500	1.5	1
東横百貨店	5,397	3,600	1.5	2
銀座三越	3,861	3,000	1.3	3
銀座松屋	7,068	5,900	1.2	4
銀座松坂屋	2,745	2,800	1.0	5
上野松坂屋	7,566	9,600	0.8	6
髙島屋	5,088	8,400	0.6	7
白木屋	4,860	9,000	0.5	8
伊勢丹	4,791	10,000	0.5	9
三越本店	7,152	15,000	0.5	10
新宿三越	2,152	4,500	0.5	11
京浜デパート	483	1,400	0.4	12
合　　計	62,563	807,000	0.8	

（出所）『百貨店新聞』（No. 291），1936 年 2 月 17 日，p. 7 より筆者作成．

出現させ」て，東横百貨店の売上げアップをねらうなど，ターミナルデパート
同士の連携体制を構築しつつ，アミューズメントセンター化戦略にも動いた.[8]
小林の存在が，東横百貨店の発展にとって頗る大きかったのである. **表6-3**は，
1936（昭和11）年2月11日に百貨店新聞社が行った東京の百貨店の入店客数調
査一覧である. 東横百貨店は，「坪数から見た吸客率」において1位の浅草松
屋との差があるものの2位に位置していた. 東横百貨店の評価が，「渋谷唯一
の百貨店としての存在が，益々強固な吸収力を示して来て居ることは争われな
い事実」と載せられた.[9] 浅草松屋と東横百貨店が，ともにターミナルデパート
であったことは見過ごせない事実であろう.

2 岩田屋のターミナルデパート経営

　岩田屋（株式会社岩田屋三越）は，現在，福岡県福岡市中央区天神に本店を置
く三越伊勢丹ホールディングス傘下の百貨店である. その起源は，1754（宝暦
4）年創業の呉服店に遡る. 2代目中牟田喜衛（以下，2代喜兵衛）は，昭和初
期に百貨店としての岩田屋設立に奮闘した. 彼は，岩田屋の「店舗の位置に付
いて，東に呉服町，西に天神町の両十字街の一角を候補地に選び，査察研究の
結果，飛躍的発展途上にある大福岡の都心は，南郊九鉄の福岡駅と連携を有つ
天神町の交叉路が最適地たることに見究めをつけ，直ちに九州鉄道株式会社に
対して，同社経営の急行電車福岡駅を買収する交渉」を開始したと述べている.
2代喜兵衛の決断が，その後の岩田屋経営上の大きな分岐点となったといって
も過言ではない. 彼の決断の後ろ盾となった人物こそが小林一三であった.
　この点については，「交渉に当っては，土地仲介の権威者小幡一氏の終始一
貫深甚なる尽力の外に，当時の阪急電鉄社長小林一三氏を煩わして，九鉄の大
御所松永安左衛門氏に交渉し，幾多折衝の末に，円満成立を見ることとなり，
2月26日，買収に関する契約を締結した」とある［岩田屋 1961：80］. 2代喜
兵衛は阪急電鉄の小林を通し松永安左エ門に交渉し，小林のアドバイスを受け
て商業地でなかった天神にターミナルデパート方式の百貨店化を決定した. そ
のうえ，1933（昭和8）年以降の景気回復の時期が到来したことが岩田屋設立
へ向けた追い風となった［末田 2010：316-18］.
　2代喜兵衛は，上記の1935（昭和10）年2月に敷地「買収に関する契約を締
結」したのち，同年5月8日に株式会社岩田屋の創立総会を開き，同年9月9

Chapter 6 阪急百貨店の経営戦略を受け継いだ東西の百貨店 *141*

日には「岩田屋百貨店舗建物建築地鎮祭を挙行」した．そのとき2代喜兵衛は，「来賓に対して一場の挨拶を述べ，久世市長，太田商工会議所会頭，進藤九鉄社長の祝辞あり，次いで松永東邦社長，小林阪急社長の祝電を披露し，万歳三唱の後滞りなく式典を」終わらせた．彼は，目標通りの約1年後の翌36（昭和11）年10月7日に岩田屋を盛大にオープンさせた［岩田屋 1961：88-89］[10]．

2代喜兵衛は，百貨店化にスムーズに漕ぎつけるために，当時百貨店の店舗建設の常連であった竹中工務店に依頼した．同工務店は，延1万5118平方メートルの地下1階地上8階屋上塔屋2階建てで，地方百貨店としては店舗面積最大の百貨店を完成させた［末田 2010：319］．地階には「電鉄のターミナルに位置するデパートとして集散の客に対する奉仕を目的に，簡単な食事と喫茶が出来る瀟洒なパーラー」を配置し，加えて「ホームライクなお好み食堂が好評を博して」いたとある．阪急百貨店の店舗内の配置と似ており，喫茶室とお好み食堂のほか，地階には菓子食料品の売場を配置し，福岡市にデパ地下が誕生していたことがわかる[11]．

これに対して7階には大食堂が置かれ，「博多湾の眺望を眼下に味覚を恋にし得ることは福岡新名物の一として絶賛に値する」とある．しかも，「家族室と和洋食の宴会等に利用せられるべきもので宴会場は百人を収容」できると説明された特別食堂も設置していた[12]．岩田屋では新装開店の壮麗さを記念する写真競技会を開催し，事前に写真の作品を募集したところ応募総数が500点を超えるほどの大盛況となった[13]．

このように阪急百貨店の売場配置を想像させる大店舗の岩田屋誕生の背景には，2代喜兵衛が三越出身の吹野誠太と大阪大丸出身の丹羽剛を獲得したことがあった．2代喜兵衛は，彼らとともに幹部社員を養成し，さらに従業員1000人以上を雇用した［末田 2010：319-20］[14]．彼ら素人集団を育成するために，1935（昭和10）年5月31日には「阪急百貨店の経営機構制度研習のため山本菊治，鮫島信義の両名は約1カ月の予定を以て本日上阪せり」，翌36（昭和11）年4月10日には「大阪大丸，阪急両百貨店へ研習に赴く左記21名のために天神町昭和食堂に壮行会を開く（中略）更に先輩山本菊治より実習に関する有益な注意事項を述べ一同乾盃，研習生一行の健康を祈る」と記されるように，2代喜兵衛は何度も阪急百貨店へ幹部社員を派遣した［岩田屋 1961：88，92］[15]．

営業部長吹野や旧岩田屋呉服店出身の幹部社員が組織作り担当し，九州鉄道の沿線客吸収に成功した［末田 2010：321］．これについては，「この敷地こそは

将来大福岡の要をなすのみならず，福岡・久留米・大牟田を結ぶ急行電車路線は岩田屋との連絡提携の紐帯をなし，其沿線を購買層にもつ優越な地の利に恵まれ，前途の発展を約束付けらるる絶好の位置」であったと書かれていた点からも把握できる［岩田屋 1961：80］．岩田屋は「1 階南側に九鉄急行電車線を引込み，ホームより直ちに売場に通じる 3 ヶ所の通路を設けてターミナルデパートとしての特色を発揮」[16]していた．また開店当日には，「九鉄電車全線 5 割引のサービスもあり，沿線地方より続々とつめかけ」たとあり，ターミナルデパート方式の阪急百貨店の影響が大きかったことがわかる[17]．

　岩田屋設立と小林との関係については，1936（昭和 11）年 9 月 19 日に「阪急社長小林一三氏は阪急百貨店次長林氏を伴い午前 10 時半来店，直に本館の建築構造を視察せられ，11 時半より事務室に於いて重役一同と懇談 12 時半より同氏歓迎の午餐会を銀行集会所に催す」とある．2 代喜兵衛は，「陪賓として久世福岡市長，各銀行支店長，東邦，九水福博の各電車会社代表並びに有志株主等を招待」していた．そして，岩田屋からは「重役，部長等出席主客併せて 35 名，先ず中牟田専務は店を代表して小林氏歓迎の挨拶を述べ，次いで久世市長挨拶の後小林氏」が答礼の言葉を述べたとある［岩田屋 1961：97］．

　小林は，「今後の百貨店経営は有力なる各店の連携が必要である．この意味に於いて阪急を中心に東は東横百貨店，西は福岡岩田屋の三店が鎖式に結合し，仕入に催物に互いに連絡をとり，経営上の利便に資することは最も良き対策であると思う．この試みは我国最初の現われとして相当の期待をもち得るものと信ずる，而かもこの三店が鉄道電車のターミナルデパートであることに共通の特色をもっている」と，ターミナルデパートでの営業方法の積極的な連携に関する抱負を語っていた．さらに，「それより午餐を共にし，来賓一同歓談約 1 時間半の後，意義ある歓迎午餐会を閉会した」と記される．ここからは，開店を目の前にして 2 代喜兵衛と小林との強い結びつきがあったことが鮮明に読み取れる［岩田屋 1961：98］．

　同年 10 月 3 日の岩田屋新築落成披露では小林からの祝電がみられた．上記の博多商工会議所会頭太田勘太郎の祝辞には，「本店の経営内容に就き，これを見るに，東横・阪急両百貨店との連絡を結びて常に斬新なる商品の提供と奉仕に努め，或は九鉄電車を利用して広大なる背後地の顧客吸集を目的とせるは岩田屋の特長というを得べく，これ我国に未だその事例を見ざる所にして，外観の偉大と内容の充実とは経営の堅実と相俟って将来の発展期して待つべきな

り」とある．地方都市として発展しつつあった福岡市の経済団体としても，岩田屋が阪急百貨店と東横百貨店との連携体制を構築することに大きな期待を寄せていたことがわかる［岩田屋 1961：127］[18]．

　1937（昭和12）年10月28日に岩田屋では，「臨時株主総会を開き，取締役1名補欠選任」で，当時阪急百貨店No. 2の人物であった専務取締役の岩倉具光を岩田屋の取締役に選出し重役に迎えた．1939（昭和14）年10月9日の3周年記念式典には，小林からの祝電，阪急専務岩倉（代読），同百貨店部長林藤之輔の祝辞がみられ，開店以降も阪急百貨店と連携を密にしていたことがわかる［岩田屋 1961：134, 143-45, 227］．このように呉服系ターミナルデパートが，昭和初期に九州の地方都市において阪急百貨店のバックアップを受けて成立していた．

3　天満屋のバスターミナルデパート経営

　岡山県岡山市を本店とする株式会社天満屋は，1829（文政12）年創業の藩御用達の灰問屋に遡ることができる．1918（大正7）年7月に天満屋株式会社を設立したことで，大正中期に中国地方の地方都市において百貨店化への動きがみられた［岡 1953：2-3, 10-11］[19]．1924（大正13）年12月に発祥の地であった西大寺町の本店を支店とし，岡山下之町の支店を本店に改め，西大寺から鉄道が敷かれた岡山市内へ本店を移転した．直ちに新築工事に着手し，翌25（大正14）年3月に洋風木造3階建てが完成し，新店舗にて本格的に百貨店化した．大正後期において天満屋は，札幌市の丸井今井，仙台市の藤崎，佐世保・福岡市の玉屋，鹿児島市の山形屋と並んで地方百貨店としての業態を整えていった［末田 2010：301-302；2017b；2017c］．

　1936（昭和11）年10月1日に天満屋は，鉄筋コンクリート式地下1階地上6階建てエレベーター・冷暖房装置付で，5階には大食堂，6階には岡山最初のスケートリンクを設置し開店した［岡 1953：12-3］[20]．天満屋は近代的大型店舗による百貨店化の最終段階にあたって，大食堂やアミューズメント施設を設置したことはもちろん，さらに阪急百貨店と似通っていたところがあった．それは，天満屋の自前で製菓工場と家具営繕工場の経営に当たっていたことであった．製菓工場は木造2階建て（延150坪）で和洋菓子・パン類を製造し，従業員は25人ほどいた．家具営繕工場は製菓工場に隣接して木造平屋建て（300坪）で，

地元では天満屋家具として知られていた[21]. まさに, 天満屋は直営工場の製品の
プライベートブランド化を目指しており, このような経営方針が阪急百貨店と
の縁を取り持ったと十分推測できる.

　というのは, 天満屋当主4代目にあたる伊原木伍郎が, 戦後期における経営
展開として精力的に活動し成功を収めていたからである. 彼は1937（昭和12）
年に3代目伊原木藻平の婿養子として天満屋に入り, 異例の出世で専務取締役
に就任していた［岡 1953：14-15］. 伍郎は, 1909（明治42）年2月6日に長野県
飯田市の旧家松沢平太郎の5男として生まれ, 飯田中学校, 松本高等学校を経
て東北帝国大学法文学部政治科に進んだ. 彼は, 1935（昭和10）年に卒業（在学
中に司法・行政の2科目の高等文官試験合格）と同時に阪神急行電鉄株式会社に入社
し, かねてから尊敬していた小林の薫陶を受けた［山陽往来社 1961：126-29］.

　伍郎は阪急による西宮球場の建設地に際して, その土地の大半を所有してい
た3代藻平との用地買収の折衝で, 阪急の上司にたまたま随行したことが両者
の縁を取り結ぶこととなった. 伍郎の人柄と器量を見込んだ藻平が, 当時阪急
百貨店の常務取締役岩倉具光に養嗣子縁組のあっ旋を依頼し, 1937（昭和12）
年4月に藻平の一女光子と結婚した. 伊原木家に入った伍郎は同年6月に天満
屋の専務取締役に就任し, 後述の阪急百貨店での勤務経験を生かし, 焦土から
復興を成しとげ, 今日までの天満屋発展の基礎を築いた. 伍郎は1945（昭和
20）年12月に取締役社長に就任し, 福山・広島市といった県外へ進出するこ
とで経営の規模を拡大した. 1948（昭和23）年には岡山商工会議所会頭の要職
に就き, 13年間にわたり岡山経済界の発展に尽した［山陽往来社 1961：129-32］.

　伍郎は小林の薫陶を受けたことで, 阪急百貨店＝ターミナルデパートを身近
に感じていたのであろう. 伍郎は岡山市の交通機関としてバスの将来性とター
ミナルの重要性を予見し, 天満屋を1949（昭和24）年12月5日に日本初のバ
スターミナルデパートとして開店させた. ターミナルデパートとしての阪急百
貨店の発展状態をつぶさに見ていた彼は, 岡山市そして市民の便益のため, ひ
いては天満屋を含めた商店街へ購買客吸引のため, ぜひとも設置すべきである
と勇断した.

　そこで, 総合的なバス発着場の建設と管理が天満屋に委ねられることになっ
た. わが国初の百貨店バスステーションは, 1日26台のバス発着をもって営
業を開始した［天満屋 1979：92-93］. 当時の記事の見出しには,「天満屋にバス
停留場」および「天満屋へ横づけ お買物はバスに乗って 全国初のバスステ

ーション完成」と掲載され関心を持たれていたことがわかる．前者には，以下のような建設場所・内容や高額な建設費用，顧客の利便性について掲載された．[22]

　　岡山市天満屋百貨店では元旧館あと 600 坪をバスステーションにすることになり，目下予算 300 万円を投じ工事中だが，建物は待合室 60 坪，プラットホーム 130 窓の近代的スマートなもので，今月末までに完成，12 月からまず西鉄バス，両備バスの 2 線をひきいれる．これができれば牛窓，西大寺，児島方面のお客はバスに乗ったまま市の中心部に乗り入れることができるわけ．

　当時，小林が「これだけは考えが及ばなかった」と賞賛したほどであった．伍郎の英断による天満屋バスステーションの完成はバスターミナルデパートが全国に普及していく大きな切っ掛けとなった［山陽往来社 1961：113-114］．その後の岡山市の都市構造の変化や天満屋の発展とともに数次の増改築を経て，2 階に食堂，パーラーなどを併せ持つ 3 階建ての本格的バスステーションビルへと成長した［天満屋 1979：93］．伍郎の阪急時代については，彼が亡くなった当時株式会社阪急百貨店人事部長であった北脇一雄は次のように述べている［山陽往来社 1961：31-34］．

　　忘れもしない，昭和 10 年 4 月 1 日のこと．阪神急行電鉄―いまの京阪神急行電鉄に入社した私達 18 名は，『試雇に採用，営業部運輸課勤務を命ず．月手当 60 円也』の辞令を，恭しく頂戴に及んで，大阪北郊の池田にあった教習所入りをした．毎年大学をでて，入社してきたものは，運輸の現業を経験させることが，会社の建前だったからである．そこで即日，乗務員教育をうけることになったが，わが伊原木伍郎君もこの仲間にいた．かくて，教習所生活が始まり，私達は社会人として第一歩を踏みだしたわけだ．（中略）そして，翌年の昭和 11 年の正月がすんで，間もなく，伊原木君も私も，電鉄本社にいったが，彼は会計課，私は庶務課勤務を命ぜられたので，思い出多い教習所時代とともに袂をわかつことになったのである．そのご，暫らくたって，伊原木君は岡山の天満屋の婿養子としてゆかれる話がきまり，百貨店の仕事を覚えるため，百貨部に移籍した．彼が岡山に去ったときは，私はすでに支那事変に応召していたので，はるか遠い異国の空で知り，彼の幸福をひたすら祈ったものだ．

伍郎については阪急電鉄への入社時代や天満屋へ移った時のことだけでなく，電鉄職員から百貨店販売員への転身状況が明確に書かれている．北脇と伍郎はともに最初から阪急百貨店に勤務したわけではなく，その後百貨店部門へ異動していた．まさしく伍郎も素人からの出発であった．

伍郎の逝去時，株式会社阪急百貨店取締役社長であった野田孝も次のように文面を寄せている［山陽往来社 1961：79-80］．

> 伊原木君が，阪急電鉄から百貨店のほうにまわってきたのは，昭和12,
> 3年ごろだった．阪急にながい間勤務され，数々の功績をのこして，先般
> 物故された岩倉具光さんが突然こられ，こんど配属される伊原木という青
> 年は，将来岡山の天満屋の社長になるひとだから，諸事万端そのつもりで
> よろしく頼む，といったような懇切な依頼があった．当の伊原木君は，頭
> 脳の明晰な，なかなかの好青年であった．新任の挨拶にきた伊原木君に，
> さっそく―『何からやってみるね？』と，その希望をきくと，『とに角，
> 一番忙しいところへまわしてみて下さい．』との返事だった．当時，私は
> 地下の食料品売場と屋上，それに7階の食堂などを担当していた．なかで
> も，最も忙しいのは，倉庫関係の仕事で，時には早朝から深夜に及ぶこと
> さえあった．この自ら選んだ職場で，その翌日から彼は文字どおり，まっ
> くろになって働いた．（中略）それから遂次各係をおぼえていってもらい，
> 退店する前は主任になって貰った．主任になると，10人ほどの長になる
> わけだが，つねに彼はうまくリードしてきた．『10人をマネージできるも
> のは，千人をマネージすることができる』というのは，日頃からの私の信
> 念だが，のちに天満屋の社長なった彼が，二千，三千もの社員を抱えて，
> 巧みにマネージしているのをみて，いよいよその確信を深めたものだ．最
> 近まで，彼とは百貨店協会の理事会などで，よく顔を合わせたが，いつも
> 私の顔にニヤリと笑いかけ，必ず隣にきた．

野田の仕事ぶりや阪急百貨店での地下売場や食堂が繁盛していたこととともに，伍郎の電鉄職員から百貨店販売員への転身のみならず，天満屋社長としての仕事ぶりが手に取るように読み取れよう．伍郎自らがもともとは電鉄職員の素人からのスタートであったからこそ，顧客の利便性と地域商業全体の発展とを結びつけたバスターミナルを発案することができた．彼は，岡山財界において優れた経営者の1人とよばれるまでになったのである．バスターミナルデパート

として天満屋は，現在でも岡山駅とともに岡山市中心部の交通拠点の役割を果たしている．

4 名鉄百貨店の素人経営

1953（昭和28）年1月10日に名鉄ビル建設工事が着工され，翌54（昭和29）年11月末に第1期工事が完成したのち名鉄百貨店は開店した．名古屋鉄道（以下，名鉄）の百貨店経営計画は，1951（昭和26）年以降の名古屋駅前の開発を含む都市計画とともに動き出した．新名古屋駅の1日の平均乗降客数は約10万人で，これに当時の国鉄・近鉄の利用客を加えると，通勤時間帯の同駅利用者は約20万人といわれるようになっていた．

このような状況下において名鉄内部ではターミナルデパート構想が持ち上がり，東海銀行と松坂屋に協力要請を行った．ところが，松坂屋への出店交渉が1954年1月に賃貸料等の問題から打ち切られた．名鉄は自社による百貨店直営計画へ変更し，同年12月1日に開店した［名鉄百貨店 1985a：2-7, 330］[23]．1954年5月28日には栄にオリエンタル中村百貨店（現・三越名古屋栄店）が開店し，同年は松坂屋，丸栄を含めた4店舗による名古屋市デパート戦争が開始された年でもあった［飯島・松本編 1995：21］[24]．

ところで，名鉄による百貨店業への参入の意思は，実は1935（昭和10）年9月にみられた．『新愛知』の「名鉄新本社 中京百貨店と結びデパート建設 資本或は経営に提携」と題された記事には，名鉄自体が2000坪の「敷地を利用して一大ビルディングを建設し，本社所用以外は阪急，南海同様にデパートとする意向」を持っていたとある．しかし，多額の資金を要するので名鉄の社内からは，「経営を直営とせず松坂屋，十一屋等の既設百貨店より資本，或は経営に提携を得て実現」したいという意見が出ていたというのである[25]．

昭和初期と戦後の両方において名鉄が，最初からデパートを直営する目論見がなかったことがわかる．しかしながら諸条件の変更から名鉄は直営に舵を切ったものの，経営方針の転換にあたって名鉄の首脳陣は阪急百貨店をはじめ，電鉄系百貨店を訪ねて助言を求めた．名鉄専務取締役土川元夫は，かねて旧知の間柄であった阪急百貨店の当時常務取締役であった野田孝を訪ねている．この時に野田が直営にあたっては，「それは，当然直営にされたほうがよいでしょう．ターミナルデパートは必ず成功します．素人でも充分経営ができます．

私の方で教えてあげましょう」と述べている．これで名鉄の首脳陣は直営の決断をくだすことができ，名鉄百貨店は開店後に阪急百貨店との催事を中核とした営業の連携体制を一段と構築していくのである［名鉄百貨店 1985a：8］．

野田の一言は，土川にとって「九死に一生を得た思い」であり，彼の気持ちを変え，名鉄の直営を決意する動機となった回想している．これを機縁に名鉄は百貨店開店に向けて全精力を注ぎ，一層突き進むことになった．野田の尽力によって，ターミナルデパート・阪急百貨店の創設者小林一三が名鉄を来訪した．小林と名鉄の役員一同との懇談が行われ，名鉄直営に対し全面的に支援するとの力強い確約を得たのである［名鉄百貨店 1985a：8］．

阪急百貨店からの大きな支援が名鉄開業前よりみられた．ところが，この時点からが本当の素人経営に向けた試練の序章にほかならなかった．すぐに名鉄社員による実習生が阪急百貨店へ派遣され，その状況については次のような興味深い話が残されている[26]．少し長いが，鉄道職員から百貨店販売員への転身状況に関する研修の実態のすべてが語られており，以下に引用しておこう［名鉄百貨店 1985a：9］．

百貨店の器である名鉄ビル建設工事は，計画通りに進んでいた．問題は人である．阪急百貨店は，約束に従って百貨店業務実習のための教育を引き受けてくれた．名古屋鉄道では急ぎその実習生の人選にかかった．大学卒，社歴 3〜6 年，主任あるいは係長クラスの，将来百貨店での幹部候補生にふさわしい，年齢にすれば 25〜30 歳前後の新進気鋭の者を人選の対象とした．しかし，それは予想以上に難航した．人選対象者のだれ 1 人として，百貨店への転身を快く承諾する者はいなかったからである．思えば当然のことであった．鉄道業から海のものとも山のものともわからない百貨店業務への転身である．彼らには将来への不安があったのは当然であろう．昭和 29 年 3 月 6 日，ともかくも，阪急百貨店への派遣実習生 18 人が決まった．翌 4 月 9 日，その 18 人は名古屋鉄道首脳部たちの社運をかけた期待をになって，責任者・同社自動車部長浅野光男とともに，6 カ月間の阪急百貨店への派遣実習に国鉄名古屋駅から出発した．実習生たちは阪急沿線の中山寺境内にある総持院に合宿し，翌 10 日から連日阪急百貨店へ通い，言葉遣いやあいさつをはじめ，百貨店業務の基本を学んだ．伝票関係，商品管理，販売の本質などの教習，包装や水引きかけなどの実技，あるいは

Chapter 6　阪急百貨店の経営戦略を受け継いだ東西の百貨店　*149*

商品を台車にのせ，搬出搬入をする受渡課・配送課の実習などをへて，売場に立って販売の実習を習った。『毎度ありがとうございます』という，このひと言がなめらかに出るまでには数日かかったという。生まれて初めて，お客にものを売ることの難しさを知る，冷や汗をかきどおしの毎日であった。名古屋へ帰るのは週1回の休日だけだった。彼ら実習生たちの6カ月間におよぶ実習生活については，今も語り草となっていることが多い。いずれにしても，当店が今日あるのは，彼ら先輩たちの汗にまみれた努力のたまものであることを忘れることはできない。

　開店が迫ると，1954（昭和29）年11月半ば以降は，「まさに超人的ともいえる忙しさが連日続いた。阪急百貨店からは，営業の課長などの来店を得，貴重なアドバイスを受けた。開店直前の11月28日，阪急百貨店は井口政子同店サービス主任以下女性ばかり9人を，開店時の売場のサービス指導のために派遣してくれた。この9人には，開店後の12月5日までのもっとも多忙なあいだ，当店のために尽くしてもらった」とある。野田が約束した通り，阪急百貨店の手厚いサポート振りがわかる一方で，それ以上に素人経営の死闘が読み取れる〔名鉄百貨店　1985a：18〕。

　1954年12月1日の開店にあたっては阪急百貨店のみならず，出店を断っていた松坂屋が名鉄社員の教育実習を支援した[27]。これは，名鉄が老舗百貨店の接客法や地元の顧客情報を掴むために，松坂屋への研修を不可欠と考えた強い意思の現れでもあったと思われる。しかし，何といっても開店後も阪急百貨店は多くの援助を惜しまなかった。たとえば，「30年入社の大学卒第1期生は，同年の夏と秋に分けて売場実習をした。開店当初は顧客係のサービス指導のために来店を得たが，その後，売上高計算と経理事務にとまどう当店担当者の指導に，計3回，次のように実務担当課長以下の来店を得ることができた。（中略）開店当初の売場サービス指導以来，阪急百貨店からの派遣人員は延べ男子15人，女子34人，延日数は合計23日間に及んだ。大へんなお力添えであった」というような話が残されている〔名鉄百貨店　1985a：26〕。

　名鉄および名鉄百貨店の連名であるが，開店記念のパンフレットのご挨拶には，「（前略）ターミナルデパートとして新しく発足しました名鉄百貨店は，皆様の御生活の中に融合し皆様とともに活きることを念願とし，取扱う商品については一つ一つについて最善を尽し，従業員もまた奉仕の精神に徹しまして必

ず御満足をしていただけますよう努力いたす覚悟で御座います．何を申しまし
ても新規の開業で諸事不行届きでは御座いますが，従業員一同精一ぱい相務め
る覚悟で御座います（後略）」と，名鉄および名鉄百貨店の社長以下社員全員が，
素人ながらも販売に一生懸命に臨む覚悟が読み取れる内容が書かれている．そ
のうえ素人による販売については，阪急百貨店の助言がみられる［名鉄百貨店
1985a：13］．

> 全くの素人でも商売のコツは良い品を安く売ることだ，とわかっていた．
> しかし，その良品をどこから仕入れたらよいのか，また，どうすればその
> 良品を安く売ることができるのか．物の生産者でもなく，物を売ることに
> 年季をいれた者もいない当店首脳部たちのうちに，そうしたことのわかる
> ものは皆無であった．当時をふりかって土川副社長はこう述べている．
> 『商売はローケーションと商品だ．信用のおける取引先で，真面目な人柄
> のよい人をさがしてきて，これらの人から品物を購入して売る以外によい
> 方法はないように思った．規模の大小を問わず，こうした取引先を見つ
> けてくることが良品の廉価販売の道だと考えた．（後略）』土川は早速，阪
> 急百貨店を訪ねた．阪急では信用のおける取引先を推薦してくれたうえ，
> 取き上の数々の助言をしてくれた．そこで，名鉄百貨店はその経営の基
> 本として，良品の廉価販売のためにマージン20%以下で成り立つ『薄利
> 多売』をモットーとする店づくりを目指した．

阪急百貨店が昭和初期から培った電鉄直営の素人経営に関する営業方法が正
確に伝授されたことがわかる．土川は，阪急百貨店の立地を活用した「良品の
廉価販売」の重要性を感じ取っていた．野田は，阪急百貨店が開店当初に苦労
していた仕入先との関係についても，土川に紹介ともども助言していたのであ
った．では，土川は実際に仕入先に対して，どのような行動を起こしていたの
であろうか．土川が名古屋市の老舗和菓子屋と売場への出店について交渉した
経緯と，出店を決めた和菓子屋が販売にあたって準備した目玉商品の価格設定
とその成功談について，次のような話が残されている［鈴木 1986：269-72］．

> 開店半年前のある日，清治は名鉄土川元夫社長（後に19代名古屋商工会議所
> 会頭）からよばれた．『すでにお聞きおよびだと思いますが，こんど百貨
> 店をやることになりました．私どもは鉄道屋でして百貨店商売はズブのシ

ロウトです．両口屋是清さんにぜひご協力をいただき，菓子部門でのご指導をいただきたい』．鄭重なあいさつに清治のほうがびっくりした．剣聖宮本武蔵に私淑，四高時代には剣道でならした土川氏の人物の大きさについてはかねてから聞きおよんでいたが，二言，三言かわしただけで，その不思議な人間的魅力にひかれた．『お役に立てるかどうかわかりませんが，私どもでできることは喜んでやらせていただきます』．清治は承諾すると同時に，いったい名鉄百貨店がどういう方向を目ざしていくのだろうかと考えた．ターミナル・デパートであれば，ターゲットは名鉄沿線に住む人，名古屋駅周辺の住人，駅付近のビルで働くサラリーマン・OL であることはわかる．同時に食料品関係のウエートが高まるであろうことも見当がついた．（中略）ターミナル・デパートでの目玉商品は千なりでいこうと考えていた清治は，12月 1 日の名鉄百貨店の開店に間に合わせるように機械据え付けを急がせた．量産化のメドがつき，価格をいくらにするか．これまでは手焼きだったので一個 40 円売りでないと採算がとれなかった．量産によってコストが安くなったので，この際，大幅値下げをして 1 人でも多くのお客さんに喜んでもらおう―．思いきって 1 個 20 円と半額に値下げした．40 円のときでも飛ぶように売れたのだから，同じ商品で，従来の半額となれば売れないほうがおかしい．名鉄百貨店は 12 月 1 日に華々しく開店した（中略）千なりは予想以上に飛ぶように売れた．（中略）あとで土川氏は『大島さん，ありがとう』と何度も手をにぎった．清治も信頼にこたえることができてホッとした．

　土川は，1634（寛永11）年から 300 年以上続く名古屋市で有名な和菓子製造業者を「ズブのシロウト」の新店舗に引き入れることに成功した．一方で名鉄百貨店によるターミナルデパートの素人経営が，このような仕入先の熱心な支援なしでは名古屋市で開始されなかった実情も示していた文面であったといえよう．

　名鉄百貨店は，『中部日本新聞』1954（昭和29）年 10 月 24 日から「12 月開店名鉄百貨店　営業種目　食料品・衣料品・一般雑貨」と銘打った開店広告を掲載しはじめた．広告には，「優良実用品を全国一流メーカーから直接仕入れいたします．御希望の向は御連絡下さい」や，「商品人気投票『皆様の名鉄デパートでは何を売ったらよろしいのでしょうか』5 品目をハガキ 1 枚に書いて送

って下さい」と書かれていた．名鉄百貨店でも，阪急マーケットと阪急百貨店
が開店当初に広告で展開した商品（情報）の不足を補うといった素人ならでは
の手法がみられた[29]．阪急百貨店が自らの営業内容に適した仕入先を掘り起こし
ながら対等な取引関係を築いていった精勤の姿勢を，名鉄の土川も真似をしつ
つ名鉄百貨店の直営を成功に導いた．

『中部日本新聞』には開店から1週後であるが，名鉄百貨店の営業展開につ
いて「大当りの素人商法　名鉄」との見出しがみられた．さらに1年経過した
1955（昭和30）年12月9日には以下の記事が掲載された[30]．

> 売場が倍になったから売上げも倍にと懸命の名鉄百貨店は去る11月から
> の開店1周年記念につづいて5日からクリスマスセール，年末大売出しに
> 突入した．"経験が浅いのでどうしてもすることがよそに一歩遅れる"と
> 嘆きながらも"電車で届けます"というつよみで売上げは2割5分増と
> 上々．とくに食料品の売上げが場所がら目立っているが，これからは衣料
> 品，贈答用品にも宣伝のホコ先を向けると新しい意欲をみせている．

名鉄百貨店は1周年間近となって注目を集めるために，「阪急と名鉄の提携
による宝塚ファンコンテスト名古屋公開！　期日　来る27日　会場　中京女子
短大体育館」といった阪急との共同催事も開催していた．名鉄百貨店はターミ
ナルデパートとしての強みを活かし，かつウィークポイントを補うことで，呉
服系百貨店の松坂屋・丸栄・オリエンタル中村百貨店と競いつつ営業を展開し
た[31]．

名鉄百貨店は，以後の高度成長期とも重なり経営を軌道に乗せることに成功
した[32]．名鉄百貨店は，阪急百貨店の素人経営のすべてをそのまま見習って開店
し，以後2014（平成26）年12月1日に開店60周年を迎えている[33]．

▶ おわりに

阪急百貨店の小林と優秀な幹部社員による東横百貨店と岩田屋への支援活動
が，昭和初期までの直営デパートに即した営業のエキスパート育成とターミナ
ルデパート経営による連携体制作りに大きく寄与した．阪急百貨店の影響を強
く受けた東横百貨店でも，多くの電鉄職員が百貨店販売員へと転身した．東横
百貨店では，百貨店関係者以外からも当初は素人経営とよばれた．また，東横

百貨店自らも素人経営と呼称することを誇りに感じながら，立地条件にそった販売商品を揃えた．そして東横百貨店では，素人立案の経営戦略を推し進め，店舗内の売場を大繁昌させた．阪急百貨店が立地展開によって成功したことが，福岡市の老舗呉服店であった岩田屋にターミナルデパート経営を導入させ，九州地方の呉服系ターミナルデパートとして成功に導く最大の要因となった．

　素人経営とターミナルデパート経営が東西の百貨店に伝播されることで，その後の普及に一層拍車をかけることになった．この素人経営とターミナルデパート経営の2つの手法が，昭和初期の時点では却って顧客や仕入先に対する呉服系百貨店との差別化戦略となっていたとみてよかろう．なぜならば，この2つの経営戦略が戦後以降に岡山市や名古屋市へと波及し，高度成長期における百貨店業態の将来の方向性を決定づける一要因となったからである．

　岡山市では呉服系百貨店であった天満屋のバスターミナルデパート化に貢献し，名古屋市では素人経営が名鉄百貨店の経営戦略となって物の見事に受け継がれた．このように阪急百貨店は戦後においても東西のターミナルデパート化に関与し，以後ますます全国へターミナルデパート方式を拡大させる契機とな

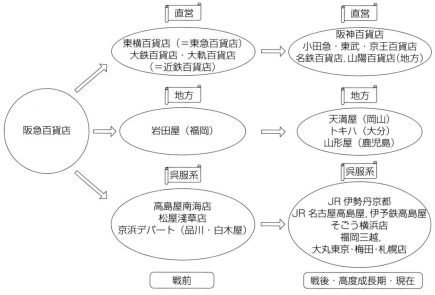

図6-1　電鉄系百貨店とターミナルデパートの普及経路

(出所)　筆者作成．

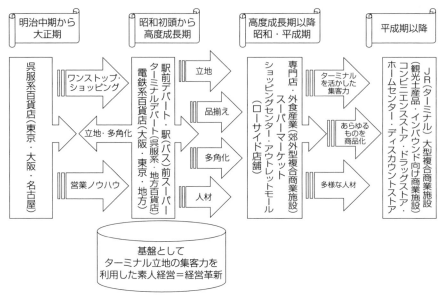

図 6-2　百貨店業態と小売業態の変容過程

(出所)　筆者作成.

った．電鉄系百貨店とターミナルデパートの普及経路については，現時点で図6-1のように示すことができる．

　日本における百貨店業の発展にとって阪急百貨店の経営ノウハウが，多くの電鉄会社の経営陣や呉服系百貨店に受け入れられたことは非常に重要なことである．そののち，呉服系百貨店と電鉄系百貨店のメリットである品揃え，立地，人材，多角化的発想などが高度成長期以降現代まで引き継がれた．この経営ノウハウは，図6-2のように百貨店業態から出発した小売業態のなかで，専門店や大型複合商業施設の営業方法を創出する下地となった．

注
1）東横百貨店と岩田屋，天満屋については，末田［2011］で阪急百貨店の影響を受けていたことをすでに指摘した．本章は3つの百貨店の史料的分析をさらにすすめ，名鉄百貨店を追加し全体的に考察を深めたものである．
2）小林以外に，白木屋専務山田忍三と高島屋総支配人川勝堅一が講演している．
　　なお，本文と注記において引用部分については，旧字体は原則して新字体に改め，判

Chapter 6　阪急百貨店の経営戦略を受け継いだ東西の百貨店　*155*

読を助けるため必要な個所に句読点を加えるなど適宜修正を施した．旧仮名遣いは現代
仮名遣いに直し，「つ」「や」「ツ」「ヨ」についてはポイントを下げ，「ゝ」「ゞ」などの
踊り字については読みやすくするために字を補った．送り仮名が必要な箇所や誤字・脱
字と思われる箇所については適宜修正を施した．便宜上，漢数字を算用数字に直したと
ころもある．

3)『百貨店新聞』（No. 280）1935 年 11 月 25 日，p. 5.

4)『百貨店新聞』（No. 280）1935 年 11 月 25 日，p. 7. ほかに『百貨店新聞』（No. 309）
　　1936 年 6 月 22 日，p. 2 に「創業 2 年で早くも東横百貨店大拡張」との見出しで，その
　　計画の詳細が掲載された．どのような形態で拡張するかと書かれている部分には，「阪
　　急デパートの形態を採るものと云われた」と記されていた．この記述から小林率いる阪
　　急百貨店の影響力の高さが読み取れよう．

5)『百貨店新聞』（No. 278）1935 年 11 月 11 日，p. 4.

6)『百貨店新聞』（No. 267）1935 年 8 月 26 日，p. 3.

7)『百貨店新聞』（No. 289）1936 年 2 月 3 日，p. 10. ほかに『百貨店新聞』（No. 308）
　　1936 年 6 月 15 日，p. 3 に「東横百貨店で女店員教育開始」と題して，「東横百貨店では
　　開店以来福田主任の下に極めて合理的な店員教育のプランが立案計画せられていたが，
　　開店後日尚浅く，諸種の事情から中々その実現を見るに至らなかったが，昨今漸く営業
　　上の組織的な統制も取れて来た結果，先ず女店員の情操教育をに一歩進めて（中略）其
　　他全店員を通じての店内教育，体育，修養，娯楽等に関しては既に大体の実現を見，そ
　　の統制と意気とに就いては大いに見るべきものあり，福田人事の将来は店内外より大い
　　に期待される処となって居る」と掲載され，開店当初の店員教育に苦労していた様子が
　　わかる．

8)『百貨店新聞』（No. 276）1935 年 10 月 28 日，p. 5 および『百貨店新聞』（No. 267）
　　1935 年 8 月 26 日，p. 3.

9)『百貨店新聞』（No. 291）1936 年 2 月 17 日，p. 6.

10)『百貨店新聞』（No. 316）1936 年 8 月 10 日，p. 11 に「博多岩田屋の新店完成近し」
　　や『百貨店新聞』（No. 319）1936 年 8 月 31 日，p. 2 に「福岡岩田屋の新陣容決定す
　　愈々十月開店」の見出しによる記事が掲載され，短期間で岩田屋が開業したが，その間
　　に組織作りなどの準備が急がれた様子がわかる．

11)『百貨店新聞』（No. 330）1936 年 11 月 16 日，p. 5.

12)『百貨店新聞』（No. 330）1936 年 11 月 16 日，p. 5.

13)『百貨店新聞』（No. 330）1936 年 11 月 16 日，p. 10.

14)『百貨店新聞』（No. 329）1936 年 11 月 9 日，p. 3 に，吹野誠太については，「（前略）
　　吹野君が唯一の百貨店人であるという事から，吹野君の努力の如何に真剣であったかを
　　考えさせられたが，（中略）吹野氏は前にもいうた通り旧三越人である．然も我百貨店
　　界の鼻祖であり先覚者として聞えた日比翁助氏に親しく薫陶を受け，中村現会長や，北
　　田専務，或は豊泉現重役などによって永年十二分の訓練を蒙って来た氏が，仮令一地方

と雖も其土地に於ける新興百貨店に重要な職を捧げ，華麗で奥行のある営業振りを示し得た事は，勿論吹野氏の才腕に拠るとしても，そこに氏を今日あらしめた大三越の隠れたる恩恵を抹消してはならないのである」とあり，百貨店新聞社の記者が紹介・評価していた．岩田屋が阪急百貨店のターミナルデパート方式を採用しつつも，旧来の呉服店の看板としては三越・大丸などの呉服系百貨店の営業方法を吸収し，融合した百貨店業態として開店していたことは地方百貨店の成立過程を語るうえで大きなポイントとなろう．

15）『百貨店新聞』（No. 303）1936 年 5 月 11 日，p. 2 にも，岩田屋については，「（前略）同店は久留米及び大牟田行き九鉄の起点であるターミナル・デパートとしては福岡屈指の位置を占め，将来の飛躍を目ざして目下その営業方針を練っているが，此の程店員中優秀なもの 17 名を選び，将来の幹部候補として 10 名を大阪大丸へ，7 名を阪急へ派遣して実習中である」とあり，本文との人数が異なるものの，同様の実習が書かれている．

16）『百貨店新聞』（No. 330）1936 年 11 月 16 日，p. 5.

17）『百貨店新聞』（No. 327）1936 年 10 月 26 日，p. 9. なお，岩田屋の「新築開店御案内」（1936 年 10 月，筆者所蔵）の最後にも「開店売出し中…九鉄電車賃半額割引」とあり，さらに「半額割引」が朱書きであった点から広告宣伝していたことがわかる．

18）末田［2010：322］で，岩田屋開店前に小林が来訪した様子を『福岡日日新聞』と『九州日報』で紹介していた．同様の記事が『百貨店新聞』（No. 323）1936 年 9 月 28 日，p. 5 に「百貨店チェーン　小林一三談」とある．内容は阪急百貨店と東横百貨店と岩田屋の 3 社の提携の経営方針についてであり，岩田屋開店前から多くの新聞にて宣伝を怠らない小林の姿勢に営業戦略の上手さを感じる．

19）『百貨店新聞』（No. 324）1936 年 10 月 5 日，p. 6 および岡山を語る会編［1990：108-113］を参考にした．本節では，とくに引用であげていない箇所についても全体にわたり天満屋［1979］を参考にした．

20）『百貨店新聞』（No. 324）1936 年 10 月 5 日，p. 6 を参照．他に『山陽新報』1936 年10 月 1 日朝刊，p. 2, 4-5 には，天満屋新館開店の記事や取締役社長伊原木藻平の挨拶文が大々的に掲載されている．『同新聞』1936 年 9 月 30 日夕刊，p. 3 には「本館落成記念大売出し　1 日より 18 日まで　全 6 階の新店舗に充満する新商品　一品・一品悉く特価大奉仕」，『同新聞』1936 年 10 月 1 日朝刊，p. 8 には「実質的商品を一層お安く　特売場新設　北館 2 階」，『同新聞』1936 年 10 月 3 日夕刊，p. 3 には「明日の日曜は新装の天満屋を御来観下さい．本館落成記念大売出し　18 日まで全店，日本服飾文化大展覧会　18日まで 4 階，第 9 回・秋の天彩会　11 日まで 3 階，コドモノクニ　6 階」，『同新聞』1936 年 10 月 5 日朝刊，p. 1 には「装身具と流行ショール陳列会　18 日まで 2 階にて，婦人子供帽子とセーター新製品発表　18 日まで 2 階にて，御祭用さなえ帯（子供用結上帯）宣伝売出し　10 日まで 3 階，御婚礼衣装の特売会と白生地大売出し　10 日まで 3 階」，『同新聞』同年 10 月 5 日夕刊，p. 2 には「5 階大食堂，味覚は躍る地階売場　昆布大会18 日まで地階，手芸用品売場新設　4 階　編物用毛糸品揃　4 階，冬の既製洋服大会 18

Chapter 6 阪急百貨店の経営戦略を受け継いだ東西の百貨店 *157*

日まで 2 階 10 円以上お買上げのお方様へ祖景呈上」などの見出しがみられる．天満屋
では，近代的大型店舗の完成で売場が拡大し，そのため各階売場が広告による催事合戦
を繰り広げていた様子がわかる．

21）『百貨店新聞』（No. 324）1936 年 10 月 5 日，p. 7 を参照．

22）前者は『山陽新聞』1949 年 11 月 13 日付，p. 3，後者は『夕刊岡山』1949 年 12 月 6
日，p. 1 の記事である．

23）本章では，ほかに名鉄百貨店［2000：13-86］の「鉄道の百貨店づくり」「百貨店開店
前夜」「名鉄百貨店開店」「開店エピソード」を参考にした．阪急百貨店による名鉄百貨
店への支援については硲［1977：115-19］が「名鉄百貨店への友情応援」の見出しで管
見の限り唯一触れている．松坂屋との交渉については，『中部日本新聞』1954 年 2 月 10
日朝刊，p. 3 に「中京デパート界の話題 松坂屋駅前進出を中止？ オリエンタルには中
村」の見出しでみられる．

24）前掲『中部日本新聞』1954 年 2 月 10 日，同頁．ほかに近隣の金山駅にも 3 階建ての
簡易デパート（＝金山民衆駅）の構想も出ていたようである（『中部日本新聞』1954 年
1 月 8 日夕刊，p. 3）．

25）『新愛知』1935 年 9 月 1 日朝刊，p. 8．『百貨店新聞』（No. 270）1935 年 9 月 16 日，
p. 4 に「名古屋駅付近に電鉄百貨店出現か 名鉄本社で計画中」との見出しで同じ内容
の記事が掲載されている．昭和初期の百貨店計画については［名鉄百貨店 1985a：2］
および［名鉄百貨店 1985b：153］に少し触れられている．なお，その後については
『百貨店新聞』（No. 305）1936 年 5 月 25 日，p. 5 に「名古屋の駅前デパート建設問題
俄然競願時代 大軌と名鉄とが接戦 だが結局は大軌の勝か？」と題され，「（前略）新名
駅の開設と同時に乗り入れる大軌系の関西急行では新駅南，現在の名駅跡に 2000 坪の
大デパートを建設する目的で，過般名鉄局に払下げ申請したが，之に対して競争的立場
にある名鉄電車では去る 10 日関西急行が申請したと同様の場所及び坪数の払下げ申請
書を名鉄局に提出，茲に俄然新名駅前デパート建設を繞って大阪，名古屋の両資本の対
立を見るに至った」とある．

26）この阪急百貨店への社員派遣については『中部日本新聞』1954 年 4 月 8 日朝刊，p. 5
に「阪急百貨店へ社員派遣 ターミナルデパート名鉄の準備進む」との見出しで，「こ
の従業員は名鉄電車の威信にもかかわることとて厳重に人選，17 名を選び出したが，
いずれも旧姓大学出の社歴 3-6 年生で，全部が係長または主任という優等生ばかり．
（中略）ターミナルデパートは都心と違って高級品より日用品を重点に…ということぐ
らいの知識しか持ち合せない会社幹部にしてみれば，この 17 名の中堅社員の修業は大
きくいって社運をかけたということにもなる」と載せられている．

27）松坂屋への実習については，『中部日本新聞』1954 年 11 月 19 日朝刊，p. 5 に「200
名の女子店員も松坂屋で養成教育の仕上げに最後のミガキをかけている」とある．

28）「名古屋鉄道株式会社・株式会社名鉄百貨店 新名古屋駅竣工並に名鉄百貨店一部開
業」（1929 年 12 月，筆者所蔵）．同じ内容が『中部日本新聞』1954 年 12 月 1 日朝刊，

p.5 に「本日 新名古屋駅竣工 名鉄百貨店地上地下1階開店 午後1時開店」の見出しの記事にみられる.

29）『中部日本新聞』1954年10月24日夕刊，p.2・10月27日夕刊，p.5・10月31日夕刊，p.1・11月3日夕刊，p.2. 引き続き，『中部日本新聞』1954年11月21日夕刊，p.1 からは12月1日開店に関する「12月10日まで開店記念大売出し」の広告が始まっている.『同新聞』同年11月28日夕刊，p.2 の広告には「開店記念 宝塚アイスレビュー御招待　5000名様」とあり，阪急電鉄とのタイアップがみえる.

30）『中部日本新聞』1955年12月9日夕刊，p.5.

31）『中部日本新聞』1955年11月11日夕刊，p.4のほか，『中部日本新聞』1955年11月15日夕刊，p.2・11月21日夕刊，p.3・11月23日夕刊，p.2・11月25日夕刊，p.2においても広告がみられた.

32）『中部日本新聞』1954年12月8日朝刊，p.5.

33）阪急百貨店の経営スタイルとの関係については，『中部日本新聞』1954年11月19日，p.5において，「ターミナルデパートとしての特色を発揮して食料品，日用雑貨などを重点におき順次，洋品，衣料などにも拡大する予定をたて，すでに半年にわたって阪急百貨店で指導をうけていた浅野営業部長はじめ20名の中堅幹部も名古屋に引揚げて開店の準備を進める（中略）営業方針も“阪急方式”による電鉄とタイアップさせた“無料配達”をやろうと計画していたが，デパート業界ではいま自粛を申合せているとわかって目下思案中だが，“良品廉価”をモットーに堅実に行く方針という．（中略）これに対し名鉄側ではターミナルの立地条件は絶対だし，近郊の購買力が加わるから，“そんなはずがない”というわけで物別れとなったもの．“わられはほとんどが素人ばかりだが，いまでも年間13億円以上は絶対下らないと思っている”（中村総務部長談）とその自信はタップリ」と書かれている．なお，名鉄百貨店の無料配達については『中部日本新聞』1954年12月3日朝刊，p.3 に「波乱よぶ名鉄の『無料配達』」との見出し記事がみられ，冒頭には「さる1日に開店をした名鉄百貨店では顧客に対するサービスとして電鉄とタイアップした沿線各駅までの『無料配達』を実施している（後略）」と書かれている.

参考文献

飯島博・松本康國編［1995］『明治2（1869）年 創業 中村呉服店回想録』中村呉服店・オリエンタル中村百貨店・親睦団体.

一畑百貨店［2008］『一畑百貨店創業50周年記念誌』一畑百貨店.

岩田屋［1961］『株式会社岩田屋20年史』岩田屋.

岩田屋［1967］『岩田屋経営史』岩田屋.

岩田屋［1986］『岩田屋経営50年史』岩田屋.

宇田正・浅香勝輔・武知京三［1995］『民鉄経営の歴史と文化 西日本編』古今書院.

老川慶喜［1996］『鉄道（日本史小百科 近代）』東京堂出版.

老川慶喜 [2016]『日本鉄道史——大正・昭和戦前篇——』中央公論新社.

老川慶喜・渡邉恵一 [2014]『ライフスタイルを形成した鉄道事業』芙蓉書房出版.

大橋富一郎編 [1935]『配給報告 百貨店年鑑 昭和10年版』百貨店新報社.

大橋富一郎編 [1938]『百貨店年鑑 昭和13年版』日本百貨店通信社.

岡長平 [1953]『天満屋の歴史』岡山新聞社.

岡山を語る会編 [1990]『岡山の表町 岡山文庫146』日本文教出版.

小田急百貨店 [1988]『小田急百貨店25年のあゆみ』小田急百貨店.

狩野弘一編 [1934]『世界百貨店要覧』百貨店新聞社.

狩野弘一編 [1936]『日本百貨店総覧 昭和12年版』百貨店新聞社.

京王百貨店 [1974]『京王百貨店10年史』京王百貨店.

京王百貨店 [1984]『京王百貨店20年史』京王百貨店.

五島慶太 [1958]『事業をいかす人』有紀書房.

小松徹三編 [1938]『京浜デパート大観——開店満5周年記念——』百貨店日日新聞社.

小松徹三編 [1939]『東横百貨店——開店満5周年記念出版——』百貨店日日新聞社.

佐藤信之 [2013]『鉄道会社の経営——ローカル線からエキナカまで——』中央公論新社.

山陽往来社 [1961]『伊原木伍郎氏の追憶』山陽往来社.

山陽百貨店 [1984]『山陽百貨店30年史』山陽百貨店.

末田智樹 [2010]『日本百貨店業成立史——企業家の革新と経営組織の確立——』ミネルヴァ書房.

末田智樹 [2011]「昭和初期から戦前期にかけての百貨店による新たな市場開拓と大衆化——大阪におけるターミナルデパートの成立を中心に——」,廣田誠編『近代日本の交通と流通・市場(市場と流通の社会史3)』清文堂出版.

末田智樹 [2014a]「戦前期の社史が語る素人経営による新境地を開いた東横百貨店」『社史で見る日本経済史 第69巻 東横百貨店 解説』ゆまに書房.

末田智樹 [2014b]「京浜デパートが戦前期の品川駅に立地して飛躍した秘密」『社史で見る日本経済史 第70巻 京浜デパート大観 解説』ゆまに書房.

鈴木賢治 [1986]『尾張の和菓子を伝えて——両口屋是清の350年——』両口屋是清.

大鉄百貨店 [1944]『大鉄百貨店史』大鉄百貨店.

髙島屋 [1982]『髙島屋150年史』髙島屋.

高橋正毅 [1987]『限りなき前進を 中牟田喜一郎聞書』西日本新聞社.

谷内正往 [2014]『戦線大阪の鉄道とデパート——都市交通による沿線培養の研究——』東方出版.

谷内正往 [2017]『戦前大阪の鉄道駅小売事業』五絃舎.

天満屋 [1974]『文化催事30年』天満屋.

天満屋 [1979]『天満屋150年史』天満屋.

東武百貨店 [1993]『グッドデパートメント 東武百貨店30年の歩み』東武百貨店.

トキハ [2001]『ふるさと大分とともに——トキハ65年の歩み——』トキハ.

中村多聞［1980］『百貨店とは何か』ストアーズ社.

日本経済新聞社編［1958］『百貨店の話』日本経済新聞社.

硲宗夫［1977］『阪急商法の秘密──"商法の神様"小林一三の理念を生かす企業集団──』日本実業出版社.

花田衛［1976］『天神のあけぼの 中牟田喜兵衛伝』西日本新聞社.

阪神百貨店［1988］『再成長へ向けて 阪神百貨店30年のあゆみ』阪神百貨店.

菱田芳治編［1939］『日本百貨店総覧 昭和14年版』百貨店新聞社.

松坂屋［2010］『松坂屋百年史』松坂屋.

松屋［1969］『松屋百年史』松屋.

村上静人編［1942］『日本百貨店総覧 昭和17年版』百貨店新聞社.

名鉄百貨店［1985a］『30年の歩み 名鉄百貨店開店30周年記念社史』名鉄百貨店.

名鉄百貨店［1985b］『30年の記録 名鉄百貨店開店30周年記念社史』名鉄百貨店.

名鉄百貨店［2000］『名鉄百貨店物語 感動とよろこび──ちょっといい百貨店，めいてつ──』名鉄百貨店.

山形屋［1968］『山形屋217年──会社設立50周年記念──』山形屋.

山本武利・西沢保編［1999］『百貨店の文化史──日本の消費革命──』世界思想社.

和田進［1977］『百貨店ものがたり──第2集私鉄群雄編──』洋品界.

（末田 智樹）

鉄道と行商

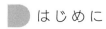
はじめに

　10年ほど前のある朝，京成電鉄の上野行き普通電車に乗る機会があった．ラッシュを過ぎた車内は空いていて，シートに腰かけぼんやりゆられていると，車内アナウンスが流れた．この列車の最後尾の車両が「行商専用」であることを知らせる放送だった．

　千葉県北西部の農村地域から，電車を使って東京方面へ行商に出る人がいることは，よく知られている．多くが女の人たちで，自分の背丈ほどもありそうな大きな荷物を背負い，「カツギヤのおばさん」とよばれて親しまれてきた．カツギヤさんたちは，京成電鉄だけでなく，JR成田線や総武線沿線にもいて，彼女たちが利用する駅には，ちょうど腰の高さほどの荷物を置く台も設置されているという．

　カツギヤの行商は，1923（大正12）年の関東大震災を契機に始まったとされる．極度の食料不足に陥った東京へ，千葉県や茨城県などの近郊農村から野菜や卵が持ち込まれた．昭和初期には，利根川流域や印旛沼・手賀沼一帯で水害が相次いだこともあり，蔬菜の栽培と行商で現金収入を得ようとする農家が急増する．行商人の組合が作られて，京成電鉄でも1935（昭和10）年から専用列車の運行が始まっている．

　戦中戦後の統制経済のもとで組合もいったん解散となったが，戦後再び盛んになり，昭和30年代から40年代にかけて，この周辺の大半の農家が行商に携わるまでになった．1964（昭和39）年当時，成田線・総武本線・京成電鉄の沿線地域にそれぞれ組合があり，人数は合計4000人にものぼっている（千葉県印旛支庁『行商の実態』）．

　そのころをピークに，自動車の普及や代替わりによって列車を利用する行商人は減り始め，もはや往時の賑いは見られなくなった．それでも，専用車両が運行されているからには，それなりに細々とでも続いていたのだろう．

この日は先を急いでいて，行商人の姿をたしかめずに途中下車してしまった
のだが，それから数年たった2013年の春，ついにこの専用車両も廃止された
ことを新聞記事で知った．あのときなぜちゃんと見届けておかなかったのかと，
ほぞを噛む思いであった．

行商は，古くから続く商売のかたちである．そして，その行商に鉄道が果し
た役割は大きい．とりわけ戦後の高度経済成長期には，先の野菜行商のほか，
漁村地域からの魚行商が全国的に盛んになり，大勢の行商人が列車を使って行
き来した．しかしながら，流動的で移動性の高い行商人へのアプローチの難し
さもあって，実態がほとんど記録されないまま，その多くが姿を消している．

筆者は，こうした記録に残りにくい経済活動にこそ，人びとの生活実態が映
し出されるとの思いから，二十数年にわたって行商人や行商経験者への聞き取
り調査をすすめてきた．その中から，ここではとくに魚行商に注目し，現在唯
一の専用列車となった近畿日本鉄道（以下，近鉄）の鮮魚列車と，かつて行商人
が大勢利用したことで知られる山陰本線の沿線を具体例として，鉄道と行商と
のかかわりを考えてみたい．

1 近鉄の鮮魚列車

真紅のボディに白のライン．行先表示に「鮮魚」の文字．近鉄大阪線を利用
する人なら，早朝のラッシュ時，ひときわ異彩を放つこの列車を一度は目にし
たことがあるのではなかろうか．日曜日と祝日を除く毎日一往復，伊勢志摩地
方と大阪とを結ぶ，行商人専用の鮮魚列車（**写真7-1**）である．

朝は5時50分に近鉄の明星車庫（三重県多気郡明和町明星）を出車し，いった
ん下り方向へ回送後（この際に伊勢市駅に停車），宇治山田駅を6時9分に出発．
松阪・伊勢中川・榊原温泉口・伊賀神戸・桔梗が丘・名張・榛原・桜井・大和
八木・大和高田・布施・鶴橋などに停車して，大阪上本町（2008年に駅名変更）
に8時57分に到着する．夕方は，17時15分に大阪上本町を出発，行きと同
様にいくつかの停車駅を経て松阪に19時33分に到着し，明星車庫に戻るのは
19時47分である．朝夕の通勤時間帯でもあり，密に組まれたダイヤの中を縫
うように運行されている．

伊勢方面から大阪への直通電車の開通は，近鉄の前身のひとつ，参宮急行電
鉄の上本町—宇治山田間が全通となった1931（昭和6）年にさかのぼる．参宮

Chapter 7 鉄道と行商　163

写真 7-1　近鉄の鮮魚列車
（出所）2010 年 5 月 10 日筆者撮影.

急行電鉄はその後，1941 年に大阪電気軌道に合併されて関西急行鉄道と改称し，1944 年に南海鉄道と合併して近畿日本鉄道となった．戦後は，1948 年に上本町―宇治山田間で特急の運転が開始．特急利用の所要時間は 2 時間 40 分であったが，次第に短縮され本数も増発されて，1956 年には 1 時間 54 分にまでなっている．1958 年には，電車では世界初となる 2 階建て特急電車「ビスタカー」の運転も始まるなど，近鉄の看板路線のひとつとなっていた．

その路線に鮮魚列車が登場したのは，1963（昭和 38）年 9 月 21 日である．伊勢湾沿岸の漁村地域に住む行商人で組織された「伊勢志摩魚行商組合連合会」の貸切列車として運行が始められた．この地域の人たちが鉄道を使った魚行商を始めた時期は，2010 年当時に従事していた方から聞いた話によると，「生きていれば 90 歳くらいの人たちが最初」という．その経緯は次節で詳述するが，戦中・戦後の統制が解除[1]となった後の 1950 年代後半頃から行われるようになったようだ．魚だけでなく，米や伊勢沢庵などを運ぶ人もいたといい，そうした人々は，行き先の大阪で荷をさばいた後，また別の物資を入手して，今度は地元に戻ってそれを売るという往復の行商をしていたという[2]．

高度経済成長期を迎えた 1960 年ごろには，大阪への魚行商がさらにさかんとなり，一般乗客との間で，臭いや汚れに対する問題が起きるようになった．そこで，1963 年 2 月[3]，「伊勢志摩魚行商組合連合会」を結成，近鉄との交渉の末，同年 9 月より行商人専用の「鮮魚列車」の運行が始まった．以後現在に至

るまで，近鉄電車を利用する魚の行商人はすべて，この組合に所属する会員となっている．なお，鮮魚列車以外にも，前後の電車の一部車両が組合員用に指定されている．朝の場合は，「一番」とよばれる名張行き普通電車[4]と，名張から接続する大阪上本町行き区間快速（2010 年当時）の車両の一部が設定されており，より早い時間に出発したい行商人がこれに乗車する（**写真 7-2**）．この人たちは仲間内で「一番組」とよばれていて，午前 1 時頃に起床し，地元の市場で仕入れをするなどの準備をして乗車するという．

　組合は，猟師（りょうし）支部・香良洲（からす）支部・松ヶ崎支部・村松支部・鳥羽支部の 5 支部（その後，有滝を加えた 6 支部となる）[5]の連合会として結成された．会員は 1990 年頃までは 300 人[6]ほどいたというが，2000 年には 239 人，2009 年にはさらに 115 人に半減している（**表 7-1**）．また，結成当時から，会員の大半は松阪駅を利用する猟師支部の人たちである．

　会員は，定められた入会費と年会費を支払い，会員証の交付を受ける．会員証は組合が発行するが，近鉄の担当部局にもこれを提出して承認印を受ける．先述のとおり，会員が乗車できる電車は指定されていて，それに乗るときは，定期乗車券といっしょに必ずこの会員証を携帯しなければならない．ほかに，持ち込む荷物には定期手回り品切符が必要で，各支部でとりまとめて月ごとに一括購入し，会員に配布する[7]．連合会の会長は 1 年交代で，各支部から選出された委員らで構成される役員会が年に数回開かれるほか，最近では行かなくな

写真 7-2　名張駅で乗り換える一番組の人たち
（出所）　2010 年 9 月 16 日筆者撮影．

表 7-1　支部別の会員数

（人）

支部	2000 年	2009 年
猟師	180	96
香良洲	27	15
松ヶ崎	7	1
村松	13	1
有滝	8	1
鳥羽	4	1
合計	239	115

（出所）　伊勢志摩魚行商組合連
合会の資料より筆者作成.

ったが，毎年 9 月 15 日の敬老の日には，近鉄の列車を組合の貸切にして，桑
名にある長島温泉に組合員全員で日帰りの懇親会に出かけるのが恒例になって
いた.

　組合が結成されたころの規約には，近鉄との協定事項が記載されている．そ
れを見ると，往復とも指定の電車に乗車すること，車内を汚さないこと，一般
乗客の迷惑にならないこと，といった基本事項に並んで，「容器は必ず缶を使
用すること」とある.

　「缶」とはブリキカンのことで，鉄道を利用する魚行商人の，いわばトレー
ドマークともいえる運搬道具である．ブリキカンを使った魚行商は，戦後の復
興期以降，全国的に顕著となった．主に女性が従事し，多くが集団でこれに携
わることから「カンカン部隊」「ガンガン部隊」などとよばれる．近鉄線の行
商人に対しても同様のよび名があり，運搬道具の多くが発泡スチロールの箱へ
と変わった近年でも，一番列車に乗る人たちを中心に，一部でまだカンが使わ
れている.

　この近鉄線のブリキカンについては，おそらく組合結成当初のものと思われ
る，近鉄側の「定期手回り品」に関する確認事項の記録に，「当社指定の容器」
として，「ブリキ製缶で容積 0.047 立方メートル以内のものおよび，0.022 立
方メートル以内のもの各一個」とあり，総重量が 30 キログラム以内とされて
いる．現在この地域で使用されているカンはこれより大きく，容積は約 0.086
立方メートル（縦 47 センチ×横 32 センチ×高さ 57 センチ）もある．当然ながら重
量もかさみ，魚や氷を入れると人力で持ち運ぶには重すぎる．そこで，ホーム
での移動にはコロとよばれる台車が使われている（階段を下りるときは肩紐で担

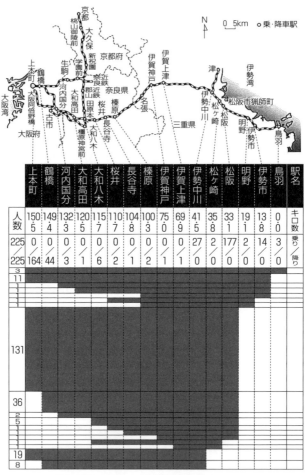

図7-1　近鉄沿線における行商人の利用駅，および大阪線の行商人の乗車区間と人数（2000年度）

（注1）　伊勢志摩魚行商組合連合会の2000年度資料から作成．駅名は2000年現在．
（注2）　このほかにも，近鉄の奈良線・京都線などに乗り換えて，学園前・生駒・近鉄郡山・田原本・古市・大久保・桃山御陵前・新祝園・京都などを行き先とする人も数人存在する．
（出所）　山本志乃『行商列車――〈カンカン部隊〉を追いかけて――』創元社，2015年．

ぐ）のだが，当初はこの半分ほどの大きさのカンと，さらにその半分の大きさのものが主として使われていたようだ．商売の拡大とともに荷物も増え，それを運ぶカンも次第に大きくなっていったのだろう[8]．

　さて，伊勢志摩魚行商組合連合会の会員がどの駅から乗車し，どこで降りるのかを，2000年度の組合資料から分析した（図7-1）．最盛期より若干減ったとはいえ，この当時の会員数は239人．行き先も，大阪方面を中心としながら，大和八木で乗り換えて奈良方面に足を運ぶ人，さらに京都線へと乗り継いで京都まで行く人もいるなど，広がりをもっていたことがわかる．

　このうち，近鉄郡山や田原本など，奈良盆地の町場や農村地域を行き先としていた人々は，得意先を一軒ずつまわる商売の方法をとっていて，これをコウリ（小売）とよんでいた．その後2010年ごろには，この方面でコウリを行っている人はすでにいなくなっている．

　行商人の大半は，上本町や鶴橋などの大阪の中心部を行先としている．この人たちの中には，露店で商売をしている人もいるが，多くは大阪の商店街に店舗を持って魚屋を営んでいる．夫婦や親子で会員となり，一家をあげて行商により生計をたてているため，鮮魚列車に乗せる荷も多く，到着駅に自家用車を回しておいて，店まで運ぶのである．

　下車する人がもっとも多い終点の大阪上本町では，鮮魚列車到着と同時に，壮絶な荷降ろし競争が始まる．皆，少しでも早く店に着きたいので，荷降ろしも一刻を争う．トラックヤードの位置が最後尾に近いため，会員相互の取り決めで，鮮魚列車の乗車車両を一年ごとに入れかえて公平を期しているともいう．

　この図からもわかるとおり，行商人のうち多くを占めているのは，松阪から乗車して大阪市内を行き先とする人たちである．ほとんどが猟師支部に所属しており，つまりは松阪のある特定の地域から大阪中心部に向けて，大量の行商人を送り出してきたということになる．次節では，鮮魚列車利用の行商の中核を担うこの猟師支部所属の行商人をとりあげて，歴史的な変遷や実態などを詳しく見てみよう．

2　大阪の伊勢屋

　猟師支部の会員は，現在の行政上の地名でいえば，松阪市北部の伊勢湾に面した猟師町と，隣接する町平尾町に住んでいる．「猟師」の地名は戦国時代に

はすでに見られ，古くから漁業従事者が集住する地域であった．遠浅の海域を利用した各種曳網や沿岸漁によって，多種多様な魚介類を得ていたことが記録にもあり，昭和の戦後には，小型定置網，カレイを主とする刺し網，キス・アナゴ・ツエ（クロダイの異名であるチヌのこと）・ウナギ・タイなどの延縄，サワラの一本釣り，海苔養殖，アサリを主とする貝漁などが行われていた［松阪市史編さん委員会 1981：126-127］．

　こうした魚介類を売り歩く行商も，戦前から行われていた．『松阪市史　第10巻　史料篇　民俗』によると，町内に問屋があり，50人ほどいた仲買人がここで仕入れて，魚を入れた円形の竹籠を天秤棒で担ぎ，松阪の町場方面へ売りにいっていたという．概して，昭和初期までの行商は十里四方の範囲とされ，主として松阪の中心市街に向けて，徒歩や荷車，自転車などを使って行われていた．しかしこれらの行商も，太平洋戦争による物資統制で見られなくなった［松阪市史編さん委員会 1981：159-160］．

　行商の本格的な復活は，この統制が廃止された1950年以降のことと思われる．町平尾町に住むＹさん（女性，1936年生まれ）は，結婚前の20歳くらいの頃に，ムラの女の人ばかり5人ほどで，自転車で津までアサリを売りに行った．漁師だった親が採ったアサリで，八百屋籠（一般に御用籠とも称される竹製の四角い籠）に入れ，午前2時頃に出発し，午前4時頃に津に着いた．この地域のアサリはシオヌキアサリといい，港の桟橋で1日海水に浸して砂抜きをしたあと，塩抜きの処理をして持参するので，すぐ朝の汁の実に使えることから評判が良かったのだという．

　津へのアサリの行商は1年ほど行き，結婚と前後して，今度は近鉄電車を使って，大和（奈良）方面に行き始めた．大和へは，カンではなく八百屋籠を使った．中にムシロのようなものを敷いて，アサリのほか，シオサバ・カレイ・エビ・ワタリガニなどを売りに行ったという．

　その後，Ｙさん夫婦は大阪への行商を始めた．1960年頃のことで，これを「大阪行き」と称した．道具としてカンを使い始めたのもこの頃で，すでに香良洲（津市）の行商人たちがカンを使っていたことから，これを真似て地元の樋屋に頼んで作ってもらった．

　「大阪行き」を始めた頃，これに携わっていたのは，鳥羽・有滝・村松・平尾（猟師）・香良洲の各地区から合わせて12人であった．それが，数年の間に何倍にも増え，1960年代後半には300人近くにまでふくれあがった．カンを

写真 7-3　鮮魚列車に積まれた荷物
(出所) 2010 年 9 月 16 日筆者撮影.

作る樋屋も地域内に 1 軒だけだったので，相次ぐ注文に応えるのも大変であった．この樋屋は，多い時には 1 カ月仕事を休んで，カンばかり 100 個ほどを作ったこともあるという．

　当初，鮮魚列車がまだ運行されていないころは，早朝の急行電車を使っていた．電車内で魚をさばく人や，窓からアラを放り投げて捨てる人などがいたといい，一般の乗客との関係で，近鉄から厳しく注意を受けることもしばしばであった．そこで，近鉄との交渉のため組合を結成し，1963 年 9 月より，組合貸切の鮮魚列車が運行開始の運びとなったことは先述したとおりである．

　最盛期の 1970 年代から 80 年代にかけては，鮮魚列車の車内は荷物で満杯となり，網棚の上に人が寝なければならないほどであった．当時，松阪の駅にエレベーターはまだなく (2006 年に設置)，駅のホームに荷を運搬する，カツギヤとよばれる人も大勢仕事をしていた．また，行商人たちが「駅裏」とよぶ近鉄線の松阪駅前広場には，行商人の仕入れのための魚介類を販売する人たちが早朝から露店を出していた．行商に付随するこれらの仕事や商売は，数は少なくなったが，最近になっても続けられていた．

　Y さんよりひとまわりほど年下の M さんご夫妻 (夫・1949 年生まれ，妻・1952 年生まれ) は，「大阪行き」の商いを 2014 年まで続けていた．大阪市西成区の商店街に店舗を借り，日曜・祝日を除く毎日，鮮魚列車を使って松阪と大阪を往復していた (**写真 7-3**)．

商売を始めたのは親の代からで，1960 年代の初めである．両親は漁業に従事していたが，まずは母親（1929 年生まれ）が大阪への行商を始めた．きっかけについて，父親（1930 年生まれ）は，「漁師をやっていて，1 日 1000 円くらい稼いでいた．弟が大和にアサリを売りに行っていて，3000 円くらい儲けたと言うので，それならと思い，大阪にアサリを持って行って売ったら，5000 円くらいになった．刺身を持って行くようにしたら，もっと儲かった」と語る．

鮮魚列車はまだ運行されていなかったので，急行で上本町まで行き，そこから市電に乗り換えて，商店街の入口付近で露店の商売を始めた．その際，商店街内の既存の鮮魚店との競合問題もあり，知人の紹介でテキヤの親方の世話になった．露店を出すにあたってはテキヤと関係することは避けられず，便宜をはかってもらう一方で，盆暮のあいさつや冠婚葬祭など，ことあるごとに「ずいぶんボラれた」のだという．Mさんの両親に限らず，大阪行きの商売を始めた人はたいてい同様の経験をしていて，テキヤとの関係を良好に維持することだけでなく，商売が安定した後にそこから抜ける時など，その苦労は筆舌に尽くしがたいものがあったようだ．

道具であるカンは，中にゲスとよぶ厚さ 6 センチほどのトレイ状のブリキカンを 7 段納めることができる構造になっていて，このゲスに商品を入れ，売り場でそのまま広げてバンダイにする．近年ではパックに入れたりビニール袋に小分けにしたりして単価をつけるが，そのころはアサリは枡で計量し，魚は竿秤で目方を計って百匁いくらという形で売った．

露店での商売を 1 年ほど続けたのち，商店街の中に店舗を借りた．父親は 1965 年に漁師をやめ，夫婦で本格的に商売をするようになった．毎朝，猟師漁港の桟橋のところでイチ（競り）があり，そこで魚を仕入れて，単車で駅まで持って行って鮮魚列車に乗る．イチのしまいになると魚が安くなるので，ぎりぎりまで粘ってなるべく安く買い，電車に駆け込むこともあった．かつては日曜・祝日でも鮮魚列車が運行されていたので，毎日これを繰り返した．ほとんど寝る時間もないような生活で，鮮魚列車の中で酒を一杯やりながら，大阪までの 2 時間半ほど仮眠するのが楽しみだったともいう．

品物は，アサリのほか，カレイやボラなどの地元の魚，駅裏の露店で売られるトンボシビ（ビンナガマグロ）などであった．大阪万博が開催された 1970 年頃はもっともよく売れた時期で，売り場で客が待っていて，荷を広げる先から競うように買って行った．刺身もよく売れた．刺身は，まだ露店で商売をして

Chapter 7 鉄道と行商 _171_

いた頃から，バケツに水を入れて，その場で造ることもあったという．この商
店街の周辺にはとくに靴屋が多かった．小さな町工場で靴の製造をする商売人
たちで，1980 年代までは靴の注文も多く，たいへん栄えていた．夜遅くまで
仕事をしているので，店主たちは食事をする間もないほど忙しい．そのため，
すぐに食べることができる刺身がことさらよく売れたのだという．

　その後，代替わりによりMさん夫妻が店を継いだ．商店街の入口付近で露店
から始めた商売を，商店街の中心方向に3回店を変えながら，徐々に大きくし
ていったのは，こうした親の代の苦労の積み重ねであるとMさん夫婦はいう．
往復5時間の通勤に加え，仕入れ，運搬，販売と，すべてを自分の手でこなす
行商は，早朝から夜半までの重労働の毎日である．それでも，漁師だった親か
らすれば，海に出る際の危険や不安がないだけまだ楽であるとの認識があった
ようだ．母親は，行商に従事するようになったことを「オカにあがる」と表現
していたという．これはすなわち，漁から商への生業の大きな転換を意味して
いる．1960 年代の組合結成と鮮魚列車の登場は，こうした漁村における社会
変化を背景に展開したともいえる．

　ところで，Mさん夫妻が営んでいた店の名は，「伊勢屋」といった（**写真 7-4**）．
これは，母親がカンを担いで商売に来ていたころからのよび名である．Mさん
たちだけでなく，同じ猟師地区から大阪周辺に店を出している人は，みな「伊
勢屋」を名乗っている．厳密に確認はできないが，たとえば 2000 年当時の猟
師支部会員は 180 名であり，多くが夫婦や親子で会員になっていることから店
数をおよそ 90 店とした場合，大阪周辺に 90 もの「伊勢屋」が存在したことに
なる．最盛期だった過去には，当然その数はもっと多かったであろう．しかも，
各自が出店場所を選ぶとき，半径1キロ以内には出店しないということを，互
いの不文律にもしてきたという．

　神都伊勢の知名度は高く，「伊勢屋」を名乗ればおのずと魚の産地が知れる．
これはいわばブランドでもあり，「伊勢屋」であることが客との信頼関係を築
く上で重要な意味をもってくる．Mさんの店の常連客の中には，以前この近く
の別の「伊勢屋」で買い物をしていたが，その店がやめることになり，店主に
Mさんの店を紹介してもらったことからこちらに来るようになったという人も
いる．

　こうした「伊勢屋」ネットワークは，伊勢志摩と大阪とを直通電車で結ぶ近
鉄線の存在によって支えられてきた．モータリゼーションが発達した現代は，

写真 7-4　大阪市内の「伊勢屋」
（出所）　2014 年 5 月 10 日筆者撮影．

　自家用車を行商の移動手段とする人も多い．Ｍさんたちの仲間にも，自動車へと切りかえて組合を抜けた人もいると聞く．だが，120 キロを超える長距離を毎日自動車で往復することは，体力や経費を考えれば決して合理的とはいえない．実際にＭさん夫妻も，事故の危険をさけ，なるべく経費を抑える手段として，電車利用が最適であるとの認識を持っていた．近鉄線の鮮魚列車を利用することで，遠方の伊勢志摩地方から大都会である大阪へ，毎日新鮮な魚介類を運ぶことが可能となり，「伊勢屋」ネットワークの構築とともに産地の価値を相対的に高めていったと考えられるのである．
　ここで述べてきた伊勢志摩地方からの戦後の魚行商は，大阪という大都会とそこでの魚の需要に支えられて，いわば一極集中的に発展したところに特徴がある．では，巨大な求心力を持つ都会が存在しない，他の地方の場合はどうだったのだろうか．以下では，かつて行商人の利用が多かったことで知られる地方幹線のひとつ，山陰本線を例に考えてみたい．

Chapter 7　鉄道と行商　*173*

3　山陰本線の昭和会

　山陰地方の東に位置する鳥取県は，東西に長い直線的な海岸線と，その海岸線に平行するように中国山地の脊梁が走る，特徴的な地形をもつ．海岸の一部には巨大な砂丘があり，冬季の日本海の悪天候もあいまって，良港が得られにくい条件にある．そのため，物流においても，また人の動きにおいても，海岸線に沿った東西の往来よりむしろ，中国山地を越えて山陽方面へと向かう傾向が，古くから顕著であった．

　そうしたなかで，1912（明治45）年，福知山（京都府）と出雲今市（島根県）とを結ぶ山陰本線の開業は，長らく東西を結ぶ交通路の発達をみなかったこの地域において，ひとつの大きな画期となった．以後，大正から昭和初期にかけて，中国山地を縦断して山陽方面へと連絡する伯備線や因美線などが開通し，地域間を結ぶ幹線網が確立する．

　そして戦後，この山陰地方の幹線網を管轄したのは，国鉄の米子鉄道管理局（戦前は米子鉄道管理部）だった．その所管区域は，鳥取・島根・山口の3県下を横断し，さらに中国山地の岡山・広島県境付近にまで広範囲に及ぶ．

　米子鉄道管理局の所管内の路線では，行商人の利用が多く，各地でこうした行商人による組合が結成されていた．その実態や詳細については，いずれの組合も現存せず，国鉄の分割民営化に伴う組織改編で，米子鉄道管理局そのものが，1987（昭和62）年4月に西日本旅客鉄道株式会社米子支店（翌年に米子支社に昇格）に変わったため，十分に検証するだけの資料も残されていない．わずかに『米子鉄道管理局史』［1963］に記載があることと，市町村史などに残された断片的な記録のみが頼りとなる．

　『米子鉄道管理局史』によると，1955（昭和30）年5月18日に，管内の鉄道を利用する行商人に対する取り扱い方が初めて制度化された．その実施事項は，「通商人組合員に対する車内持込手回品の特認について」とあり，行商人が列車内に持ち込む荷物についての取り決めがなされたことがわかる．詳細は不明だが，『新編八頭郡誌　9巻』には，1957（昭和32）年当時，普通列車使用の場合の持込容器が，タテ35×ヨコ40×高さ35センチ以内であったことが記されている［八頭郷土文化研究会 1996：74］．

　行商人の組合は，米子鉄道管理局の開局時（1950年）にはすでに各地に存在

表 7-2　鳥取県内の行商人の組合と業種別人数

(人)

組合名	所在地	男女別			業種別								
		男	女	計	鮮魚	食料品	菓子	用達	卵	青果	雑貨	綿	その他
鳥取昭和	鳥取市	302	379	681	372	238	14	24	10	—	11	—	12
湖山通商人	湖山	5	24	29	29	—	—	—	—	—	—	—	—
泊通商人	泊村	18	118	136	73	—	—	—	—	60	—	—	3
由良荷物集配	由良町	21	5	26	22	—	—	—	—	4	—	—	—
伯耆通商	赤碕町	66	41	107	82	—	4	—	—	1	6	—	14
米子通商	米子市	40	78	118	6	—	102	—	—	—	10	—	—
伯備線商業	根雨町	115	22	137	64	59	3	5	—	—	2	—	4
因伯通商	境港市	42	157	199	122	18	7	—	—	2	1	47	2
合計		609	824	1433	770	315	130	29	10	67	30	47	35

(出所)　鳥取県編『県民の経済』昭和 32 年版.

していたが，それらが統制されておらず，増えつつあった通勤・通学などの一般乗客との間で，混雑による問題も生じるようになっていた．そこで，先の手回品に関する規制に続き，1956（昭和 31）年 4 月 26 日，各通商組合を統合する米子鉄道管理局内指定通商人組合連合会を結成し，規約を定めた．連合会では，組合員に対して乗降車に関する留意事項や持込荷物の指導を行ったり，総会や役員会，研修会等を開催したりして，規約の徹底につとめた．

　行商人の列車利用時間帯と，通勤・通学の時間帯とが重なることから，一般乗客との摩擦は避けられない事態となっていた．米子鉄道管理局ではその対策として，1961（昭和 36）年 10 月 1 日，「通商指定車」の設定を開始した．これは，通常の荷扱や郵便に使用していない客車を使って，行商人が乗車する「通商指定車」とすることにより，一般乗客との混載を避けることを目的に設定したものである．ただし，これを行商人の専用としたわけではなく，車両に特殊な表示をするに留まっていたようだ．

　通商指定車の設定と同時に，連合会に属する各組合の呼称が統一され，「〇〇通商自治組合」と称することが定められた．この当時で，連合会傘下の組合は 21 を数え，組合員の総数は 3814 人であったことが記録されている［米子鉄道管理局 1963：107］．

　このうち，鳥取県内の組合について，1957（昭和 32）年当時の業種別内訳を**表 7-2**にまとめた．これを見ると，やはり組合員の中核を担っていたのは魚の行商人だったことがわかる．

写真 7-5　カンを肩にかけた行商姿の濱田あいさん
（出所）　濱田智義さん所蔵.

　なかでも，鳥取駅を利用する行商人で組織された鳥取昭和商業協同組合，通称「昭和会」は，700人近い会員を擁する規模の大きな組合だった．会員は，兵庫県西部から鳥取県中部にかけての山陰本線沿線や，岡山県境へと伸びる因美線沿線など広範囲に分布していた．

　湯梨浜町泊（鳥取県東伯郡）の濱田智義さん（1934年生まれ）の母，あいさん（1908年生まれ）は，この昭和会に所属していたひとりである（写真 7-5）．泊の東にある漁村，夏泊（鳥取市青谷町）の生まれで，実家では海女をしていた．シマオケという潜水漁で使う桶を持って嫁に来たが，泊では潜水漁は盛んではなく，ワカメや天草をとる程度であった．

　嫁ぎ先は漁師で，夫は船の乗り子をしていた．夫は戦時中，日中戦争と太平洋戦争の両方に出征もしている．当時から，姑やおばが汽車を使って倉吉方面へ行商に出ていた．鳥取県の東部から中部にかけては，行商人のことをアキンドとよぶ．アキンドは日銭を稼ぐことができるので，それを身近で見ていたあいさんも，戦後の1950年代半ばころからアキンドを始めた．

　濱田さんの家では，1953（昭和28）年に初めて自前の船を持ち，父と智義さんと弟の3人で漁をするようになった．あいさんは，その少し後くらいから昭和会に加入し，汽車を使って鳥取に魚を持って行くようになった．あいさんが

使用していたカンに「泊駅　浜田あい　昭和三十四年新調」と書かれていることから，遅くともこの頃にはアキンドを始めていたことがわかる.

　当初は店を持たず，鳥取に品物を持っていっては，帰りに別なものを仕入れて帰り，地元でそれを売るということをしていた．泊から運んだ品物のうち，とくによく売れたのはサツマイモだった．泊の家々には，サツマイモを貯蔵しておくイモガマがどの家の床下にもあるので，心当たりを訪ねて行ってわけてもらう．智義さんはそうしたイモの買い取りを手伝ったり，母からいわれて畑を借り，自らイモを栽培したこともあったという.

　集めたイモは，5貫入りの米袋に入れ，それを2袋提げていった．肩には魚などの荷を入れたカンを担い，イモを下げると，相当な重さである．雪が降るような寒い日であっても，朝一番の汽車で出かけていった．売る先は，鳥取の焼イモ屋だった．その焼イモ屋はとても繁盛していて，あいさんはよく，「子ども3人，焼イモで大学に行かせた」といって驚いていたという.

　1970年ごろに，智義さんの弟夫婦が店を始めた．食料品から日用品まで何でも扱うよろずやのような店で，以後，あいさんはこの店を手伝い，弟の自動車で鳥取に仕入れに行くようになった．鳥取にはあいさんの顔が利く仕入先が多くあったので，そうしたところをまわって仕入れをしていた.

　ところで，昭和会では，会員の親睦と慰安を兼ねた旅行をしばしば行っていたようだ．あいさんのアルバムに残された写真をみても，1960（昭和35）年には京都，62年には北九州，64年には北陸，72年には箱根，73年には奈良，78年には東北地方にまで足を延ばしていることがわかる．あいさんの回想によれば，多い時には貸切の汽車2台で行くほど大勢だった．金毘羅参詣にも7両編成の汽車で行き，バス13台にもなった．ミス琴平が迎えに来るほどで，「こんな団体来たのは初めてだ」といわれたという．1973（昭和48）年の奈良・東大寺における集合写真などからは，そうした実態がうかがわれる（**写真7-6**）．また，昭和会は地域ごとに支部があり，泊在住のあいさんは東伯地区の支部に属していた．泊ではほかに，20キロほど離れた倉吉方面に行くサカナアキンド（魚の行商人）が大勢いて，この人たちで作る組合が昭和会とは別にあった．昭和会に参加するのは，鳥取まで仕入れに行くような店の経営者などが中心だった.

　この昭和会に関しては，すでに解散していることから実態が明らかではないが，1994（平成6）年に鳥取女子高等学校（現在の鳥取敬愛高等学校）の社会部が，

写真 7-6　昭和会の旅行（1973 年）
（出所）濱田智義さん所蔵．

小山富見男教諭の指導のもとで，因美線を利用する魚行商の調査を実施しており，その報告書（未刊行のレポート）の中に資料が掲載されているほか，小山氏執筆による『新八頭郡誌　9巻』(1996 年) にも若干の記載がある．

　それによると，昭和会は，1941 (昭和 16) 年に鳥取商業組合として 300 人ほどで発足した．その背景としては，戦時中の物資統制の中で，列車を利用する商売人の間で組合を作る必要があったものと推測されている．1957 (昭和 32) 年に鳥取昭和商業組合と改称，鮮魚・食料品・菓子・用達・卵・雑貨といった業種の商売人約 700 人を擁する組合へと成長した［八頭郷土文化研究会 1996：74-75］．

　表 7-3 は，先述の鳥取女子高等学校社会部による調査報告書に掲載された，1957 (昭和 32) 年当時の昭和会の地区別会員数である．これを見ると，山陰本線の香住（兵庫県美方郡香美町）から鳥取県東伯郡域にまで至る地域と，津山（岡山県）までの因美線，若桜線の沿線にまで会員が分布していたことがわかる．このうち女性の比率は平均 57 パーセントであり，酒ノ津・福部・田後・東浜といった地区では会員の 80～90 パーセントを女性が占めている．当資料には業種の別が記されていないので正確には不明だが，これらはいずれも漁村を抱える地域であることを考えると，魚の行商人であった可能性が大きい．

　昭和会の会員は，徽章を身につけ，米子鉄道管理局から交付されるプレート

表 7-3　昭和 32 年当時の昭和会の地区別
会員数

(人)

地区	男	女	計
東伯	14	14	28
青谷	22	28	50
浜村	27	9	36
酒ノ津	6	56	62
宝木	7	6	13
鳥取	20	43	63
福部	4	21	25
大岩	6	7	13
浦富	12	4	16
田後	3	27	30
岩井	8	3	11
東浜	1	12	13
浜坂	24	12	36
居組	14	27	41
諸寄	13	30	43
温泉町	8	1	9
香住	6	16	22
船岡	14	11	25
若桜	29	11	40
用瀬	13	11	24
智頭	15	10	25
那岐	10	4	14
津山	9	7	16
計	285	370	655

(出所)　鳥取女子高等学校社会部「国境を越える行商人」.

をカンなどの荷物容器に貼っていた．先の濱田あいさんの回想によれば，アキンドは機関車のすぐ後ろの先頭車両に乗る決まりがあったという．他の乗客と区別をしたうえで，なるべく接触しないよう配慮がされていたことがわかる．

4　アキンドのネットワーク

　昭和会がいつごろまで活動していたのかは明らかではないが，鳥取女子高等学校社会部が因美線を利用する魚行商人に対して行った聞き取り調査に，1992（平成4）年当時のこととして，会費が年間1万円であること，近年は自動車の

利用が多くなり，会が衰退傾向にあることなどが記録されている．形式的には組合の存在はあったものの，かつてのような団体旅行もなく，すでに実態としての活動はさほどなされてはいなかったようだ．おそらく，1987（昭和62）年の国鉄の分割民営化によって米子鉄道管理局が消滅するのに伴い，所管内の通商自治組合も消滅したか，あるいはその前後に自家用車の普及などにより組合機能を失い衰退し，自然消滅のようなかたちになっていたと思われる．

それでも，1994（平成6）年の時点では，因美線を利用する行商人がまだ10人ほど存在していた．鳥取女子高等学校で指導にあたった小山富見男氏（元鳥取敬愛高等学校長）によれば，当時小山氏は智頭と鳥取間を因美線で通勤しており，車内で行商人を見かけたことから興味を持った．何度か話しかけて信頼関係を築き，その人たちが県境を越えて津山方面まで商売に出かけていると聞いて，学生たちの勉強のために商売に同行し，調査させてもらうよう了承を得たのだという．調査は，学校が休みの第2土曜日や夏休み，春休みなどを利用し，9人の学生たちとともに前日から学校に泊まって，合計7回にわたって実施した．その成果を報告書「国境を越える行商人——因美線の魚介類行商人——」としてまとめた．

報告書には，当時の行商人の居住地と乗降駅，行先が記載されている．行先は，津山や高野など県境を越えた岡山県がほとんどで，乗車利用駅は鳥取が多いものの，河原駅の利用者が含まれているのが注目される．

河原駅を利用する行商人は，1957（昭和32）年当時の昭和会の記録に50人あまりが登録されている．行先はほとんどが津山で，他に久世，中国勝山，美作加茂，那岐，さらには佐用（兵庫県）まで足を延ばす人もいたようだ．河原町は漁村地域ではなく，当初から魚介類を扱っていたわけではなかった．行商のきっかけは，戦後に付近の梨栽培農家から多少傷がある二十世紀梨を安く買い，これを智頭や津山方面に売り歩いたことに始まるという．それが，次第に梨以外の季節でも商売できる魚介類を扱うようになった．魚介類中心の商売になっても，梨の季節になるとこれをあわせて扱う人がいたり，魚介類へと移行はせず，梨の時期だけ商売する人もいたという［八頭郷土文化研究会 1996：70-71］．

報告書には，河原から高野（岡山県津山市）まで行商に出ている夫婦の同行記録（1994年9月10日）が記載されている．それによると，鳥取駅を朝4時15分に出発する列車に乗り，河原駅には5時12分に到着．ここから5人の行商人が乗り込み，鳥取から乗車してきた行商人から荷物を受け取っている．つまり，

河原の行商人は，鳥取からの行商人をとおして仕入れをしていたということになる．このように，鳥取から乗車した人の中には，列車内での卸を専門とする行商人も含まれていた．

　列車が智頭駅に到着すると，行商人たちはここで津山方面への列車に乗り換える．民営化以前は直通列車だったが，JR になってからはそれがなくなり，乗り換えなければならなくなった．乗り換え後，智頭駅を5時47分に出発，6時07分に那岐駅に着き，ここで対向列車の通過待ちのためしばらく停車する．その間に，行商人たちは持参した朝食の弁当を食べる．目的地の高野駅には6時51分に到着．行商人の夫婦は，妻が近くに置いてあるリヤカーに，夫は近所に預けてある自転車に，それぞれ発泡スチロールの魚箱などを積んで，7時すぎから得意先を回り始める．品物は，鮮魚ではなく，干物やちくわなどの加工品，天ぷらなどの食品が中心であった．同行調査の日が9月上旬であったため，この日は梨も持参していた．行商範囲は，夫が線路を挟んで駅の南側，妻がその反対側となっていて，途中で夫が足りなくなった荷を補いに，妻の行商先に来る場面もあったようだ．

　夫は11時04分発の列車で帰るのを決まりとしており，残った荷を妻に預けてこの列車に乗る．妻もよく売れた日にはいっしょに乗って帰るが，たいていは残った品物を売り歩き，12時54分発の列車に乗る．昼食は，駅の待合室か，帰りの列車内でとる．智頭駅で乗り換え，河原駅到着は14時26分となっている．

　報告書によれば，この夫婦は37年間の行商歴を持ち，日曜日以外の毎日行商に出ていた．行先はいずれも高野だが，曜日によって回るコースが違っていた．1日のコースは5キロほどで，売れ残った日には，違う曜日のコースを何軒か回って荷を捌いていたという．また，行商の鑑札は，岡山県の津山保健所から出されたものを所持していた．客との会話中，語尾が「……じゃ」と岡山弁になっていたことも観察記録にあり，長年の得意客との付き合いのなかで，行商先の地域との密接な関係が生じていたようすをうかがうことができる．

　この報告書の記載にもあるように，因美線を利用する行商人の中には，鳥取駅から乗車し，列車内で他の行商人に卸売をすることを仕事にしていた人がいた．

　岡山県津山市加茂町に住む森岡フジ江さん（1930 年生まれ）は，そうした卸売専門の行商をしていたひとりである．1980 年ごろから商売を始め，2008 年ご

ろに体調を崩してやめた.

　フジ江さんは山口県萩市の越ヶ浜という漁村で生まれた. 実家は桶屋をしていた. 世話をしてくれる人があって, 24歳の時に加茂町に嫁に来た. こちらでは屋根の上に石が乗っているのを見て, 実家のあたりとは風情が違うことに驚いたという.

　海に囲まれて育ったので, 田んぼや畑の仕事はやったことがなかった. 嫁ぎ先の家業は林業で, 分家ということもあり, 田畑は所有していなかった. 夫は山仕事に従事していた.

　商売を始めたきっかけは, 現在居住している家の土地を買い求めた際に, その土地の持ち主だった女性から勧められたことによる. この女性はフジ江さんよりかなり年長で, 魚の行商をしており, 自分の仕事をやってみないか, と持ちかけたのである. 当時, 夫は山口のほうに山仕事に出ており, 子どもの教育のためにも現金収入が必要だった. 親たちからも勧められ, 自分でもやってみようと思い, 仕事を譲り受けることにした.

　仕入れ先は, 鳥取の駅前マーケットにあった商店だった. フジ江さんに仕事を譲った女性は, 駅前マーケットにあった徳田商店という老舗の問屋で仕入れをしていた. 徳田商店はその後安長の公設市場へと移転をしたので, フジ江さんは谷尾商店, 前田商店, 寺本商店といった問屋を利用していた. その後, 新たに店を出した浜下水産も利用するようになった.

　鳥取の駅前マーケットは, 鮮魚商や雑貨商が集まる庶民的な市場で, 1950（昭和25）年の開設と伝えられる. 戦後の闇市を思わせるバラック建ての市場だったようだ. これが1971（昭和46）年の火災で全焼し, 跡地で営業が続けられていたが, その後の土地区画整理事業の施行に伴って, 1974（昭和49）年に駅構内の仮営業所に移転ののち, 1977（昭和52）年, 新築された太平ビル（鳥取市栄町）の地下にできたマーケットに約50店舗が入って営業が開始された. この市場は「太平マーケット」とよばれ, 長く市民に親しまれていたが, 近年になって閉鎖し, 現在は飲食店街に変わっている.

　フジ江さんが仕入れに行っていた駅前マーケットとは, 太平マーケットとして再開されたころのものである. 市内の方の話によれば, かつてこの太平マーケットの前の広場で, 早朝3時くらいから行商人のための市が立っていたという. 鮮魚や塩干物を扱う問屋も複数あり, そのうちの何軒かで, フジ江さんも仕入れをしていたのである.

フジ江さんは，加茂町の自宅で夕食をすませた後，夜7時くらいの汽車で鳥取に行くのを日課としていた．取引先の谷尾商店の2階に泊まり，翌朝2時半くらいに起きて商品の仕入れをした．寝る時間は3～4時間くらいだった．商売を引き継いだ当初は，先述の女性が宿所にしていた近くの民家に泊めてもらっていたという．

前日の晩に来る際に，発泡スチロールの箱2段にイリボシの紙箱を重ね，これを2本の帯で背負って来た．翌日の早朝に仕入れをした後は，さらに塩干物の箱が増える．アカウオや冷凍のカレイなどを仕入れ，それらを持って，朝一番の汽車で鳥取を出発する．河原駅に着くと，ここから乗ってくる行商の女の人たちに，車内で品物を売った．河原の行商人たちはみな津山に行く人たちであった．フジ江さんは，河原から自宅がある美作加茂までの乗車区間で商売をしていた．

国鉄が民営化する以前は鳥取から津山までは直通だったが，その後，智頭で降りて乗り換えなければならなくなったのでたいへんだった．通常の乗り換えでは，階段を昇り降りしてプラットホームを移動するが，行商人たちはたくさん荷物を持っているので，ホームの端から線路に降りて渡らせてもらっていた．フジ江さんはそうした時に他の人の荷物を持ってやることもあった．2008年ごろ，この乗り換えの際に線路に足が挟まり，転んで怪我をした．1カ月ほど入院し，以後足を悪くしてしまったので，商売をやめたのだという．

美作加茂まで帰ってくると，残った品物を自宅や近くの本家などで売った．因美線が直通でなくなってからは，フジ江さんの息子が智頭まで自動車で迎えに来て，加茂周辺を回ったが，それ以前はリヤカーを引いて売っていた．加茂にはメリヤス工場があり，ブリやハマチなどの刺身を作って，自転車で売りに行くこともあった．

商売は，日曜日以外は毎日出かけた．夕方には，河原の行商人から翌日の注文を電話で受ける．忙しい毎日だったが，「商売をしてよかった」とフジ江さんは話す．この近辺に魚屋はなく，お客さんもたくさんいたので，とてもよく売れた．子どもの学費や家の借金なども，商売をしていたから払うことができた．やめてしまってからは，近所の人たちや行商の人たちから，魚を買うところがなくて困るといわれるのだという．

かつては，因美線の三両編成の列車のうち，一両が行商専用車だったという．盛んだった行商も，フジ江さんのあたりを最後として，ほとんど姿を消した．

現在は，自動車に手段を変えて続けている人が，わずかに残る程度となっている．

このように，鳥取駅を中心とした広域的で大規模な行商人組織である「昭和会」の活動をふりかえってみると，そこに展開していた重層的なアキンドのネットワークがうかびあがってくる．旧来の魚行商というと，漁村地域から近隣の農村地域や町場へと売りに行くのが一般的だが，鉄道を使った行商により，県境を越えた広域的な流通網が形作られるだけでなく，漁村地域以外の人たちによる魚行商への参入や，行商人相手の卸売りを生み出すなど，アキンドの活動そのものが多様化した．

ここでは，紙幅の関係から昭和会を中心に述べてきたが，山陰本線沿線ではほかにも，アキンド同士の交流やネットワークの広がりを示す事例が多くある．たとえば，湯梨浜町泊でサカナアキンドをしていた伊藤増子さん（1925年生まれ）によれば，得意先がある西倉吉方面へ汽車を乗り継いで行く際に，乗り合わせた八橋（東伯郡琴浦町）のちくわ屋から練り物や総菜を買い足したり，居組（兵庫県美方郡新温泉町）からやってくるアキンドからヘシコや焼きサバなどを買ったりもした．兵庫県方面のアキンドが運んでくるこれらの品物は，東部地域に特有のもので，泊周辺では手に入らない．毎年，時化で地元の荷が少なくなる冬季になると，「また今年も頼むでな」と決まった人がやってきたという．山陰本線の汽車の中は，鉄路で結ばれた各地のアキンドたちが出会う場でもあったのである．

おわりに ——鉄道利用の行商の盛衰とその背景——

本章では，戦後の復興期以降，全国的に隆盛となった鉄道を利用した魚行商について，近鉄線沿線と山陰本線沿線を例に，その実態を紹介した．

先述したとおり，この時代の魚行商人は，多くがブリキ製のカンを運搬道具として使用していたことから，「カンカン部隊」や「ガンガン部隊」といった名でよばれていた．その多くは女性で，列車を利用するための組合を結成するなどして集団で列車に乗り込む．魚行商そのものは，沿岸各地に古くから存在するなりわいであり，女性が主に従事して，徒歩での日帰りが可能な10〜20キロ程度の範囲を行先としていたが，鉄道の利用により，鮮度の高いものをより遠くへと運ぶことが可能になった．カンひとつあれば手軽に始めることがで

きることもあり，多くの女性がこれに参入した．鉄道の利用は，女性の行商が
販路を広げ，活動を活発化させるうえで，ひとつの画期であったといえる．

こうした「カンカン部隊」の活躍は，1950〜70年代の，いわゆる高度経済
成長期と時を同じくしている．重化学工業と輸出産業の急速な発展に象徴され
るこの時代に，日本の産業構造も生活文化も，大きく変化した．衣食住のさま
ざまな場面で合理化が進み，大量生産と大量消費が，庶民生活の細部にまで浸
透した．この時代背景と，行商といういかにも前近代的な商売とは相反するか
のように思われるが，実際にはむしろ，各地で多くの行商人が輩出される結果
となった．

高度経済成長そのものは，ほぼ同時的に世界各地でみられた現象だが，日本
の場合とくに注目すべき特徴は，経済成長にともなう労働力を外国からの流入
にほとんど頼ることがなかったこと，そして，都市人口の増加や産業構造の転
換が，農山漁村からの人口移入と大きく関係しているということにある［浅井
2010；加瀬 2010］．この時代を象徴する世帯数の増加とはすなわち，農山漁村を
生活の基盤としていた人たちが，大都市や地方都市において，新たに第2次・
第3次産業に従事する都市型生活者としての層を形成したことを意味していた．[10]

魚行商の活発化は，食材としての魚を求める人たちが大勢いたことの証でも
ある．そして，鉄道を使った行商人の多くが行先としたのは，戦後の人口移入
によって消費力を増した都市部や近郊住宅地であった．

そのことを如実に示しているのが，本章の前半で紹介した，伊勢志摩地方か
ら大阪への魚行商である．

大阪はそもそも鮮魚を好む土地柄で，とりわけ近世からの歴史をもつ独特の
生魚輸送方法と活〆という処理方法でもって，主として瀬戸内海から西の地域
を産地とするマダイなどの高級魚に大きな価値を置く食文化がある．そうした
中で，伊勢志摩地方は，大阪市中央卸売市場本場を核とする広域的な水産物流
通の現場においては，さほど主要な出荷地として認識はされていなかった．つ
まり，近鉄線を利用した行商によって初めて，この地域の魚介類がまとまって
大阪へと持ち込まれたことになる．そして行商人たちの多くが行先として選ん
だのは，戦後，他地域からの人口流入によって新たに形成された商店街や住宅
地だった．筆者が知っているだけでも，西成区，平野区，大正区，守口市など，
いずれも新世帯の流入で拡大していった都市に進出している．

また，先述のMさんの店（西成区の商店街）で，このような場面にも遭遇した．

Mさんの店にはたくさんの常連客がいたが，そのうちのひとりの女性は，「スーパーで魚を買うのは，ちょっと……，ね」という．店先に並んだ魚を見ながら「これをこうして，ああして」と，どう食べるか相談しながら買い物をしなければ気がすまないそうで，同じ魚であっても季節によって脂の乗りに違いがあるため，自分の目で直接見てたしかめたいのだという．この人は，和歌山県の周参見という漁村の出身であり，郷里で身近に魚と接してきた経験が，こうした習慣になっているのである．

　伊勢志摩地方の魚行商人は，戦後の人口流入によってますます拡大した大阪での魚の需要に応えて成長し，露店での商売から，やがて商店街に常設の店舗を構えるまでになった．他の多くの地域では，モータリゼーションの発達や流通網の変化などによって，列車による魚行商はすでに姿を消して久しいが，近鉄線では，衰退傾向にあるとはいっても，今なおこれが続けられている．その背景には，大阪という巨大な消費地の存在がある．古くは伊勢参りの旅人がたどった道のりが，昭和初期に近鉄線によって直接結ばれた[11]．そしてその大阪に，先述したような鮮魚に対する特別な価値観と志向性が存在していたことも，彼らを受け入れる大きな素地となった．

　今日でこそ，スーパーマーケットなどでも産地との直接的な取引を行うようになったが，行商人の活動が最盛期を迎えた1970〜80年代にはまだそうした傾向はなく，仲卸業者を仲介して中央卸売市場を経由するという水産物流通の基本が徹底していた．そこに，「伊勢屋」の人たちが現れたのである．産地から直接魚を持参し，販売するという方法は，それ自体がきわめて稀なことであり，消費者に大きなインパクトを与えたであろうことは，容易に想像できる．早朝の港で仕入れた魚を持参すれば，卸売市場を通すよりも，1日か2日は確実に早く消費者の手元に届く．当時さほど定着していなかった「産地直送」を先駆的に実践したのが，近鉄線を使った「伊勢屋」の人たちだった．

　行商は，カンひとつあれば簡単に始められるという手軽さと，初期投資の小ささが特徴だが，「伊勢屋」の人たちは，当初の大和方面から次第に大阪へと足を伸ばし，それにともなって設備投資にも力を入れ，常設店舗を構えるまでになった．魚行商は，山陰本線沿線の事例でも紹介したとおり，漁家の副業や家庭内の分業といった位置づけにあるのが一般的だが，「伊勢屋」の人たちの場合は，あくまで行商というスタイルをとりながらも，もはや個人的な小商いの域を超え，継続的な利益目標を掲げる家族経営の商売へと成長したのである．

こうしたことも，他地域とは一線を画して存続してきた理由のひとつではなかろうか．

　ところで，筆者がお世話になった「伊勢屋」のMさんご夫婦は，2014年11月1日をもって店を閉じた．親の代から55年間続けてきた商売をやめる直接のきっかけは，奥さんの足の怪我であったが，それに追い討ちをかけたのは，大阪市の保健所から，給湯器の設置と水道の蛇口の追加を指示されたことだった．以前から，すぐ近くにスーパーマーケットが開店し，商売が厳しいという話もうかがっていたが，先代からの常連客とは強い信頼関係で結ばれていて，それが支えになっていた．店の家賃や交通費など，さまざまな経費を合わせれば相当な額となり，保健所からの指示に従ってさらなる設備投資をするだけの余裕はもはやない．ここが潮時ということで，閉店を決めたという．

　筆者が足を運んできた市や行商の現場では，こうした各種規制への対応に翻弄される当事者の方々をしばしば目にする．基本的な衛生管理に留意することが必要なのはいうまでもないのだが，どの基準をものさしとするのかは，業態によって異なるのもまた当然であろう．地域によっては，露店営業での鮮魚の扱いに対して別の基準を設ける動きも出ているが，その裁量は都道府県ごとに任されていて，概して関心はさほど高くはないのが実状である．

　また，行商という仕事は，未明の仕入れに始まって，運搬，販売までのすべてを，ひとりで，あるいは家族でこなす重労働である．休む時間も，寝る時間さえも充分ないほどだが，当事者の方々のお話をうかがえば，そこには他の仕事では得られない達成感や充足感がたしかに存在したことも事実だ．しかしながら，こうした働き方は，現代のサラリーマンように時間を金銭で換算する労働観とは相反するものがあり，近年ではむしろ否定的にとらえられるむきすらある．

　鉄道による行商が衰退へと向かう背景には，さまざまな社会変化があるのはもちろんだが，実のところ，こうした標準化された価値観による一律的な管理や規制にも，その一因があるような気がしてならない．

　近代的な交通手段である鉄道は，移動する「公共空間」でもある．誰しもが気軽に利用することができ，さまざまな人が行きかう．そこから，先述したような行商人同士の交流やネットワークも育まれた．だが，今や列車に乗り合わせる人の多くは，イヤホンで耳を塞ぎ，手元の携帯電話を見つめ，いかに「個」の世界を保つかに腐心しているかのように見える．同じ空間内で互いに

見えないバリアを張って，他人の領域にむやみに立ち入らないことが暗黙のルールにもなっている．

　かつての鉄道の公共性は，乗り合わせる人の連帯や空間の共有を前提として成り立っていたが，現在ではむしろ，個の尊重のほうに価値が置かれる傾向にある．異なる環境にある人とモノとを取り結ぶ行商人は，地域間の文化交流を担う仲介者でもあった．その行商人の姿が鉄道から消えつつある今，列車の公共性もまた，質を変えようとしているのである．

注

1）水産物の統制は，まず高級魚9品目（マダイ・ハナダイ〈チダイ〉・サワラ・スズキ・シラウオ・海産性アミ・エビ類・カニ類）について，1948年5月22日に公定価格が撤廃，同年7月1日に配給統制が撤廃される．水産物の全面的な配給統制撤廃は1950年4月1日である［酒井 2007：53-56］．

2）藤田［2005］によれば，1950年代前半から，近鉄の下り線を利用する行商人が大勢いて，名張駅以西の近鉄路線を利用する小売業者・飲食業者・仲卸業者らで結成された「近鉄沿線魚類仕入組合」には，もっとも多い時期で1300名を越える組合員がいたという．これらの組合員専用の車両を1～2両連結した「鮮魚指定列車」が上本町発で運転されていた．また，1950年代後半から1960年代前半にかけて，伊勢方面からブリキのカンなどで運ばれてくる「担ぎの魚」が鶴橋でもたいへん評判がよく，争うように品が取り分けられていったことが記されている［藤田 2005：69-77］．

3）「伊勢志摩魚行商組合連合会規約」が初めて作成されたのが1963年2月1日であることから，これをもって組合結成とみなした．

4）明星駅始発で，行商人が多く乗車する松阪駅を5時22分（2010年当時）に出発する一番電車である．

5）各支部の現在の行政上の地名は次のとおり．猟師＝松阪市猟師町および町平尾町，香良洲＝津市香良洲町，松ヶ崎＝松阪市松崎浦町，村松＝伊勢市村松町，有滝＝伊勢市有滝町，鳥羽＝鳥羽市鳥羽．いずれも伊勢湾に面した漁村地域である．

6）組合の結成当初は，家ごとの加入であったが，ある時期（おそらく規約が改正された1977年以降）からは，個々人の加入となった．会員数が多い猟師支部や香良洲支部では，ほとんどが夫婦や親子で加入している．

7）2010年当時，会費は年間6000円．松阪・上本町間を利用した場合，定期乗車券は1カ月2万9420円，定期手回り品切符は1カ月3250円（荷物が多い場合は倍額）であった．

8）近鉄線の行商人が使用していたカンとコロ一式は，現在，国立歴史民俗博物館（千葉県佐倉市）の第4展示室（民俗展示室）の「近鉄の鮮魚列車」のコーナーに常設展示さ

れている.

9) この地域で「サンドさん」と称される商売人. 特定の商品を自ら仕入れて商売するのでなく, 物品の運搬や買い物を頼まれ, 運送料と手数料をもらう. 鉄道開通以前から存在し, かつては荷車を使って頼まれた荷を運び, 帰りには別の荷を積んで帰るというように, 目的地の間を往復するのが仕事だった. サンドの語源は明確ではないが, 「参人」もしくは「三度」と書き, 近世の三度飛脚に由来すると考えられている [八頭郷土文化研究会 1996：72-73].

10) 経済学者の加瀬和俊は, 高度経済成長期における農家世帯の詳細な分析から, 都市部に流入して新たな世帯を築いた核家族と, 農業地域内で新たに形成された新世帯の核家族という両面があったことを指摘している [加瀬 2005：229-33]. 加瀬の分析は農村を中心としたものだが, 第1次産業から他産業への人口移出を考えれば, これを農山漁村に拡大して考えることはできよう.

11) 名古屋もまた伊勢志摩地域と近鉄線で結ばれた大都会であるが, 近鉄日本名古屋駅と伊勢中川駅を結ぶ近鉄名古屋線はもともと狭軌であり, 大阪線・山田線の標準軌にあわせた軌間拡張工事が実施されたのは, 伊勢湾台風の被害にあった 1959 (昭和34) 年である. 復旧にあわせて改軌がなされ, 以後, 直通電車の運転が開始されたため, 大阪と伊勢志摩間との直通電車開通とはかなり年代に開きがある.

参考文献

浅井良夫 [2005]「現代資本主義と高度成長」『日本史講座 第10巻 戦後日本編』東京大学出版会.

浅井良夫 [2010]「日本の高度経済成長の特徴」, 国立歴史民俗博物館編『高度経済成長と生活革命』吉川弘文館.

大阪市水産物卸協同組合編著 [1985]『水産物流通の変貌と組合の三十年 資料編』蒼人社.

加瀬和俊 [2005]「農村と地域の変貌」『日本史講座 第10巻 戦後日本編』東京大学出版会.

加瀬和俊 [2010]「高度経済成長の諸条件と農業部門の位置」, 国立歴史民俗博物館編『高度経済成長と生活革命』吉川弘文館.

倉田亨監修 [1981]『大都市における水産物需要の動向と流通対策——大阪市中央卸売市場本場の仲卸機能を中心に——』エー・エー・ピー.

酒井亮介 [2007]「敗戦から統制制度撤廃までにおける大阪の生鮮食料品の流通状況について」『大阪市公文書館研究紀要』19.

千葉県印旛支庁編 [1964]『行商の実態』千葉県印旛支庁.

鳥取県立公文書館県史編さん室編 [2016]『新鳥取県史 民俗1 民俗編』鳥取県.

鳥取女子高等学校社会部 [1994]「国境を越える行商人——因美線の魚介類行商人——」.

藤田綾子 [2005]『大阪「鶴橋」物語——ごった煮商店街の戦後史——』現代書館.

松阪市史編さん委員会編［1981］『松阪市史　第10巻　史料篇　民俗』蒼人社.

八頭郷土文化研究会編［1996］『新編八頭郡誌　9巻　八頭郡のくらしと民俗』八頭郡町村会.

山本志乃［2012］「鉄道利用の魚行商に関する一考察──伊勢志摩地方における戦後のカンカン部隊と鮮魚列車を事例として──」『国立歴史民俗博物館研究報告』第167集.

山本志乃［2015］『行商列車──〈カンカン部隊〉を追いかけて──』創元社.

米子鉄道管理局編［1963］『米子鉄道管理局史』米子鉄道管理局.

（山本　志乃）

大阪の鉄道と地下街

　鉄道駅の商業施設として，戦前はターミナル・デパートが特徴的であるが，戦後は地下鉄網の発達やターミナル乗降客の急増，道路交通の混雑などにより地下街も発達した．商業施設としての地下街は鉄道事業の附帯事業（兼業）として重要な意味をもっていた．なぜなら交通混雑の解消のための公共施設となり，その費用を商店から保証金や店舗利用料でまかなうことができるからである．

　本章では地下街の成立過程を概観して，その上で大阪の鉄道と地下街の関係を見ていきたい．先行研究［谷内 2017：Ch. 7］によりながら，大阪市内のターミナル駅と小売事業の関係を明らかにしつつ，大阪駅と阪神梅田駅の地下道（大阪駅前地下道）および阪急三番街についても言及したい．両地下街と梅田地下街（現・ホワイティうめだ）が大阪の地下街の中心であり，そのことを通じて「鉄道と商業」の理解がより深まると思うからである（以下，ことわりのない限り谷内［2017］による）．

1　日本の地下街

　地下街とは公共道路の地下歩道や地下店舗などの施設をいう．時に店舗が沿道ビルの地下階にあるような場合もあるがこれは準地下街とよぶ．また，阪急三番街のように巨大ビルの地下に商店や通路が設置されている場合を地下商店とよぶ．ここでは，準地下街，地下商店も含めて「地下街」として扱う．

　地下街建設の目的はいろいろあって，第1に地下鉄の施設とあわせて開設されたもの，第2に単独の商店街として建設されたもの，第3に地上交通の混雑緩和のために，地下通路の設置にあわせて地下街として建設されたもの，第4に地下駐車場にあわせて地下街を併設したものに区分される．

　図8-1は日本の地下街の年代別延べ面積の増加を示している．（公共道路の地下に作られた）日本の地下街は1955年頃から本格的な建設が始まり，1965年以降1980年にかけて急速に増加した．したがって，開設から30年以上経過した

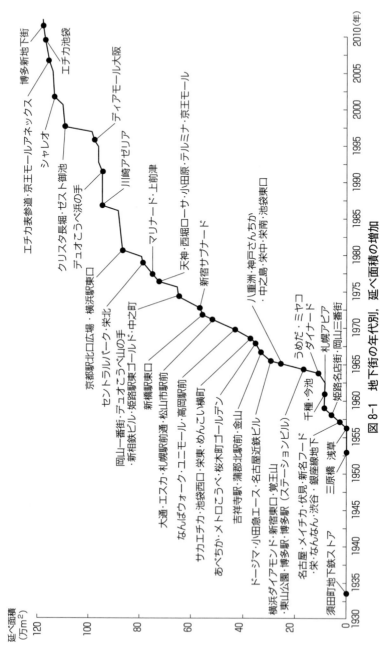

図 8-1 地下街の年代別、延べ面積の増加

(出所)「地下街の安心避難対策ガイドライン」国土交通省都市局街路交通施設課、2014年4月、p.6 を一部修正。

地下街が 8 割以上あり，中には 60 年以上経過しているものもある．地下街はすでに相当な歴史を持っているのである[1]．

斎藤徹氏よると，日本の地下街は，戦後のヤミ市の一掃とモータリゼーションへの対応を目的として全国の主要都市の駅前を中心に開発された．そして，地下商店のテナントとして入居した婦人服・紳士服・呉服などの専門店チェーンが事業拡大を促す重要な役割を果たしたという［斎藤 2017：130］．

戦前の地下街

戦前の地下街は東京のみで，1927（昭和 2）年東京地下鉄道が浅草—上野間を開通した時に地下道，商店が建設されたことに端を発する．キッカケは地下鉄建設時に三越が自店前に駅設置を要請し「三越前」駅が生まれ，他の百貨店も地下鉄駅と結ばれていたことによる．集客に効果があると考えたのだろう．都心の地下鉄は百貨店と相性がよかった．

そこで東京地下鉄道も百貨店をまねして地下鉄駅構内に地下鉄ストアを設け，地上にもビル（店舗）を建てたのである．当時は他に東京の各鉄道駅（新宿駅など）にも地下商店街の計画が生まれたが，結果的に未設で終わった．

大阪においても，地下鉄建設と並行して地下商店街の計画が立てられた．大阪の場合は地下が深かったので（地下 2 階式となり），地下 1 階と地下鉄ホーム（地下 2 階）との間にエスカレーターを設置した．そこで地下 1 階部分のスペースが空くことになり，ここに店舗を構える構想が生まれたのである．ただし戦前は地元商店街の反対があったり，警察署の建築許可がおりなかったりして地下街建設は果たされなかった．

他に（地下に店舗のない）地下道としては，堺筋の旧三越前の地下道路や国鉄（現・JR）大阪駅・阪神梅田駅・地下鉄梅田駅・阪急ビルなどを相互に結ぶ大阪駅前地下道などがある．大阪駅前地下道は阪神マートや阪急百貨店の地下売場が開業していたが，本格的な地下街は戦後に持ち越された．

2　大阪の鉄道と地下街

(1)　大阪の鉄道網形成

大阪の鉄道網は戦前にほぼ形成されていたので，まずはその過程から見ておこう．大阪の鉄道は明治期に京阪神を結ぶ官線（現・東海道線），奈良へむかう

関西鉄道および大阪鉄道，大阪港に向かう西成鉄道が敷設され，現在の JR 西日本の原型ができていた．すなわち，関西鉄道が京橋駅を中心に JR 関西学研都市線となり，（関西鉄道に合併された）大阪鉄道が天王寺駅を中心に JR 関西本線線，環状線の一部（新今宮—天王寺—大阪駅間）となり，西成鉄道が大阪駅を起点にして（USJ へ向かう）JR 夢咲線，環状線の一部（大阪—西九条駅間）となったのである［新修大阪市史編纂委員会編 1991：460-65；1994：419-23］．

　さらに私鉄はどうかというと，明治 10 年代に阪堺鉄道（後，南海鉄道，南海電気鉄道へと改称），20 年代に河陽鉄道（後，河南鉄道，大阪鉄道へと改称，現，近鉄南大阪線）が生まれ，明治末年から大正期にかけて都市近郊鉄道が敷設される．すなわち阪神電気鉄道，箕面有馬電気軌道（現・阪急），京阪電気鉄道，大阪電気軌道（現・近鉄奈良線，大阪線）である．この時期，前出の阪堺鉄道と大阪鉄道も電化されていく［新修大阪市史編纂委員会編 1991：460-65；1994：423-37］．

　昭和初期になると，人口が約 300 万人に急増した「大大阪」市内に高速鉄道が敷設される．いわゆる地下鉄である．東京に次いで 1933 年梅田—心斎橋間が開通し，1938 年には天王寺まで延伸する．戦後は，万博を契機に縦横に路線が伸びていく．結果として大阪の交通機関に占める鉄道の優位性が高くなっていくのである．

(2) 戦後大阪の地下街 ［谷内 2016］

　戦後になって，大阪梅田駅，難波駅の自動車の交通量が増えたことから，交通混雑解消を目的に地下街建設が行われた．なぜなら，密集した市街地での自動車を迂回させるバイパス道路網の整備が困難であったため「車は地上，人は地下」という考えのもとに，歩行者と自動車の分離が計画されたからである．

　交通混雑の具体的データを見ておくと，自動車通行量は東区・南区（現・中央区）が 1950 年から 1957 年に 4 ～ 5 倍に増加し，交通事故は約 2.7 倍に増加した．また市内主要交差点の自動車交通量上位（1957 年）は，梅田新道，阪急前，阪神前，本町 4 丁目であった．**写真 8-1** は北区堂島付近の交通混雑を表したもので，自動車に囲まれたいくつもの市電が痛々しい．

　さらに，**表 8-1** は 1950 年，60 年，67 年大阪市内ターミナル駅の 1 日当りの乗降客推移であるが，1967 年国鉄大阪駅（約 73 万人），阪急梅田駅（約 63 万人），阪神梅田駅（約 20 万人），地下鉄御堂筋線梅田駅（約 22 万人），同谷町線東梅田駅（約 2.5 万人），同四ツ橋線西梅田駅（約 4.5 万人）と大阪梅田に乗降客が集中

写真 8-1　交通マヒの都心部（北区堂島付近）

（出所）石浜紅子監修『大阪市今昔写真集—東南部版』樹林舎, 2009 年, p. 33.

表 8-1　大阪市内ターミナル 1 日当り乗降客の推移

(人)

鉄道駅名	1950 年	1960 年	1967 年	倍率	鉄道駅名	1950 年	1960 年	1967 年	倍率
国鉄大阪駅		540,064	732,644		京阪京橋駅	64,207	123,600	228,700	3.6
阪急梅田駅	235,409	439,752	633,763	2.7	近鉄上本町駅	135,950	200,500	254,309	1.9
阪神梅田駅	119,405	172,017	195,680	1.6	近鉄鶴橋駅	91,290	143,650	267,480	2.9
地）御堂筋線梅田駅	83,476	176,103	218,735	2.6	南海難波駅	148,288	228,356	305,736	2.1
地）谷町線東梅田駅			25,187		地）御堂筋線難波駅	57,820	99,870	125,701	2.2
地）四ツ橋線西梅田駅			44,849		地）四ツ橋線難波駅			11,066	
京阪淀屋橋駅			124,000		近鉄阿部野駅	114,270	166,777	246,190	2.2
京阪天満橋駅	56,500	87,700	80,400	1.4	地）御堂筋線天王寺駅	43,822	71,977	106,278	2.4

（注）地）＝地下鉄.「倍率」は 1950 年から 1967 年の比率. 地）谷町線天王寺駅は 1969 年（3 万 947 人）から.
（出所）「これが大阪のすがた④輸送編」『大阪人』22(9), 1968 年, p. 75）および『大阪市交通局七十五年史』（大阪市交通局, 1980 年, pp. 346-48）より筆者作成.

していることがわかる.

　また 1950 年から 1967 年にかけて乗降客の増加率（倍率）は約 2 倍で, ターミナルの乗降客数が増えていることもわかる. 地下鉄駅以外の増加の背景には

人口のドーナツ化現象がある．当時の様子を宮本又次氏は次のように描写している［宮本 2013：389-390］．

> それにしても大阪駅をはじめ，このあたりに出入する群衆の量はあまりにも巨大すぎる，朝の通勤時間にはコンベアーで運ばれてくるような濃密な人間の流れが脈々としてつづく．同じ服装，同じ表情，同じ歩き方の巨大なるマスがわき目もふらず，南へ南へ，そして中之島から船場にまでつづく．そして夕方にはその逆の流れが，郊外のささやかな住居やアパートに，そして恋人とのデートの場に散っていく．そして，着いてはまた去りゆく，おびただしい自動車の群れ．ひしめいて一寸きざみにしか進まぬことが多く，交通地獄でこの辺では歩いた方が早い．同じことの同じような繰り返し．……そこでは，しいて大阪らしい個性を見いだすことはもはや出来ない．

大阪梅田駅，朝に夕に巨大な群衆がベルトコンベアーで運ばれるように移動し，一方で自動車による大渋滞（交通地獄）が描かれ，歩いた方が早い，そして，そこに大阪らしさは見いだせないという．

こうした状況を受けて，大阪市の地下街構想が生まれた．1952（昭和27）年大阪市土木局と交通局で，交通対策の一環としての地下街建設案が協議された．翌年9月に地下街構想が市長に説明された．将来性があり，経済的に成立するため面白いとされた．1955年9月から下準備に入り，大阪市，商工会議所，地元企業代表者らが集まって第1回設立準備会が開催された．1956年2月大阪市会（臨時会）において，大阪市が地下街事業を民間企業と共同で行うことが認められた．事業目的は「本市における郊外電鉄の主要終端駅付近における交通の整理と同地方面の発展に資するため」とされ，「イ　歩行者用地下道並びに地下道に附設する店舗の建設，維持および運営，ロ　前記の事業を達成するに必要な附帯業務の経営」を行うこととされた．資本金は1500万円でその半分以上を大阪市が出資し，「市長又は市長の指名する吏員を会社の発起人又は役員」とした．

元土木局長浦上衛門が奔走し，同年4月には大阪地下街株式会社が設立された．初代社長には大阪市の伊東俊雄（御堂筋のいちょう並木の提唱者）が就任した．実質的な経営者は浦上ほか大阪市（交通局）から派遣され，他は電鉄会社の社長と地上商店街の代表者が取締役に名を連ねた．とんとん拍子にことが運んだ

理由は，地下街建設が公共道路の下を開発するため「用地買収」が不要で，地権者がほとんどいないため事業手続きは簡単に済むから，さらに，建設費は地下通路両側の店舗から権利金を徴収するので事業者の費用負担が少なくて済むからであった．

　同社は最初にナンバ地下街（1957年，現・NAMBAなんなん）を建設し，次いで梅田地下街（1963年，現・ホワイティうめだ）にとりかかった．ナンバ地下街は初の試みだったので，オープン直前になって不安を感じて契約を辞退するテナントが出た．そこで，髙島屋に相談すると南海電鉄と共同で新南海ストアを設立して空店舗を埋める努力をしてくれた．いざオープンしてみると大盛況，1日の予想売上高・坪当り5000円に対して，1万円を突破する好成績だった．おかげで梅田地下街の建設時には，多数の優良テナントが集まった．

　同社の財務状況を見ておくと，ナンバ地下街開設時の第6期（1961年4月～1962年3月）は，資産14億3594万円（うち入店保証金12億2283万円），営業収入1億5270万円，当期利益632万円（営業利益率4パーセント）だった．これが梅田地下街ほか開設以後の第15期（1970年4月～1971年3月）になると，資産65億916億円（うち入店保証金56億268万円），営業収入13億3576万円，当期利益1895万円（営業利益率1.4パーセント）であった．つまり，資産は約4.5倍に増え，営業収入が約10倍，そして当期利益が約3倍に増えたのである．ただし，営業利益率は4パーセントから1パーセント台に低下した．かくして地の利を生かした地下街は経営的にも交通混雑解消にも有効であることが証明された．入店した店舗の業績は好調で，他の地下街にも出店するケースが目立った．

　こうしたナンバ，梅田の地下街の強みは，第1に郊外人口の流入拠点であるターミナル立地であること，第2に店舗の集団立地（両側商店方式）によるワンストップ・ショッピング機能（1カ所で買いたい物がまとめて買える）があること，第3に新しい設備とプロムナード（散策）的な要素があること，第4に全天候型商店街であることであった[大阪市経済局 1971：36]．

　その後の地下街開発は**表8-2**の通りである（大阪駅前地下道，阪急三番街〈地下商店〉，なんばcity等は準地下街・地商店のためか，含まれていない）．

　まず，1960～70年代に建設された地下街群と1990年代に建設されたディアモール大阪，クリスタ長堀の2地下街があることがわかる．前者では，総面積でなんばウォークとホワイティうめだの約3～4万平方メートルが突出しているものの，他は1万平方メートルに満たない小規模であった．一方，後者は総

表 8-2　大阪の地下街一覧表（準地下街，地下商店は含まず）

(2014 年度)

		ホワイティうめだ	堂島地下街	中之島地下街	NAMBA なんなん
	所在地 所有者 施行年	北区小松原町 大阪地下街㈱ 1963, 70, 74 年	北区堂島 1 丁目 堂島地下街㈱ 1966 年 7 月	北区中之島 2-5-18 ㈱朝日ビルディング 1965 年 10 月	中央区難波 5 丁目 大阪地下街㈱ 1957 年 12 月
規模	総面積 (m²)	31,336 (100)	8,123 (100)	3,101 (100)	7,189 (100)
	店舗	13,720 (44)	3,968 (49)	1,111 (36)	3,452 (48)
	通路	11,958 (38)	2,460 (30)	1,182 (38)	2,414 (34)
	その他	5,658 (18)	1,695 (21)	808 (26)	1,323 (18)
	店舗数	217 (63)	51 (78)	14 (79)	70 (49)
		なんばウォーク	あべちか	ディアモール大阪	クリスタ長堀
	所在地 所有者 施行年	中央区難波 2 丁目 大阪地下街㈱ 1970, 1971 年	天王寺区堀越町 大阪地下街㈱ 1968 年 11 月	北区梅田 1 丁目 大阪市街地開発㈱ 1995 年 10 月	中央区南船場 クリスタ長堀㈱ 1997 年 5 月
規模	総面積 (m²)	37,881 (100)	9,771 (100)	45,646 (100)	81,818 (100)
	店舗	15,447 (41)	3,807 (39)	7,810 (17)	9,162 (11)
	通路	14,731 (39)	3,649 (37)	11,518 (25)	15,663 (19)
	駐車場	―	―	20,567 (45)	45,373 (55)
	その他	7,703 (20)	2,315 (24)	5,751 (13)	11,620 (14)
	店舗数	243 (64)	47 (81)	73 (106)	102 (90)

(注)　中之島地下街とディアモール大阪以外は大阪地下街㈱のグループ企業.
　　　（　）内は規模が％（四捨五入したので合計 100 にならない場合あり），店舗数が 1 店当りの m² を示す.
(出所)　『大阪市地域防災計画（資料編）（平成 26 年度）』（大阪市，2015 年 9 月，p. 103（http://www.city.
osaka.lg.jp/kikikanrishitsu/page/0000042642.html，2018 年 3 月 5 日閲覧）をもとに筆者作成.

面積が 4.5 万平方メートル，8 万平方メートルと規模が大きく，その半分近く
が駐車場に利用されている.

　次に総店舗数は，なんばウォーク 243 店，ホワイティうめだ 217 店と多く，
NAMBA なんなん 70 店，ディアモール大阪 73 店があとに続く．これを 1 店
舗当たりの大きさで見ると，なんばとホワイティが 63〜64 平方メートルで，
NAMBA なんなんは 49 平方メートルで極端に小さい．大きいのはディアモー
ル大阪の 106 平方メートル，クリスタ長堀の 90 平方メートルで，他は 78〜81
平方メートルに落ち着いている.

　ここから，なんばウォークとホワイティうめだは地下街面積，店舗数，1 店
当りの店舗面積ともに上位にあり，それは最寄りの鉄道駅乗降客数が多かった
からだと思われる．NAMBA なんなんは大阪で最初の地下街だが，当初の狭

いスペースを広げることができず，店舗数，1店当りの店舗面積も増やすことができなかった．ディアモール大阪とクリスタ長堀は駐車場に多くのスペースを割いていることから，鉄道利用客だけでなく自動車客も取り込もうとしている．

ところで，大阪地下街株式会社の資本金は1956年（第1期）1500万円であったが，1960年（第5期）3000万円となり，1963年（第8期）5000万円，1969年（第14期）8000万円と増えて以後そのままである．

配当は長く1割を続けてきたが，2010年（55期）9.4分と下がり，2014年（59期）には約4.7分と急減している（同社『営業報告書』各期）．あべのハルカスなど近年の大型商業施設の影響を受けているのかもしれない．

(3) 大阪の鉄道駅と小売商業施設[3]

図8-2は，1980年頃の大阪市の地図に代表的な商業地域（商店街など）を記し，さらに大阪市を消費者の購買行動（商圏）から4つの地域に区分した図である．区分は鉄道沿線が軸となっており，北側は阪急・阪神・東海道線・地下鉄御堂筋線を軸とする阪急・阪神地域であり，東側は京阪と国鉄片町線（現・JR学研都市線）を軸とする京阪地域，さらに南側は近鉄・南海・国鉄（現・JR）関西線・阪和線を軸とする南海・近鉄地域，最後に西側の（当時は）私鉄沿線を持たない市内西部地域である．そして小売業・飲食の代表的商業地域22カ所（□囲み）があげられている[4]．

西側を除いた3地域は，それぞれ後背地として郊外都市という2次商圏をもっており，当該地域以上の強い顧客吸引力を持っている．そのように考えると，梅田を中心とする「キタ」と心斎橋・難波を中心とする「ミナミ」が，膨大な商圏を配下に持つ2極を形成しており，その周辺に十三，京橋，鶴橋，天王寺があり，さらにそれらを囲むように淡路，千林，駒川，鶴見橋があることがわかる．

図8-3は，市内ターミナル駅の1日当りの乗降客数が5万人以上の駅を図示し（太枠は環状線である），さらに百貨店とスーパーなど量販店の数を加えたものである．まず，乗降客数を見ると梅田駅が約115万人とずば抜けて多く，ナンバ駅・湊町駅と天王寺駅がその半分の大きさで並び，鶴橋駅・京橋駅・淀屋橋駅と続いている．図8-2と合わせてみると，5万人以上のターミナル駅は「北側」阪急・阪神地域が4カ所（計138.5万人），「南側」南海・近鉄地域が（心斎

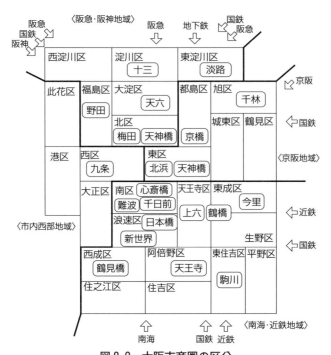

図 8-2　大阪市商圏の区分

（注）　平成元年以降，大淀区が北区に編入され，東区と南区が合併して中央区となって現在に至る．
（出所）『大阪の経済（昭和 55 年版）』大阪市経済局，1980 年，p. 37.

橋をのぞく）6 カ所（計 160.9 万人），「東側」京阪地域が（本町をのぞく）4 カ所（計 67.7 万人）となる．

　興味深いのは，太枠の環状線内に大型店である百貨店が集中的に立地していることで，さらにこれまで見てきた地下街も梅田・ナンバを中心に形成されてきたことである．スーパーなど量販店が環状線の「外」にほとんど立地しているのは（量販店の安売りを武器にした品ぞろえや地価の高さ等により）市の中心部に入りたくても入れなかった事情を表している[5]．ここから 1980 年頃までに大阪市内では鉄道路線に沿って百貨店と量販店の「すみ分け」がハッキリしていたことがわかる．

　そもそも大阪では 1960～70 年代にかけて，香里団地，千里ニュータウンの完成と船場卸売団地の完成と，大阪市内から郊外への人口および商業機能の分散・移動が進むと同時に，市内では地下街や OMM（大阪マーチャンダイズドスト

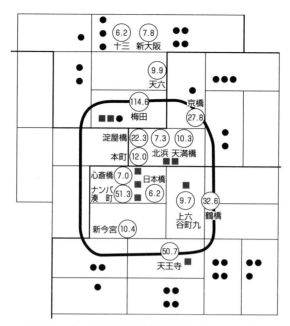

**図 8-3 ターミナル駅の乗降客数（1日当り）と
百貨店，量販店の立地状況**

（注）太い枠線は環状線，○印はターミナル駅，数字は1日当りの乗降客数（単位は万人，1975年の数値）。●はスーパーなど量販店（売場面積2000 m² 以上），■は百貨店をそれぞれ示す。
（出所）『大阪の経済（昭和55年版）』大阪市経済局，1980年，pp. 38-39の図を合成して筆者作成。

ア），船場センタービル，新大阪センイシティの建設など，都市構造の変化に対応した再開発による商業機能の再配置が積極的に行われてきた［大阪市経済局 1980：29］．

　これを地下街に即して見ると，大阪の地下街は市内に集中する鉄道乗降客の安全な通行を確保する目的に加えて，飲食店や小売店（専門店）による利便性の提供という役割をもっていたということができる（1990年代以降は，自動車客への対応も始まった）．

3 大阪駅前地下道と阪急三番街

(1) 大阪駅前地下道[6]

　現在の JR 大阪駅と阪神梅田駅の間の道路下にある大阪駅前地下道は，1939年阪神が国鉄西口側から阪急百貨店前の東口側（現在の場所）まで地下で路線延伸した翌年，（大阪駅前改造事業により）広大な広場とともに建設された．

　おかげで大阪駅前は面目を一新し，各交通機関の乗降客，地上・地下の通行客が目に見えて急増した．そこで阪神電鉄は，既存の東西の阪神マートを閉鎖し，同年 5 月 26 日，梅田阪神ビル地下 1 階に新しい「阪神マート」を開店した．地下 2 階（3909 平方メートル）がプラットホームで地下 1 階（3872 平方メートル）が売場，阪神映画場，食堂，喫茶室であった．

　もともと阪神マートは阪神電鉄による沿線の電灯・電力の供給事業が元になっている．すなわち，電気料の集金や電気スタンドを販売する店として阪神マートができたのである．だから同マートは電気部長が担当した．

　阪神マートはその名の通り百貨店には程遠かったが，台所用品など日用家庭雑貨，明視スタンドなどの電気器具，菓子・パンなど食品，衣料品，化粧品，書籍・文房具などかなり多種類の商品を販売した．1941 年 11 月から紳士雑貨・洋傘を販売し，12 月には薬局，1942 年 4 月には理髪室をそれぞれ開設した．

　1942 年 8 月 15 日，阪神マートは「阪神地下大店」に改称し，配給制の拡大により，自由営業が大幅に縮小した．

　一方，地下道の方は新聞スタンドが開業し，敗戦のヤミ市時代を経て 1947年大阪市が（悪質なヤミ市業者を排除するため）一部の店舗に道路の占有を許可してから地下街に姿を変えていく．ただし当時は道が暗く，浮浪者のたまり場でもあった．

　1949 年に串カツ店「松葉」が創業し，1951 年阪神マートが地下道北側に（従来は広告用のショーウィンドーとして使用してきた）奥行約 50 センチ，間口 5 〜 6 メートルの「額縁」を並べたような改造店舗を 13 区画つくり，「全国銘菓名物街」と名付けた．図 8-4 はその図面だが，こんなところに店ができるなんて，まさに「額縁」店舗であった．

　殺風景な地下街に出現したこの売店は，菓子類を主体にそれぞれ地方特産品

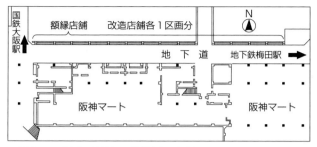

図 8-4 大阪駅前地下道北側・東側（全国銘菓名物街，当初13区画）
（出所）阪神百貨店社史編集委員会編［1988：25］に加筆・修正．

を陳列し，店員が店の前で販売する風変わりな構えであり，まずは兵庫・京都（2区画）・東京・長崎・山口（2区画）・島根（同）・鳥取（同）・岡山・広島の9都府県がお国自慢を披露した．地方出身者にとっては郷愁を覚える存在で，旅行者にとっては手軽な土産売場として人気をよんだ．後に西口側にも店舗が増設され合計40区画となりほとんど全国の銘菓，名物が勢ぞろいしたので，通称「アリバイ横丁」とよばれるようになる．当時の様子は次のようだった［宮本 2013：388-389］．

　　いまの地下街は混渦の巷であって，阪神・地下鉄，それに阪急・国鉄の乗降客でウズまき，終日ムーツとむせかえっている．その通路の一隅にノレンをさげた立ちのみ屋が，あわただしい夕方のラッシュの人波の中で大繁昌である．串カツ片手にビールの立ちのみ，地下街特有のニオイが鼻につく上に，カツをあげる油の熱気まで加わってくる．それでも旺盛な食欲がなんのテライもなく，むき出しになっている．そこにはいかにも大阪らしい庶民の意欲がうなっているのである．
　　新阪神ビルには新阪神専門店が開店し，そしてその地下二階のスナック・コーナーにはおでん，お茶づけからはじまってロシヤ風の料理まで，十六の軽食専門店がいりまぜり，午前中の一部をのぞいて，三百五十の席は終日満員であるという．

　文中の串カツ店は前出「松葉」（地下道東側）であろう．地下道は終日むせかえっており，地下街特有のニオイが鼻につくという．それでも立ち飲み屋が大繁昌で，利用者の旺盛な食欲は，阪神電鉄のホームがある地下2階に360席の

飲食店までつくらせた.

1953 年頃には地下 1 階西側の一角に飲食店街（後の「ぶらり横丁」）が開設され，1970 年大阪万博では観光客でにぎわった. 1980 年になると大阪市が地下街整備事業に着手し，1988 年には地下道の柱にタイルをはるなど「美装化」が始まった. 1990 年「国際花と緑の博覧会」（花の万博）をきっかけに，東側の新聞スタンドや壁新聞を撤去した. スタンドは 80 年代まで 10 店以上あったが，「往来の支障になる」という理由で強制撤去された [梅田地下街新聞売店の「撤去」に反対する売店のみなさんを応援する会 1990].

2013 年 3 月には阪神が百貨店の建て替えを発表し，地下道の拡幅整備案が示され，大阪市が地下道の各店舗に撤去を要求した. 翌年 3 月には前出「アリバイ横丁」が閉鎖され，2015 年 6 月には串カツ店「松葉」やぶらり横丁のソバ店など 5 店舗が自主退去し，取り壊し工事が始まった. 2020 年には地下道の拡幅工事（幅 8 メートルから 15 メートルへ）が完了する予定であるという. 今地下街のリニューアルが行われている.

(2) 阪急三番街

もう一つの地下街（準地下街もしくは地下商店），阪急三番街（第 1 期地下 2 階で 18161 平方メートル）は，梅田駅の乗降客が急増したために国鉄（現・JR 西日本）高架線の北側に梅田駅を移設した時に生まれた. 問題は，ホーム変更で駅が遠くなり，乗り換えや商業施設へのアクセスが悪くなったことである.

具体的に見ておくと，阪急三番街は神戸線移設後の宝塚線移設時の 1969 年 11 月にオープンした. 三番街の名称は，当初「阪急ターミナルタウン」「阪急ターミナルプラザ」「阪急リバータウン」などが候補にのぼったが，結局（阪急村の飛地である新阪急ビルの「八番街」に対する意味と）阪急神戸線，宝塚線，京都線，3 つの幹線が集結する意味から「三番街」と命名された [阪急阪神ホールディングス 2008：131].

1971 年京都線移設時にはさらに拡張された. 当初，国鉄高架線北側は全くの商業不毛の土地であった. 梅田駅移設に 240 億円かかるため，この資金負担を軽くするため地下街を計画した.（アメリカのショッピングセンターに学んで）自然をテーマにした環境演出を考えた.

「これじゃ穴ぐら，客を呼びこめん. 何か画期的なものをつくらんと，と

いうことで電鉄，百貨店，不動産会社など阪急系列の若い専門家を集めてわいわいしゃべっていたら"川"のアイデアがでた」

約 90 メートルの川にざっと 1500 平方メートルのスペースがとられる．権利金が 3.3 平方メートル（1 坪）で 100 万円，月々の家賃が 3.3 平方メートルで 1 万円，広場と川により多くのスペースを遊ばせることに経営的な逡巡はあったが，「エーイ踏切れ」と当時の担当者山口興一らは計画を実行した．結果は開業 6 か月で大盛況となった[7]．有名なローマの「トレビの泉」にあやかったのか，川にコインを投げ込む人があとを絶たず 1973 年 7 月までに 1000 万円の大台を突破した（すべて社会福祉に寄付）［阪急電鉄編 1979：2］．

具体的な経営数値は未見であるが，三番街が建設された翌年の来街者は平日約 18 万人（日曜約 21 万人）で，10 年後には平日約 31 万人（同約 37 万人）と約 1.7 倍に増加した．

図 8-5，図 8-6 は 1982 年 5 月 9 日（平日）の大阪（梅田）の地上 11 カ所，地下 8 カ所の合計 19 カ所を定点観測して通行量を求めた調査で，10〜17 時の 8 時間（15 分測定 15 分休み）で合計 22 万 3022 人の通行者数を計測したものである．これを見ると，図 8-5 地上にある「阪急百貨店の中央コンコース」の通行量が最も多く，そこから南に向かう「北→南」⑲が 3 万 2451 人（全体の 14.6 パーセント）で 1 位，北へ向かう「南→北」⑱が 2 万 8668 人（同 12.9 パーセント）で 2 位であった．さらに図 8-6 地下を見ると「東梅田駅付近から北方向」⑧が 1 万 9422 人（同 8.7 パーセント）で 3 位，「地下鉄御堂筋線梅田北口から三番街」③が 1 万 8607 人（同 8.3 パーセント）で 4 位であった．

同じ調査で，通行者の立ち寄り店舗を聞いたところ（回答者 1589 人，郵送調査），複数回答で，1 位阪急百貨店（43.1 パーセント），2 位阪急三番街（39.3 パーセント），3 位ウメダ地下街（現，ホワイティ，37.9 パーセント），4 位その他（33.0 パーセント），5 位阪神百貨店（29.9 パーセント），6 位阪急ファイブ（現，HEP ファイブ，28.1 パーセント），7 位ナビオ阪急（25.6 パーセント），8 位エスト 1 番街（16.9%）であった．通行量・立ち寄り店舗を見る限り，阪急三番街が成功をおさめたことがわかる．

通行量を大阪梅田の地下街全体として見ると，阪急梅田駅および国鉄（現・JR）大阪駅，そして阪神梅田駅，地下鉄御堂筋線梅田駅，谷町線東梅田駅から相当数の乗降客が通行しており，それは地上だけでなく地下にも及んでいるこ

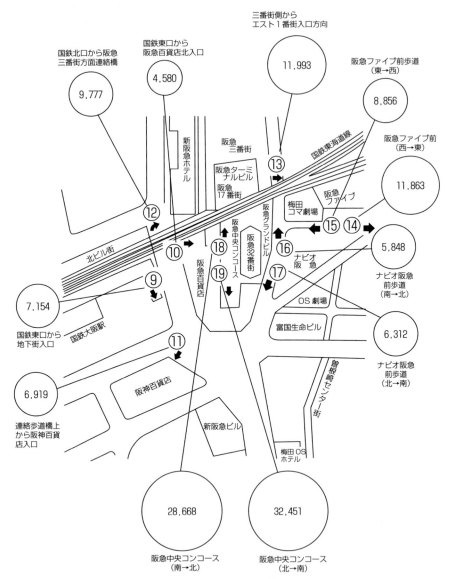

図 8-5　梅田来街者通行量（地上）

（出所）　日本経済新聞社広告局・企画開発部 [1982：13] を一部修正.

Chapter 8 大阪の鉄道と地下街 207

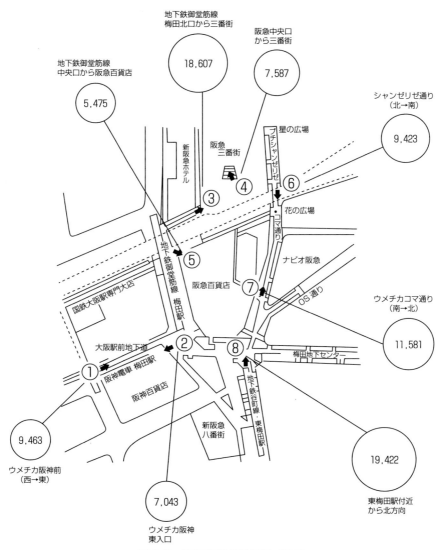

図 8-6 梅田来街者通行量（地下）
（出所）日本経済新聞社広告局・企画開発部［1982：12］を一部修正．

とがわかる．特に，地下ではホワイティうめだ（②⑥⑦⑧），阪急三番街（③④），大阪駅前地下道（①②）が「地下街」として歴史的に整備されてきたことが，多くの通行量につながったと考える．

付記　2018年4月大阪交通局が民営化され，地下鉄は「大阪メトロ」に名称変更された．1日平均243万人が利用する地下鉄は御堂筋線などドル箱路線をもち営業収益で関西私鉄5社を上回る．新たな地下街を整備したり，遊休地を活用してホテルや飲食店を運営したり，サービス向上を目指すという（『日本経済新聞』〈大阪版〉，2017年3月29日付）．すでに，2013～14年駅ナカ事業 ekimo（エキモ）が「天王寺駅」「なんば駅」「梅田駅」に開業しているが，民営化により地下街の整備がますます進むように思われる．

注
1）（1970年代までの）「地下街では，大量の通行者があるにもかかわらず既存不適格状況にあるものが多い．耐震性強化を含めた構造物本体の補強・更新ならびに吊天井等付属物の点検・保守・補強等が必要であるが，地下街が商業施設であることから経営的観点での検討が必要であり，難しさがある」（「特集：地下街は快適ですか」『土木学会誌』102(8)，2017年，p.6）．また地下街において「地下構造物中の店舗部分は建築基準法に，鉄道部分は鉄道事業法に，さらに地下部分全体は水防法の規制を受ける．しかし地下通路は地下の『道路』であり，商業施設から一歩出るとそこは道路法の支配下，そして人の立ち入る部分はすべて消防法の規制をうける」[酒井 2017：10]．
2）一方で，地下街はテナント（商店）の賃貸料が極めて高いことや駐車場，配送施設面での狭隘性が問題として指摘される（『大阪の経済（昭和46年版）』[大阪市経済局1971：36]．
3）この項，特にことわりのない限り『大阪の経済（昭和55年版）』[大阪市経済局1980：36-40]による．
4）現在は，阪神電鉄が西九条駅から難波へ延伸し近鉄と相互連絡している．
5）現在は，JR学研都市線が京橋から大阪駅南側（北新地駅）を通って尼崎から三田へと路線が通じたり，阪神と近鉄がナンバで相互輸送したりし，その他さまざまな小売環境の変化により商業施設のあり方も変化している．このあたりの詳細な分析として，加藤司[2009]等がある．
6）この項，地下街の歴史は「人情の灯消える道」『朝日新聞』（2015年7月9日付，夕刊（大阪版）第11面），阪神マート（百貨店）に関しては阪神百貨店社史編集委員会編[1988]による．
7）『朝日新聞』1969年12月6日付，第5面．

参考文献

石浜紅子監修［2009］『大阪市今昔写真集——東南部版』樹林社.

梅田地下街新聞売店の「撤去」に反対する売店のみなさんを応援する会［1990］『人情の灯り消されし地下迷路——ウメチカニュースの収録版』梅田地下街新聞売店の「撤去」に反対する売店のみなさんを応援する会.

加藤司［2009］「都市の発展と地域商業」，加藤司・石原武政編『地域商業の競争構造』中央経済社.

斎藤徹［2017］『ショッピングモールの社会史』彩流社.

酒井喜市郎［2017］「地下空間活用の変遷と課題」『土木学会誌』102(8).

新修大阪市史編纂委員会編［1991］『新修大阪市史』第5巻，大阪市.

新修大阪市史編纂委員会編［1994］『新修大阪市史』第6巻，大阪市.

谷内正往［2014］『戦前大阪の鉄道とデパート』東方出版.

谷内正往［2016］「大阪の鉄道と地下街（報告要旨）」『鉄道史学』34.

谷内正往［2017］『戦前大阪の鉄道駅小売事業』五絃舎.

谷内正往［2017］「鉄道と商業——70年大阪万博を中心として——」『日本商業施設学会第16回研究発表論集』.

谷内正往［2018］「大阪になぜ『南海百貨店』がないのか」『大阪商業大学商業史博物館紀要』19.

日本経済新聞社広告局・企画開発部［1982］『梅田来街者の特性と行動』日本経済新聞社.

阪急電鉄編［1979］『阪急三番街物語——阪急梅田再開発10年の歩み——』阪急電鉄.

阪急阪神ホールディングス グループ経営企画部編［2008］『100年のあゆみ（部門史)』阪急阪神ホールディングス.

阪神百貨店社史編集委員会編［1988］『再成長へ向けて——阪神百貨店30年のあゆみ——』阪神百貨店.

宮本又次［2013］『キタ——中之島・堂島・曽根崎・梅田』ミネルヴァ書房（1964年の復刊).

大阪市経済局［1971］『大阪の経済（昭和46年版)』大阪市経済局調査課.

大阪市経済局［1980］『大阪の経済（昭和55年版)』大阪市経済局調査課.

（谷内　正往）

戦災復興と駅前商業空間の形成
―― 姫路民衆駅を事例に ――

 はじめに

　公共交通によるアクセスが可能な商業空間，特に鉄道駅を根拠とした商業集積は日本の小売商業の特色の一つであるといえるが，そのなかでも，ターミナルデパートは最も象徴的なものであるといえよう．日本では戦前から私鉄各社によるターミナルデパート経営が行われ，本書でもいくつかの事例に触れているが，本章では国鉄によってつくられた「民衆駅」に注目しながら，駅と駅前に商業が集積する過程を追うこととしたい．

　戦後における駅前商業空間の構築は，戦災復興事業と密接な関係にある．本章では全国の復興運動をリードし，民衆駅と新たな駅前商業空間をつくり上げた姫路市を事例に，戦後復興期の駅と商業空間の関係を考察する．

1　姫路の戦災と復興

(1)　戦災復興に向けた動き

　第二次世界大戦時の空襲と復興により，姫路市の中心市街地の様相は戦前の姿から一変した．1945年6月22日，姫路に最初の空襲があった．戦闘機「紫電改」を製造していた川西航空機姫路工場などが被災した．翌7月3日の二度目の空襲では市中心部も爆撃を受けた．姫路駅北口から姫路城まで南北に連なる中心商店街や民家も被災し，姫路の町は灰燼に帰した[1]．

　終戦時の姫路市長であった原惣兵衛は，終戦から間もない8月29日，早くも「姫路市復興委員会」を設立して自ら会長に就いた．同委員会はアメリカ軍第三一軍政部部長ラモート中佐を顧問に迎え，進駐軍の協力を得ながら復興計画を作成した．このとき姫路市が取りまとめた復興プランは，主に，①商店街の復興，②道路網の整備，③国鉄姫路駅の改築，の三つから構成されていたが，商店街の復興については10月に元城南練兵場の一部を商店街として使

用することとし，商店舗を110戸建築したものの，全体的な整備には至らなかった［姫路市史 2016：13-14；125］．道路網の整備と姫路駅の改築についても，戦前から住まう人々の換地や，終戦直後から駅前にできたヤミ市の撤去，またこれらのための費用捻出の問題など，さまざまな要因から思うように進展しなかった．

　日本政府は1945年11月5日から戦災復興院を設立し（初代総裁は本書第2章でも取り上げた小林一三），12月30日には「戦災地復興計画基本方針」が閣議決定された．翌46年9月10日に特別都市計画法が制定され，10月9日に姫路市を含む全国115都市が「戦災都市」の指定を受け，戦災復興事業が開始されることとなった．全国の総事業費120億円に加え関連事業費59億円が計上され，当初その9割は国庫から補助されることになっていたが，物資の高騰とあいまって国家財政は逼迫し，46年には8割，49年時点では5割と漸次削減されていった［姫路市史 2016：126-29］．

　このような状況下で奮起したのが，原に代わり1946年7月に姫路市長に就[2]いた石見元秀[3]であった．同年8月から早速戦災復興事業計画をすすめようとしたものの，思うように必要な資金が集まらなかった．石見は早期の復興を実現するためには市財政の立て直しが不可欠と考え，全国に先駆けてバスや競馬，競輪，富くじ等の市営事業を行ってその収益を復興財源に充てようと試みた．しかし，市議会の賛同は得られたものの，占領軍や政府には受け入れられず，姫路市単独では市営企業の実現は困難な状況であった［姫路市史 2016：130；姫路商工会議所 2000：215-216］．そこで石見は1946年10月，全国の被災都市の市長に結束をよび掛け，戦災都市に指定された115都市すべてがこれに呼応して，翌47年1月18日に「全国戦災都市連盟」が結成された．[4]

　当時について石見は「政府予算の措置が追放事業的な見解を固持する占領政策下の米軍政部にけん制されて，九中の一毛的な予算でお茶を濁されている事態を看過し得ず，全国同憂の戦災都市の大同団結によって当面を打開すべく，全国に檄を飛ばした」と述べている［石見 1960：31］．石見は初代会長に就き，以降同連盟が解散するまで会長を務めた．同連盟は政府に対して市営企業の優先免許の獲得や，戦災復興費に対する国庫補助の増額及び起債許可範囲の拡大を要求する運動を展開し，[5]それら運動の甲斐あって姫路市の復興事業も資金的根拠を得て進展するところとなった．

⑵ 50メートル道路計画と駅前の整備

石見は15本に及ぶ都市計画道路計画を立てたが、これらのうち最難関かつ戦後復興事業として最も象徴的であったのは、国鉄姫路駅北口から姫路城に至る延長832メートル、幅員50メートルの幹線道路計画であった。当時の駅北口からは、唯一御幸通りが国道に連絡しているのみで、「総てのバスやタクシー、自動車、歩行者まで一団となって、狭い所をお祭りのようにねり歩いているという感じであった。その為沿道の商店街はひっきりなしの自動車の警笛で電話もかけられず、歩行者は寸時も安心して買物ができない」という有様で、「これでは商売にならぬ、危険此の上もないという声が沿道の商店及び一般市民からも出て来て五十メートル道路早期完成の声が喧しく叫ばれた」[早川1960：59]。[6]

しかし、50メートル道路の計画予定地には459戸もの店舗や住居が存在し、これらをすべて移転させねばならず、計画は難航した[姫路市史 2016：146]。[7]市は1948年11月27日に移転命令書を提示して立ち退きを迫ったが、357戸約600人の関係者が「城南同友会」なる組織を結成して移転反対運動を展開し、計画を幅員25メートルに縮小するよう要求した。これに対して石見は自ら懇談会や説明会を開催して円満解決を目指したが、交渉は難航し、行政処分も止むなしとなった1950年2月8日の懇談会において、住宅・店舗の補償を市側が認めることでようやく妥結をみた。市は、土地の権利が明確でない者には集団移転を推奨し、移転者の希望に沿った適地を確保した。また、商業者に対してはブロックごとに商業協同組合を結成させるなどした[姫路市史 2016：146-147]。

50メートル道路建設にあたり、国鉄姫路駅の北側に近接して立地していた山陽電気鉄道（以下、山陽電鉄と表記）の駅も整備されることとなった。当時の山陽電鉄の線路は50メートル道路計画予定地の南端にかかっており、交通渋滞を招くのは必至であったので、駅舎を約50メートル西に移動させ、さらに高架化する計画が立てられた。ここにおいて問題となったのは、駅前に集積していたヤミ市の撤去であった。当時の駅前は「バラックが立ち並んで不法と暴力が幅をきかす無法地帯」で、市側の立ち退き要求になかなか応じようとしなかった[山陽百貨店 1984：50]。

後述の通り、山陽電鉄は駅前に「山陽マーケット」を展開していたが、50メートル道路整備計画に合わせてこれを廃して、ターミナルデパートである

「山陽百貨店」へと再整備し，地上4階，地下1階，延床面積4356平方メートルのビルを建てようとしていた．しかし計画予定地のヤミ市のバラックは，市の示した立ち退き期限の1952年5月を過ぎても居座り続けていた．9月に市が土地収用法を適用して強制立ち退きの方針を示したことにより10月に退去がきまり，翌1953年6月にようやく百貨店の建物が完成した［山陽百貨店 1984：35-37］．

　高架化工事は1953年10月に着工し翌54年4月に竣工した．高架乗り入れの工事は総工費約2億円で，姫路市はこのうち5000万円を補助している[8]．市は，50メートル道路建設や駅前再開発によって立ち退きが必要となった者たちをこの高架下に優先的に移転させ，集団店舗である「山陽商店街」を組織させることによって換地問題を解決させたのであった［山陽百貨店 1984：50；姫路市史 2016：153，239，536][9]．

　こうして，1949年9月に着工した50メートル道路は1955年2月20日にようやく完成し，名称は公募により「大手前通り」と決められた．それまで御幸通りに立地していた金融機関などが次々に大手前通りにビルを新築して移転した．全面コンクリート舗装かつ電線地中化がなされた大手前通りは姫路駅前の復興を強く印象付けた［姫路市史 2016：240；姫路商工会議所 2000：218][10]．

2　姫路駅前の商業地図

(1)　二つの百貨店

　姫路市の中心商店街において最初に百貨店経営を開始したのは「やまとやしき」であった．1945年10月，二階町で明治期から続く洋品雑貨店「米田まけん堂」を営んでいた米田光夫と，弟の米田耕作，戦前から御幸通りで「大和旅館」を経営していた米田の甥の石井重次郎が集まって集団店舗事業の構想を練った．彼らは「大和建物協同組合」をつくりテナントを募集した．1946年10月5日，木造2階建て延床面積約150平方メートルの建物をつくり，その後次々と木造2階建ての店舗を近隣に建設した．テナントとして理容，化粧品，荒物，精肉，袋物，漆器，陶器，鍋釜など36業者が集まり，各個が封鎖預金から建築協力金を用意して，二階町筋に複数の店舗を建設した．当時はGHQの指示により資本金は19万5000円と決められていたので，商品部門ごとに会社を設立した．

Chapter 9　戦災復興と駅前商業空間の形成　*215*

　1946 年 10 月 5 日に開業，翌 47 年 3 月に法人化して株式会社やまとやしき
が誕生した．統制の解除に伴い集団店舗から一つのデパートに転換し，1951
年には地上 4 階鉄筋コンクリート造，延床面積 6050 平方メートルの百貨店と
なった．翌 52 年には屋上遊園地を備え，「播磨のお買い物センター」のキャッ
チフレーズで人気を集めた．1957 年にはさらに増改築工事を行い，地上 8 階
地下 2 階と播磨地方最大の百貨店へと成長した［姫路戦後地図をつくる会編 1995：
48-52］．[11]

　やまとやしきが百貨店事業を展開したことに触発され，山陽電鉄も本格的な
百貨店建設に乗り出す．被災した山陽電鉄姫路駅は 1946 年に改築され，駅舎
の 2 階には食堂が併設されていた．また，駅前広場をはさんで南北に木造の店
舗二棟をつくり，「山陽マーケット」（「山陽デパート」とも）として 1947 年から
営業していた．前述の通り，市の幅員 50 メートル道路，すなわち大手前通り
建設計画をうけて，山陽電鉄は駅を西側に 50 メートル移動させて高架化する
ことにした．やまとやしきが至近の場所で百貨店を始めたこともあり，山陽電
鉄は駅舎移設・高架化を機に大規模な百貨店建設に着手することとなった．山
陽電鉄は姉妹会社である神姫合同自動車（後の神姫バス）と共同出資で，「地元
経済界のバックアップを得て」百貨店事業を開始した［山陽百貨店 1984：7-8］．[12]
一方で，やまとやしきに続き駅前に大型店ができることに対し，客足を奪われ
ることを恐れた地元商業者からは反対の声も出た［山陽百貨店 1984：10］．

　1951 年 5 月に山陽電鉄本社内に「山陽百貨店開設準備室」が設置され，翌
52 年 2 月 1 日には株式会社山陽百貨店の設立総会が開催された．4 月からは
従業員を採用して同月 10 日から大阪や神戸の百貨店において実習教育を行う
など，開店の準備を整えていた．同 4 月には地鎮祭を行い着工したが，前述の
通り，立ち退きを拒むものが不法占拠を続けていたことにより 8 月には工事一
時中断せざるを得なかった［山陽百貨店 1984：10, 29, 34-37, 42］．

　市の強制立ち退き方針が功を奏し，10 月に工事を再開，1953 年 6 月 15 日に
工事を終えた．山陽マーケットの営業権と従業員は山陽百貨店に引き継がれ，
7 月 1 日に開店した．当時としては珍しい地階を備えた鉄筋コンクリート地上
4 階建ての建物にはエレベーターが導入され，初めて目にする人も多く，大人
気であったという．7 月の開店記念大売出しから盛夏用衣料品大特売会，中元
売出し，夏物一掃廉売会と立て続けにセールを行い，客足を伸ばした．1954
年 4 月には山陽電鉄の高架工事も完了し，11 月には山陽百貨店の建物を南側

に 20 メートル延長して山陽電鉄姫路駅を建物内に収容した．56 年にはさらに南側の増築を行い，バスターミナルを併設した［山陽百貨店 1984：38，41-42，50，54；姫路市史 2016：244］[13]．

　ここにおいて興味深いのは，市長の石見が山陽百貨店建設計画推進中に山陽電鉄本社を訪ね，「ターミナルに一大ビルを建ててほしい．そこに姫路市の有力専門店を入店させて百貨店として運営してはどうだろうか．市としては可能な限りの援助をしたい」と述べていることである．『山陽百貨店 30 年史』と『姫路商工会議所七十七年史』はいずれも，石見のこの発言について，当時難航していた大手前通り並びに駅前の換地問題解決のために，山陽百貨店のビルに退去業者を入居させようとしたものとしているが，石見の「姫路市の有力専門店を入店させて」という言葉を信じれば，必ずしも換地の為ばかりではなく，駅前商業空間の充実の為に，後の姫路民衆駅のようなターミナルデパートを構想していたとも考えられる［山陽百貨店 1984：8；姫路商工会議所 2000：214］[14]．

(2)　姫路駅前の中心商店街と「フタギ」

　姫路市の中心部には戦前から商店街が形成されていたが，そのうち特に大きなものは姫路駅と姫路城を南北に結ぶ御幸通り商店街，東西に走る二階町通り商店街及び西二階町通り商店街であった．戦災により大きな被害をうけつつも，中心商店街は徐々に復興していった．戦災瓦礫処理のために敷かれていた軌道が 1946 年 4 月に撤去され，8 月には御幸通りにおける露天商業が禁止されたことにより，旧商店街の復興が本格的に進み始めた．この頃，二階町では商店復興委員会が組織され，疎開から復帰した商人たちのバラック約 60 店により再び商店街が形成されていった．また戦後の闇市から発展した小溝筋商店街などは多くの人を集める場所となった［稲見 1964：10-15］．

　1948 年 6 月 11 日，商工会議所の「姫路の復興は商店街から」というよびかけにより，市中心部の 13 商店街によって姫路商店街連盟が結成された．同年 12 月 2 日から 5 日間にわたり，加盟店 800 店による福引抽選券売出しが行われた．12 月 20 日から 1 月 5 日には年末年始大売出しを実施し，買い物客全員を芸能公演会に招待するなど，娯楽に飢えた人々を喜ばせた．翌 1949 年 12 月からは重要物資の統制が大幅に撤廃され，商店街の活気はさらに高揚した［姫路商工会議所 1978：209-210；姫路商工会議所 2000：210］．

　大手前通りの完成により，御幸通りは駅前幹線道路としての地位を譲ること

になったが，反面，商店街としての性格はさらに強くなった．やまとやしき開業に対抗すべく，1950年には御幸通りと二階町通りの商店が集まって「姫路専門店会」を組織し，クーポンを発行したり，月賦販売を開始したりした［姫路市史 2016：242］．1957年8月には御幸通りの南部にアーケードが設置された．450メートルに及ぶアーケードの存在は商店街の結束を高めた．また1960年9月には小溝筋商店街に播磨地域初となるカラー舗装が完成した［姫路市史 2016：524-525］[15]．

御幸通りには，後にジャスコ会長となる二木一一（ふたぎ かずいち）が店を構えていた．1937年に開店した「フタギ洋品店」は戦災により一度焼けてしまったが，戦地から戻った二木は1946年9月に6～7坪の小さな古着店を再開した．ヤミ価格が横行する中，配給品やそれを使った加工商品を公定価格で販売して業績を伸ばし，県下では神戸の百貨店に次ぐ売上を誇った．1950年には前述のやまとやしき，山陽百貨店に先んじて，姫路初となる鉄筋コンクリート造4階建て延面積約330平方メートルの店舗をオープンさせた［姫路市史 2016：519；廣田ほか 2017：252；ジャスコ 2000：40-45］．こうして，大手前通りの完成と相前後して姫路駅前に百貨店と中心商店街が出来上がったのであった．

3 姫路民衆駅

国鉄姫路駅の改築はまさに姫路市の「戦災復興事業の最後を飾る大事業」であり，駅前商業地図の空白を埋めるものであった．50年のフタギ，51年のやまとやしき，53年の山陽百貨店と，駅前から中心商店街にかけて徐々に商業ビルディングが建ち始めるなか，依然として「姫路市の玄関口である国鉄姫路駅はバラック同然の木造二階建てのそまつきわまる駅舎」のままであった．しかし，当時の国鉄は財政難にあえいでおり，国鉄単独での姫路駅の早期改築は困難であった．そこで，姫路市は「姫路駅を中心とした付近一帯の商業振興を図るため」国鉄姫路駅を「民衆駅」として改築することにしたのである［姫路商工会議所 2000：218］．

(1) 姫路民衆駅計画

民衆駅とは，国鉄の駅改築費を地元自治体や民間資本に出資させる代わりに，駅本屋（えきほんや）（駅の建物を指す．駅のブックストアではない）の中に出資者らの店舗や事務

所等を入居させるスペースを設けるというものである．町の表玄関ともいえる駅を豪奢なものにしたいという地元側の要望と，早期の内に低廉な費用で駅舎を改築したい国鉄の思惑が重なり，「民衆駅」という改築手法が考え出された．「民衆駅」のアイディアは戦後すぐにできたもので，1950年完成（承認は1948年）の豊橋駅をはじめとして，その後1971年までの間に，全国で50以上の民衆駅が作られた［日本国有鉄道 1974：319-22］．

　長らく放置された姫路駅改築の機運が高まったのは，国鉄東海道線が電化された1956年のことであった．前年の2月に大手前通りの整備を完了させた市は，すぐに国鉄姫路駅の改築と駅前の整備に向けて動き出した．国鉄姫路駅については，戦前に立てられたいわゆる「弾丸列車」計画の影響により，現位置よりも200〜250メートル南に移動させたうえで改築する計画が立てられていた．戦後の国鉄も「姫路停車場改良計画」を立て，駅舎を南に移動させて跡地に4万5000平方メートルに及ぶ広大な駅前広場を建設しようとしていたが，終戦により弾丸列車計画は中止となり，国鉄の財政悪化により駅前広場造成計画も立ち消えになってしまっていた．国鉄が，それまでの計画とは逆に，駅を北側に7メートル移動させて改築することを決定したのは1952年から55年頃の事であった［姫路戦後地図を作る会編 2001：214；姫路商工会議所 2000：218；姫路駅ビル 1977：1-2］．

　国鉄姫路駅の南側へのセットバックがなくなったことにより，駅前広場がさらに狭くなってしまうことを憂慮した市は，その代わりとして駅前に地下街を建設する計画を立てた［姫路駅ビル 1977：3］．1956年6月，石見市長と市議会議長の連名で「姫路民衆駅建設並びに株式会社姫路観光交通会館設立計画書」が国鉄総裁に提出され，7月には駅前開発事業の推進主体となる「姫路観光交通会館」の設立事務所が市内におかれた．

　8月22日の市議会議員総会において石見市長から民衆駅と駅前開発に関する構想が明らかにされた．同8月に市によって「姫路駅前整備基本計画」が策定され，姫路民衆駅と地下商店街，観光交通会館ビルの建設・運営主体として「株式会社姫路観光交通会館」を市と民間の共同出資で設立することが決定された．12月には市長の石見を始めとする発起人12人が決定し，発起人会が開催された［姫路駅ビル 1977：8］．

　姫路観光交通会館設立の準備がすすむ内にも国鉄との協議がなされ，1957年3月には国鉄大阪鉄道管理局との間で姫路民衆駅の建設について合意に達し，

Chapter 9　戦災復興と駅前商業空間の形成　*219*

４月８日に発起人連名で「姫路駅の改築に伴う民衆駅の建設についての願書」[22)]
が国鉄総裁に提出された．計画された建物は地下１階地上４階（一部６階）建[23)]
てで，間口は東西に 151 メートル，奥行 19 メートル（地下１階と地上１階は 15 メ
ートル），賃貸予定面積は 8250 平方メートルで，「地方の民衆駅としては当時最
大級」の規模であった［姫路駅ビル 1977：13］．

(2)　進展する姫路民衆駅計画

　1957 年 8 月 20 日，姫路市は臨時市議会本会議において，姫路観光交通会館
が主体となってすすめる姫路民衆駅計画を市の協力事業とすることを議決した．[24)]

　民衆駅計画とその進捗に関しては市広報により市民にも告知された．姫路に
おける民衆駅の役割については「現在の姫路市は……工業都市としての特徴が
明らかでありますが，この際広域勢力圏の中枢都市としての大成のためには，
・
工業の発展につり合う商業経済の特別な対策が強く要請されるのであります．
・・・・・・・・・・・・・・・・・・・・・・・・・・・・・・・・・・
……姫路市は今日まで阪神地方の外郭的都市として発達し大阪神戸両市の恩恵
　　　　　　　　　　　　　　　　　・・・・・・・・・・・・・・・・・・
をうけていたのですが，商業の面での依存性と後進性は今日ものこされており
・・・・
ます．このため工業人口の累積と農村その他の生活水準の向上による高度の購
・・・・・・・・・・・・・・・・・・・・・・・・・・・・・・
買力と豊富な蓄積資金はどんどん阪神地方に吸収されている有様です．……姫
路市土地区画整理の最終の仕上げとしての姫路駅前整備事業がはじまりあわせ
て姫路駅舎の改築がいよいよ具体化されることになりましたことは，長年待望
されていた商業振興策を強力におし進める好機……この機会をとらえて従来の
阪神依存の絆を断ち切り広域都市経済圏の中心点を姫路駅附近とし，この姫路
駅を中心とした付近一帯の商業振興策をはかるため，まず姫路駅舎を……民衆
駅とし，……近代的ビルディング……さらにこれらを結ぶ地下街を造成するこ
とは姫路市だけでなく……広大な背後地……に必要な事であります」（傍点筆者，
他は原文ママ）等と繰り返し強調している．[25)]

　1957 年 11 月 29 日には，国鉄総裁の諮問機関であり民衆駅の建設可否を決
定する「民衆駅等運営委員会」で姫路民衆駅が承認された．12 月 12 日には株[26)]
式会社姫路観光交通会館が設立され，初代社長には石見市長が就いた［姫路駅
ビル 1977：11］（**表 9-1**）．

　姫路駅に対する建設承認は，民衆駅の認可としては迅速なものであったとい
える．姫路観光交通会館の取締役に就いた江藤智は当時国鉄関西総支配人兼大
阪鉄道局長であったが，民衆駅の難しさについて「民衆駅というのは，……準

表9-1　株式会社姫路観光交通会館役員

代表取締役社長	石 見 元 秀	姫路市長
代表取締役専務	玉 井 　 淳	前岡山鉄道管理局長
常務取締役	坂 井 直 重	前姫路市助役
取締役	林 　 　 泰	富士製鉄株式会社取締役 広畑製鉄所副所長
	岡本佐太郎	姫路市議会議長
	龍田敬太郎	姫路商工会議所会頭
	中村豊四郎	財団法人鉄道弘済会大阪支部長
	堀 川 恭 平	衆議院議員
	江 藤 　 智	参議院議員
監査役	荻 野 　 一	山陽製鋼株式会社社長
	大 塚 三 郎	姫路市収入役
相談役	石 坂 泰 三	東京芝浦電気株式会社会長
	岡 崎 真 一	同和火災海上保険株式会社社長
	岡 崎 　 忠	株式会社神戸銀行頭取
	結 城 鐵 雄	大日本セルロイド株式会社社長

（出所）　株式会社姫路駅ビル『20年のあゆみ』，並びに『広報ひめじ』
第 211 号より筆者作成.

国有財産を利用するので，色々な制約が生じることも当然である．国鉄側から
いえば言葉は悪いが大切な場所を乗取られて発言力が無くなりはしないか等と
心配するむきもある」と述べたうえで，姫路民衆駅計画について「ある日，石
見市長が来訪されて姫路市の戦災復興の目玉として姫路駅を民衆駅として改築
したい．そして白鷺城と相対して見劣りしない立派なものにしたいから是非よ
ろしく頼むという事であった．私は昭和 22 年本省の停車場課長時代，姫路駅
の戦災復興計画にも関係し，それ以来の御縁であるから直ちに出来るだけの協
力をお約束したのである．……資本構成にも弘済会等，国鉄系の資本を導入し，
……将来の経営については社長は石見市長を，専務は私の推薦する国鉄出身者
をということで話は極めて順調に進んだのである」と述懐している［姫路駅ビ
ル 1977：31］．また，姫路駅の位置が改築決定直前まで定まらず，これにより
姫路市の戦後復興事業を遅滞せしめ，しかも元の位置よりもさらに北側に移動
させるという決定をして，表玄関の顔の一部ともいえる駅前広場を狭隘なもの
にしてしまったということも，姫路民衆駅が素早く承認を得たことに関係して
いたようである[27]．

(3) 姫路駅デパートの準備

国鉄総裁から承認書が正式に下付されたのは翌 1958 年 8 月 30 日のことであったが，それに先立って開業の用意は着々とすすめられた．1958 年 2 月 1 日から，駅の民衆施設，つまり商業スペースへの入居者の募集を開始した[28]．地下街は菓子・土産物中心の名店街にし，1 階は食品と食堂街，2・3 階部の東西両端には貸事務所・サービス部門のテナントを入れ，フロア中央部に紳士用品（2 階）と婦人子供用品（3 階）の入店を計画した．その他 4 階は医療センター，5 階は貸事務所とした．

テナント料の設定に際しては，川崎民衆駅を参考にした[29]．改築後の姫路民衆駅の採算ベースは年間売上高 6 億円と計算し，その一割に当たる 6000 万円をテナント料から得るという計算であった．3 階部における 1 坪当たりの 1 日平均売上を 1000 円と想定し，月間売上 3 万円の 1 割に当たる 3000 円を月額とした．これに準じて 2 階は 3500 円，1 階は 4000 円，地下街は 5000 円と設定した．月額テナント料とは別に，入居時に「建設協力金」として，それぞれ 1 坪当り地下名店街 30 万円，1 階 25 万円，2 階 18 万円，3 階 15 万円，4・5 階 14 万円を集めた．建設協力金は 5 年間無利子で預かり，6 年目から 10 年間で均等返還することとした[30]．

姫路民衆駅のテナント募集はマスコミにより報道されたこともあり，締め切りの 1958 年 3 月末時点で 228 店からの応募があった．翌 4 月 3 日から，「地元小売業界の発展をはかるため地元優先を基本とし，資力，信用を重点に」という基準でテナントの選考をすすめたが，応募が一部業種に偏った上にテナント側の出店希望場所と会社側の計画との調整が難航し，8 月からようやく 116 店と仮契約に入った．しかし，地元大学の研究者らに依頼して事業を予測させていたところ，姫路民衆駅への出店の採算性に否定的な意見が出され，これを聞いた 20 店以上が出店取り止めを申し出る事態となった．これにより各階 2 割から 3 割の空室ができ，想定していた業種のラインナップとしてもかなりの不足が生じ，京阪神の有力店にも勧誘に赴かねばならなかった[31]．それでもなお不足した業種については直営とすることでなんとか各階のテナントを埋め，最終的な出店テナント数は 112 となった［姫路駅ビル 1977：18-19][32]．1958 年 12 月 1 日に起工式が行われ，工事が本格的に開始された．

テナント出店者と姫路観光交通会館の役職員は共栄会を組織することとし，1959 年 8 月 3 日に創立総会を開き，会則として出店する全てのテナントが入

会することなどを定めた．共栄会の初代会長には姫路観光交通会館専務の玉井淳が，副会長にはテナント「フタギ」の出店者として二木一一が就き，この他理事 20 名が選出された．民衆施設部の愛称を「姫路駅デパート」とすることにし，営業時間（売場 9 時から 21 時，食堂 10 時から 22 時）や従業員の一括採用・訓練を行うことを決めたほか，従業員の制服，バッジ，統一包装紙などについても決定した[33]．

4 姫路民衆駅の完成と駅前商業空間の連絡

建設工事は順調に進捗し，1959 年 11 月 1 日，全国で 23 番目の民衆駅として姫路民衆駅が竣工した．国鉄使用部分は国鉄大阪工事局が設計し，付帯設備は国鉄大阪電気工事局と国鉄大阪鉄道管理局が担当した．会社使用部分，つまり商業スペースの設計は安井建築設計事務所佐野正一が手掛けた．出来上がった建物は同年度の建築学会賞近畿支部推薦候補作品にも選ばれた[34]．

姫路民衆駅の建設費用は，総額約 8 億円で，国鉄負担額は約 2 億 6000 万円（旅客地下道 8300 万円含む，なお，内 1 億円は姫路市引受の利用債），郵政約 2000 万円，姫路観光交通会館は約 5 億 2000 万円を支出した[35]．それぞれの使用面積については表 9-2 の通りである．

こうして 1959 年 11 月 3 日，姫路民衆駅内の「姫路駅デパート」が開業した[36]．全館完全冷暖房をはじめ，国内最大級の 17 メートルのエスカレーターなど，姫路市内では初となる設備が耳目を集めた．特に天井に設置された BGM 装置は，当時はまだ帝国ホテルや西銀座デパートと合わせて国内でも 3 ヵ所にしかないもので，一周 4 時間のミュージックプログラムを一日三回転させ，一週間ごとに音楽を変えるなど趣向が凝らされていた[37]．初日には 7 万人を超える人が訪れ，417 万円を売り上げた［姫路駅ビル 1977：26］．

同日にオープンした地下名店街は，駅前広場の下に丁字型につくられており，丁字の南端が姫路駅デパートの地下 1 階及び姫路駅地下改札口に，西端が山陽百貨店に連絡していた．これは山陽百貨店にも利益をもたらしたようで，同社の社史には「国鉄姫路駅から雨の日も濡れることなく来店できるようになったことが好評を得て，入店客は予想以上の増加を見るようになった」とあり［山陽百貨店 1984：74］，二つの駅前デパートが地下街で繋がったことにより，姫路の駅前商業空間はより利便性が向上し，充実したといえる．

Chapter 9 戦災復興と駅前商業空間の形成 *223*

表 9-2 姫路民収益使用面積内訳

(m²)

	民衆施設	国鉄使用	郵政使用	計
地下	1,845.00	670.50		2,515.50
1 階	150.25	1,937.00	58.75	2,146.00
中 2 階	263.75	862.50	123.75	1,250.00
2 階	2,174.25		197.75	2,372.00
3 階	2,272.00		35.00	2,307.00
4 階	685.80			685.80
5 階	595.00			595.00
6 階	250.00			250.00
計	8,236.05	3,470.00	415.25	12,121.30

（出所）姫路駅ビル［1977］より筆者作成.

　続いて行われたのが、「姫路観光ビル」の建設とそれに伴う地下街の増設であった．駅デパートと丁字型地下街が完成した翌月の 1959 年の 12 月から、建設計画がすすめられた．観光ビルの建設は市長石見の悲願であったが、駅前の追加工事は地元小売商側からの要望でもあった．駅デパートと地下街の完成に伴い、地下改札口の利用者が増加し、その反動で地上東口の乗降人数が急激に減少した．御幸通り商店街はこれにより客足が遠のいたとして、商店街の南端付近に地下街出入り口を設置するよう市に陳情したのであった［姫路市史 2016：532］．これを受けて、地下街増設並びに姫路観光ビルの建設計画の具体案が練られた．

　ビルの建設予定地は市有地であったため、市議会の説得に日数を要したが、観光ビルが市から土地を借り、その代わりにビルの 1 階と 2 階の一部（1 階 348.2 平方メートル、2 階 105.6 平方メートル）を市に寄付し、市は寄贈された 1 階部分をバスターミナルに、2 階部分を交通局事務所として利用することで落ち着き、1961 年 8 月に市議会の承認を得た［姫路市史 2016：35］[38]．地下街の増設についても難航したが、観光ビルは 1963 年 2 月から、地下街は同年 9 月から工事が開始された．観光ビルは地上 7 階地下 2 階、総面積 6219 平方メートル、地下街は総面積 1518.1 平方メートルで、建設費は観光ビルが 5 億 4000 万円、地下街が 1 億 4000 万円であった（どちらもテナント内装費を含まず）［姫路駅ビル 1977：35-41］[39]．

　姫路観光ビルは駅前広場の北側、姫路駅デパートの向かいに建てられた．メインとなるテナントは石見市長がかねてから近代都市のシンボルとして熱望し、

地元からも必要論が出ていたホテルであった［姫路駅ビル 1977：36］.[40]

　姫路観光ビルの地下は，既存の丁字型地下街の東端に連絡していた．新しい地下街は観光ビルの下から南に向けて逆エル字型に造成され，既存の丁字型地下街と連結して環状型の地下街となった．

　観光ビル地下の食堂街 7 店とあわせて，新たな地下街には 29 のテナントを入居させる予定であったが，先の姫路駅デパートのテナント募集時とはうって変わり，124 もの募集があった．そのうち 57 店は既に姫路駅デパートか地下街に入居しているテナントであり，民衆駅内での商店経営の良好さが見てとれる．テナントの選考に当たっては，原則的に地元かつ新規で，地下街の既存業種とバッティングせず，資力・信用のあるテナントから選出することとし，1963 年 10 月に国鉄と姫路市の関係者も参加した選考委員会により決定した［姫路駅ビル 1977：38-39］.

　こうして 1964 年 9 月 27 日に姫路観光ビルと新地下街が竣工した．近代的な[41]ホテルビルの登場は，ターミナルデパートの民衆駅，山陽百貨店とあわせて駅前の商業空間に花を添えた．地下街の増築はさらに商店街とのアクセスも確立し，これにより姫路駅前の商業空間が相互に連絡し，回遊性はさらに高まった．丁度，8 年の歳月をかけた姫路城改修工事の完成直後ということもあり，ホテルは宿泊需要に応え，完成した駅前商業空間は姫路の観光業にも大きく貢献したのであった．

◗ おわりに

　以上見てきたように，姫路市の戦後復興事業と姫路民衆駅の建設には密接な関係があった．また，姫路民衆駅計画の実現には属人的な要素が大きく作用していたことも見てとれる．

　最後に，姫路民衆駅が果たした地域商業への貢献について改めて考えてみたい．姫路民衆駅計画のスムースな成功，即ち姫路駅デパートと地下街の建設については，百貨店法の成立のタイミングに鑑みてその意義を検討する必要があろう．

　姫路民衆駅の計画書が国鉄に提出された 1956 年 6 月は，百貨店法が成立したまさにその月であった．同年の 7 月にはやまとやしきや山陽百貨店が相次いで増床計画を通産省に申請しているが，これに対して姫路商店街連盟が主体と

なり「姫路百貨店売場拡張反対同盟」を結成し，猛烈な反対運動を展開した．商工会議所の調停により，増床申請面積の少なからぬ部分（やまとやしき最大45パーセント，山陽百貨店最大15パーセント）を削減することで10月19日に何とか妥結している[42]．

中小小売業者の保護・育成を謳う百貨店法下ではこのように百貨店の増床はもちろん，大型商業施設の新設は大変困難であった．そのような中にあって姫路駅デパート建設計画が順調に推移し早期に実現したのは，「駅の改築」がその根本にあったということだけでなく，テナントとして地元の小売業者を優先的に入居させたことに深く関係していよう．デパートとはいえ，地元小売商の活躍の場として用意された民衆駅は，他の駅前デパートとは全く違ったロジックで建設され，地域に受容されたのである．

都市の玄関口として，駅と駅前はその町の第一印象を決定づける特別な意味を持っている．表玄関を他都市に劣らぬ華やかなものにできるか否かは，その都市の浮沈にもかかわる一大事であり，百貨店法の時代に大規模な駅デパートを建設することが出来たその意味は極めて大きかったといえよう．

民衆駅という仕組みは，1971年に国鉄の出資条項が変更されて駅ビルへの直接出資が可能になったことに伴い廃止されたが，戦後復興を助け商業の場を提供したということにとどまらず，規制法下で「駅デパート」を実現させたという点においても，この国の商業空間の在り方に対し，大きな役割を果たしたということができる．

注

1）姫路市の戦災については，姫路市史［2016：2-4］．その他に姫路市［1951：31］，姫路市建設局［1960：11-12］．並びに，小野寺編［1961：25-26］．稲見［1964：7-8］．山陽百貨店［1984：3-6］．姫路戦後地図をつくる会編［1995：85-87, 186-92］．姫路戦後地図を作る会編［2001：10-12］など参照．

2）原が1946年3月にGHQの公職追放により退任したことにより，一時的に網干町長の宮垣幸吉が臨時代理として姫路市長を務めているが，官選により正式に原の後に就いたのは石見である．なお，石見は就任の翌年1947年4月に行われた第1回市長選挙により姫路市初の公選市長となり，以降67年4月まで5期21年間市長を務めた［姫路市史 2016：91, 912；姫路商工会議所 2000：215］．

3）石見は1900（明治33）年5月8日に現在の姫路市飾西に生まれ，流連荒亡な父にかわり幼少期から内職や商売で家計を助けた．旧制姫路中学校を卒業後は，尋常高等小学

校の代用教員を経て，同級生のつてを頼って富山県立山の土木工事現場などで働いた後，1926 年に 26 歳の若さで東京にて建設会社を設立し，ダムや鉄道の工事を請負った．1933 年に満州へ渡り砂利会社を経営するも 36 年に一度頓挫，38 年には再度渡満し森林伐採事業を順調に展開していたが 43 年に引き揚げ，その後は郷里で会社経営を続けながら終戦を迎えた．はじめは，石見本人の意向を無視した地元関係者に強引に推されて市長となった．石見の経歴については姫路市史［2016：91-92］のほか，『愛郷のひと石見元秀』に詳しい．この他，石見の経歴をうかがえるものとして，姫路市助役を務めた岡善一の述懐に「碁は有段者で軍隊におられたときでも士官候補生なかまで一番強かった」とあり，軍に属していた時期があるともとれる．石見は政財界との強いつながりを持ち，地方都市の首長として諸々の先進的な試みを行なった．石坂泰三（1938 年から第一生命保険相互会社取締役社長，48 年からは東京芝浦電気社長を務め「財界総理」ともよばれた）とも旧知の仲であり，後述の姫路民衆駅計画の推進母体である姫路観光交通会館設立の際には石坂に協力を仰ぎ，発起人と相談役を引受けさせている．姫路市長公室長であった岩崎知弘は「石見さんは東京で石坂さんを訪問されたんです．……あんたわたしの顔がわかるか，私はあんたを覚えとるが，あんた私を忘れましたか．ほらあの山一の太田事件の石見ですよ．と言われたら，ああ，あのときの石見さんが今姫路市長か，というわけで，石坂さんびっくりしておられました」と述べている（1938 年に山一証券社長の太田収が鐘淵紡績投機失敗に絡み自殺した事件．石見は遺族に乞われて自殺した太田収の名誉挽回につとめ，山一証券の株式総会にて，当時の一大総会屋で「日本の黒幕」とまでいわれた武部組組長の武部申策を向こうに回しながら勝利を勝ち取った．石坂は，第一生命の社長時代に鐘淵株の売買を通して日比谷の本社ビル建設費を稼ぎ出したといわれたほどの大株主であったことから，一連の動きに注目しており，この際に石見のはたらきに目をとめ称賛したとされている）．なお岩崎は「石坂さんばかりに石見市長が気に入って，石見さんの言う事なら聞かんわけにいかんな．石見さんの顔つぶすわけにいかんな．と云うて何でも引き受けられるんですよ．丁度大野伴睦さんがいつも石見君には無条件降伏だよ，と云って居られたのとよく似たケースですね．」とも付け加えている．後述の通り，大野は全国戦災都市連盟の名誉会長をつとめている［清和会編 1970：59, 132］．石見と太田事件とのかかわりについては播磨時報社編［1986：36-44］，石坂については城山［1998］等を参照．

4 ）まず石見が直接よびかけた約 90 都市が加盟し，その後同連盟の存在を知った各都市が自発的に加盟し 115 都市となった．のちに復興事業を中止した群馬県伊勢崎市，和歌山県田辺市，鹿児島県東市の 3 市が脱退し，以降は 112 都市で構成される［田中編 2013：1-3］．

5 ）政府への要求に際しては，協力団体の「全国戦災都市出身国会議員連盟」と連携して運動を展開した［田中編 2013：2, 5］．国会議員連盟との連携については「連盟の結成後，これも石見市長の構想ときも入りで，全国戦災都市出身国会議員連盟が結成され，戦災都市連盟と車の両輪のように一体となって政府に働きかけ，この事業を強力に推進

した」とある．「全国戦災都市連盟を結成した動機は，もちろん姫路市の戦災復興をなしとげるための窮余の一策ではあつたが，結果としてこの連盟の活躍によつて全国 110 余の戦災都市がその財源の裏付を得て歩調をあわせて復興事業を推進することになつた」．「人口わずか 17 万の一地方都市の一年生市長がこのような大きなウエイトを持つたポストに就いて……この偉業を成し遂げた」ことには驚かされる［小野寺編 1961：27-28］．なお，同連盟と国会議員連盟については，姫路市助役も務めた小野寺が別の機会に以下のように述べている．「……最初は姫路市だけで運動を始められたんですが，なかなかうまく行かん．……全国戦災都市連盟を結成し，……さてやってみて，戦後の政治を動かすには，国会を動かすことの必要なことに気づかれたんですね．そこで早速地元の堀川代議士の協力も得て，全国戦災都市出身国会議員連盟の結成を促してこれも成功し，しかも党派を超越して共産党を除く各党派が全部参加して，熱心に協力してくれましてね．この両連盟が院の内外から相呼応して大いにやろうじゃないかということになったんです．」［清和会編 1970：10-11, 15］．議員連盟は，1947 年 7 月 5 日に衆議院内において結成大会と第 1 回総会を開催し初代会長に運輸大臣であった北村徳太郎，副会長にはのちに衆議院予算委員長等を務める上林山栄吉が就いた．姫路出身の堀川恭平は常任顧問を務めた．1952 年 10 月 1 日の選挙により会長・副会長ともに失ったため，顧問として，後に衆議院議長や自民党副総裁などを務める大野伴睦を迎え，会長に大野と関係の深い山口喜久一郎（後に国務大臣など），副会長に中井一夫（終戦時の神戸市長，衆議院議員通算 3 期務める），床次徳二（かつての官選徳島県知事，後に総務長官など），前田栄之助（衆議院議員通算 8 期務める）ら有力者が就いた．1953 年には加盟議員が 4 班に分かれて主要戦災都市の視察を行い，戦災復興再検討五カ年計画の遅滞について国会に報告している．翌 54 年に，国会議員の申合せによって一切の連盟等の団体への加盟が自粛されたことにより，議員連盟は解散し都市連盟と合体した．連盟は規約を改訂して役員中に名誉会長と相談役を新設し，初代名誉会長として大野を迎えている［田中編 2013：18-21］．

6）当時の御幸通りの様子については，姫路市史［2016：239］も参照．

7）この他，当時の様子については「600 戸近い建物がびっしり建て詰つており，その八割までが地上権のない所謂不法建築」ともある［早川 1960：59］．また，このうち換地を受けた数については「五十メートル道路関係だけで四百八十戸」との記述も見られる［姫路戦後地図をつくる会編 1995：217］．

8）原田編［1970：9］によれば，「当時，山陽電鉄の神戸市内の起点は，戦後十数年に亘りバラックのまゝであったが，……姫路の終点は戦後直ちに堂々たる高架乗り入れを実現して，その対照は話題となっていた．この乗入（ママ）については，会社そのものが，高架乗入れを絶対に拒否するという意外な一幕もあった……この頑迷な謬見を打破するためにも一骨折れたわけで，これを押し切ることにも石見市長の迫力が必要であった」とある．

9）市史によれば 1954 年 6 月末に「山陽百貨店東側の一八軒の強制執行を行い，ようや

く立退きを完了させた」とある．駅の開業は12月7日まで待たねばならなかった．これについては，早川［1960］に，「何しろ駅前付近の一等地にいた連中であるから辺鄙な所に行けというても仲々承知しない．結局駅の近くの比較的便利なところでないと話はまとまらない．……行く先の土地問題が片附いたとしても現位置よりも劣ることは当然であったので，移転先の家が建っても仲々腰を上げない．建物を壊さない．……役所で強制執行するまで頑張っており，代執行の当日になって……役所の応援を得て取り壊すというのが実情で……不法建築の大部分は役所の手を煩わし，その移転除却は思うようには捗らなかった．」とあり，高架下等への移転が決まっても直ちには立ち退きが実現しなかったことがわかる．

10) 大手前通りに関しては姫路市建設局［1960：58-59］も併せて参照．

11)「やまとやしき」の名称は雑誌『商店街』の編集者川喜多練七郎による命名．姫路市史［2016：243］，姫路商工会議所［2000：212-213］も併せて参照．市史では1945年10月に作られた組織の名称は『やまとやしき建物協同組合』で，株式会社やまとやしきの発足は1948年とされている．

12) 地元企業の龍田紡績株式会社社長で商工会議所会頭の龍田敬太郎，日本フェルト工業株式会社社長清水侍郎などが参画した．姫路市史［2016：243-244］，姫路商工会議所［2000：214］も併せて参照．なお龍田は後に，後述の姫路駅ビルの社長も務める．

13) 駅の高架乗り入れについては，「山陽電鉄高架乗入れ工事始まる　都市計画の一環として」（『広報ひめじ』83，1953年10月25日1面），「山陽電車高架乗入実現　駅前整備もはかどる」（『広報ひめじ』96，1954年5月1日1面）も参照．

14) 石見のデパート構想と山陽百貨店の関係については，清和会編［1970：65-66］も併せて参照．ただし同書内においても，市の企画室長を務めた浅田義信と計画局長だった原田民部も「今の山陽百貨店の所に市が姫路デパートをつくって五十メーター道路の立退き者を収容する計画だったそう」「石見さんはそのつもりで，保留地も確保し，デパートの構想も既にできて，計画が進められていた……その保留地を……貸してできたのが山陽百貨店」と述べている．結局，雑居方式を嫌った山陽百貨店側の意向により石見の申し出は却下された．

15) なお，姫路商工会議所［2000：393］には小溝筋のカラー舗装は1962年とある．

16) 民衆駅の誕生については，『素描・太田和夫』に詳しい．太田和夫は1947年1月から運輸省施設局建築課長を務めた人物で，1950年に日本国有鉄道運輸総局施設次長，53年からは株式会社鉄道会館（国鉄の駅ビルの設計・運営等を目的に作られた会社）に入社し，68年に社長，72年に会長に就任．1965年には株式会社目黒ステーションビル取締役，72年には新宿ターミナルビル株式会社取締役社長に就いた（目黒駅は1965年に建設承認を受け67年に完成した民衆駅．71年に国鉄の出資条項が改訂されたことにより，以降はターミナルビル等への直接投資が可能になったが，新宿南口ターミナルビルは国鉄が直接投資して作り上げた駅ビルの一つ．目黒駅については深江［1969：15-17］参照）．太田によると民衆駅のアイディア誕生は1946年春のことで，戦災を受

けた国鉄駅について，「立花次郎という……当時は停車場課長だった人が……駅本屋の復旧を鉄道（＝国鉄※筆者注）が自分の金だけでつくることなんかとてもできないぞ，……空襲で焼けてしまった120以上の全国の駅は，他人の金を集めて，駅ビル造りだよ……その名前は民衆駅にしよう，と……言ったんです．アメリカ軍が進駐したばかりのときで，フォ・ザ・ピープル，バイ・ザ・ピープル，オブ・ザ・ピープルのはやったころでしたからね．」と述べている．発案者の立花次郎は1947年に四国の鉄道局長に就いた後，49年に運輸省施設局長を務めた．株式会社鉄道会館の創設にも深くかかわり1952年の設立時に専務に就いた［建築家会館 1991：57-58，66，111-112］．

17）東京や大阪から満州までを軌道で繋ぎ，鉄道で人や輜重を本土から直接輸送可能にしようとした計画．一部区間では実際に土地の確保と工事が行われたが姫路は計画のみであった．1943年に中止された．

18）これら文献では現位置での国鉄姫路駅改築決定は昭和30（1955）年で，計画された移動距離は250メートルとなっているが，国鉄大阪工事局建築課長の浪江貞夫によれば「現在位置から約200m海側（＝南側※筆者注）に移動させる計画を樹て，貨物操車場の移転とともにその一環工事として昭和21年から用地買収その他に一部着工したが，昭和23年当時の国鉄経営状態では不可能となり中止するに至った．その後昭和27年移転の計画を断念して，在来設備をほぼ現在位置で改良が決定される」とある［波江 1960：32］．駅の位置については，計画移動距離は南に200〜250メートル，実際の移動距離は北に5〜7.5メートルと，文献によってまちまちで，一様でない（「姫路民衆駅と駅前地下商店街」『建築と社会』39(12)，1958年，p.59）．他に小野寺編［1961：34］など．

19）「姫路駅の位置は当初の計画とは逆に旧位置より北側へ約7メートル移動されたために，駅前広場のスペースは南北47メートルに縮小され，面積も6400平方メートルと……極めて狭隘な駅前広場となってしまった．しかし反面駅前広場が，当初市が構想したものからほど遠い狭苦しいものになってしまったことが，やがて全国中都市には見られないユニークな地下街建設の契機となった」とある．

20）「大姫路玄関の構想なる 自立都市発展への礎石 駅舎駅前ビルの建設」（『広報ひめじ』177，1956年9月1日号1面）．

21）なお，姫路市と姫路観光交通会館，石見市長とその他の発起人との関係については，姫路市助役を務めた坂井直重が「石見市長は慎重検討考慮の結果，あの当時は民衆駅というのは，近畿地方では未だ一つも……なかったという時代でしたが，よしこの民衆駅を作ろう……先ずこの事業を引受ける会社を作ろうというので，東芝電機社長の石坂泰三さん，同和火災海上の社長岡崎真一さん，神戸銀行頭取の岡崎忠さん，富士鉄工場長の香春三樹次さん，大セル（＝大日本セルロイド株式会社※筆者注）社長の結城鉄雄さん，山陽特殊製鋼社長の荻野一さん，龍田紡績社長の龍田敬太郎さん等財界の有力者諸氏，又鉄道弘済会理事関西支社長の中村豊四郎さん，鉄道出身参議院議員江藤智さん，衆議院議員堀川恭平さん，その他有力者に，設立発起人の引受け方を依頼されたんです

が，皆石見市長と昵懇な人ばかりで，しかも平素から石見市長の手腕，実行力の優れて
いることはよくご存じですから，一も二もなくよろしいということになって，石見市長
を社長に，すこぶる毛並みの良い会社がすっとでき上ったわけで，これがあの株式会社
姫路観光交通会館なんですよ．」と述べている．龍田紡績は姫路の地元企業，その他企
業は姫路に工場や事業所を展開していた［清和会編 1970：68］．姫路観光交通会館の人
事については「姫路観光交通会館創立さる 駅舎，地下道など建設 万全の陣容整う」
（『広報ひめじ』211（1957年12月10日，1面）も併せて参照．

22）「姫路までの電化実現の機会に終戦以来の懸案でありました国鉄姫路駅舎の改築もい
よいよ具体化する運びに至るものと期待しておりますが，姫路市といたしましては戦災
復興土地区画整理事業も最終段階にまで進捗し，現在最後の仕上げとして姫路駅を中心
とする付近一帯の地の整備を早急に完成すべき時機に到来いたしております．この好機
を捉えて姫路駅舎の改築に協力するとともにこれに民衆施設を附設し，併せて駅前の市
有地に近代的ビルディングを建築し，さらに両者を結ぶ地下街を造成することは，第1
に経済的価値の高い鉄道用地をその価値にふさわしく立体的に活用することであり，第
2に姫路市都市計画の画龍点晴（ママ）の事業として喫緊要務であり，第3に偉大な発
展性を包蔵する姫路市の商業振興の根基を培うものであり，第4に一日十数萬に上る旅
客講習の利便向上に資することであると確信いたします」としている（傍点筆者）．「国
鉄総裁に建設願書 事業の基本方策きまる」（『広報ひめじ』196，1957年4月25日，1
面）並びに姫路駅ビル［1977：7-9］，姫路市史［2016：530］．

23）姫路駅ビルで常務取締役を務めた山下悦夫はこの「願書」について，「これを取りま
とめるまでには，昭和31年11月頃から月に2回乃至3回，延べ10数回に亘り，大鉄
局の関係部課の担当者全員に集まって頂き，多岐にわたる項目について慎重に審議いた
しました」と述べている．また，国鉄への提出書類として民衆駅計画の事業目論見書と
共に銀行からの「融資資格認定書」が必要になったとき，「銀行の支店長に集まっても
らい，……至急『認定書』を出してくれるよう依頼しましたが，一部の銀行が色々と面
倒なことを言ってなかなか認定書を呉れないのです．それで，当時の大鉄局会計課長
……早速姫路へ来て，9行の支店長を一堂に集め，縷々説明して下さいました．それに
よって即座に『融資資格認定書』を取り付けることができました．」と述懐しており，
姫路民衆駅に対する，関係者の協力的な姿勢が見てとれる［姫路駅ビル 1977：34］．

24）姫路市議会事務局「昭和32年姫路市議会会議録」．「第六十一号議案姫路民衆駅の建
設について」として提出された本案件は助役から簡単な説明がなされ，異議もなかった
ため委員会審議は省略され，第60号議案（市営ロープウェイ建設に係る「契約締結に
ついて」）と合わせてわずか7分間でスムースに議決されている．

25）引用は「市政の回顧と展望 姫路駅舎の建設」（『広報ひめじ』212，1958年1月1日
5面）の記事であるが，同様の主張は「大姫路玄関の構想なる 自立都市発展への礎石
駅舎駅前ビルの建設」（『広報ひめじ』177，1956年9月1日1面）から既にみられ，
「独立都市建設の基礎 駅前整備の実施」（『広報ひめじ』188，1957年1月20日，1面）

でも同様に商業上の重要性を説く記事が掲載されている．「自立都市」，「独立都市」等の言葉を用いて，民衆駅・地下街の建設を通して大阪，神戸への商業的依存傾向からの脱却を目指すことを強調していることは興味深い．この他，計画の進捗については「国鉄総裁に建設願書 事業の基本法施策きまる」（『広報ひめじ』196，1957年4月25日），「姫路民衆駅いよいよ建設へ 市議会強力に同意 近く会社を設立」（『広報ひめじ』204，1957年8月25日），「姫路民衆駅と地下街建設準備着々進む」（『広報ひめじ』222，1958年6月10日），「姫路民衆駅建設はじまる まず地下街から起工」（『広報ひめじ』227，1958年8月25日），「駅前の市有地貸付など臨時市議会で決まる」（『広報ひめじ』298，1961年9月10日）の各1面に関連記事が掲載されている．

26）姫路民衆駅の決定の時期については，元国鉄岡山鉄道管理局長で，開業から1976年まで姫路ビルの専務・副社長を務めた玉井淳が「国鉄の認可を受けたのが全国第23番目……で，ちょうどその頃は……国鉄幹部は民衆駅建設に消極的になっていた．……事務当局も認可を極力押えようといふ時であった．……『姫路も含めて，もふ民衆駅は止めだ』等といふ冷たい言葉が頭上に落ちてくる状態だった．」と記している［姫路駅ビル 1977：32］．先述の山下の証言の内容とは相反するものであるが，当時は国鉄の民衆駅計画の過渡期で，中央の中止の意向と，現場・地元の推進の動きとのせめぎあいであったことが伺われる．

27）前出の姫路市助役坂井直重は「戦後復興事業の換地も何もかも決まってしまった後になって，勝手に元の位置へ戻すばかりか，さらに五メーター北へはみ出す計画に変えてしまったんですよ．けしからんというわけで，石見市長は随分きつく国鉄にねじ込まれたんです」と述べており，国鉄の方針変更が市の都市計画を大きく混乱させたことが見てとれる．傍証として，姫路市長公室長岩崎知弘は後年の新幹線ひかり号の姫路駅停車決定の経緯に関して以下のように述べており，当時の姫路市と国鉄の関係が伺える．「そりゃ，国鉄は石見さんには大きな負い目があるんですよ．というのは約束をたがえて，姫路駅の位置を元に戻し，しかも五米北にはみ出した問題ですね．石見さんもこれには随分きつく国鉄に当られたわけです」［清和会編 1970：67，121］．また，さらに時を遡ると，姫路には1944年10月から国鉄管理部がおかれていたが，1950年初頭にこれを廃止して地方鉄道局を他市に設置する機運が高まった．石見はすぐに「全市民の署名陳情を携えてこれを当局に提出」し，県下国会議員と連携して運輸省に陳情した．6月13日に全国24か所の管理局候補地が発表され，姫路がこれに漏れたことを知ると15日には上京し，吉田首相はじめ要人と面会して姫路の重要性を訴え，22日には当時の自由党幹事長佐藤栄作（戦前から鉄道省監督局長，大阪鉄道局長，戦後は運輸次官，首相など歴任）から「姫路駅の現状はいろんな面から重要で管理部設置の地方の要望は充分理解出来る．自分は自由党の幹事長として党議にも諮り設置に最善の努力をしよう」との談話を引き出した．また市広報においては「終戦直後鉄道省に於て大姫路駅の建設を計画され之に要する五万坪の土地を姫路都心部に要望されたるに対し……全市民の絶対的協力と地主の完全なる理解によつてその土地を獲得し都市計画もやがて設置さ

れる大姫路駅を中心として……あらゆる抵抗を排除してこの建設を推進し……大体の骨組みを形成したこの際管理部廃止ともならばこの真空地帯に位する姫路駅建設を岡山，大阪，福知山何れがそのイニシアチーブをとるのか……最早その希望さえも放棄しなければならない……然るらばこの巨費を投じて出来上つた姫路都市計画は完全に『せんきすじ』にうちやられ……市政の推進を不能に陥らしめ……る状態となろう」と強く反発したが，結局，1950 年 8 月 1 日に管理局よりもかなり権限の小さい姫路営業所が大阪地方営業事務所の出先機関として設置されるにとどまったという経緯がある（「姫路鉄道管理部の廃止について」（『広報ひめじ』4，1950 年 6 月 15 日 1 面），「姫路管理局設置の要望運動とその後の推移」（『広報ひめじ』5，1950 年 7 月 10 日 1 面），「国鉄姫路営業所の開設」（『広報ひめじ』8，1950 年 8 月 25 日 2 面）)．

28)「姫路駅舎と地下街二月上旬に出店を募集」（『広報ひめじ』213，1958 年 1 月 25 日，1 面）．

29) 姫路川崎駅をモデルとした根拠については明確な資料は残されていないが，姫路と同様に当時の民衆駅の中では珍しく大企業による出資であったことや，商業の体質として川崎民衆駅が「姫路市と同様に東京依存の購買力偏向を抑制することが，重大な目的として計画されて」いることに姫路市が早くから注目していたこと等に関係していると思われる（「大姫路玄関の構想なる 自立都市発展への礎石 駅舎駅前ビルの建設」（『広報ひめじ』177，1956 年 9 月 1 日，1 面）．川崎民衆駅については「日本の代表企業で生まれる──川崎ステーションビル──」（『月刊経済』1963 年 3 月 15 日号，pp. 44-46）参照．なお川崎民衆駅には東芝も出資していた（総株数 10 万株中，筆頭株主日本鋼管 1 万 9000 株に次ぐ 1 万 4000 株)．

30) 社史では月額テナント料の設定について「2 階 1200 円×30 日＝ 3 万 6000 円×0.1＝3600 円≒3500 円　地階 1500 円×30 日＝ 4 万 5000 円×0.1＝4500 円≒4000 円　名店街 1700 円×30 日＝ 5 万 1000 円×0.1＝5 万 1000 円≒5000 円」としている．また建設協力金については，通路やホールなどの共用部分を割り増して計算し，2・3 階は 1 ケースあたり 2 坪換算，1 階は同 1.7 坪換算として各個の契約面積によってテナントから集金した［姫路駅ビル 1977：18]．テナント料と建設協力金については池田［1958：127] も併せて参照．市財政を圧迫せずに民衆駅を建設するうえで「建設協力金」は大きな助けとなった．市が関与する大型の建築物と建設協力金に関する石見の考えについては小野寺［n.d.：19] などを参照．

31) これについて姫路観光交通会館は第一期決算報告書の中で，「3 月末日までに受付けた申込件数は 228 口に達し，業種別において，68 種に上っておりますが……これらの申込は各業種別に申込者の実態を詳細に調査し，真に堅実にして信用度高き入居者を厳選すると同時に各業種の適正な配置を為すため目下慎重に検討を加えつ、ありますが，入居者の選定並びに業種の配置は当社の将来を決定する最重要な案件でありますので今後は単に姫路地方のみならず，京阪神地方の有力商社にも出店を勧誘し，……大姫路市の玄関口にふさわしく品位あり，而も市民に親しまれる商業センターを造成することに

萬遺漏なきを期している次第であります.」と説明している.株式会社姫路観光交通会館「第一期決算報告書」内,「業務概況報告書」(姫路駅ビル [1977：106] に資料として掲載).

32) 研究者グループによる否定的意見に関しては清和会編 [1970：70] も参照.直営店については,姫路駅ビル [1977：75-76] を参照.入居テナント優先のため,競合業種は避け,開業後も入居するテナント構成に鑑みて調整が図られた.「いずれもデパートとしての商品構成上必要ではあるものの,採算性に乏しい業種……開業当時の直営店は地階(菓子),地下名店街売店(たばこ・新聞・雑誌など),2階(紳士靴・かばん袋物),3階(お買物相談・たばこ・喫煙具・家庭用品・ケミカルシューズ・映画館),4階屋上(遊園地),5階(グリル)の10カ所で,物品販売はほとんどが当社の販売員による委託販売方式……(昭和=※筆者注)35年夏には……ビヤガーデンを屋上に開設し,……通路を利用して美術売場を開設するなど,業績向上の対策が講じられた.しかし,その後も数回にわたってテナントの退店,交替などによる調整のため,やむを得ず場所や業種の変更を余儀なくされ,依然として採算ベースに乗らなかった.そこで,売り場の再編成を主体として,採算のとれない売場の切り捨て,……直接仕入れ……人員の合理化などが行われ,昭和43年ごろから開業9年目にしてようやく採算にのるようになった」とある.

33) 共栄会はその後1966年4月から一時自主運営となり,出店者側の人間のみで役員を占め,二木が会長に就任した.1968年1月には任意団体の限界を感じ「姫路駅デパート協同組合」を結成,3月に県知事の認可を得て法人格を取得した.1976年から再度会社側の人間を事務局長として迎え入れている [姫路駅ビル 1977：21, 88-89].

34) 波江 [1960] 並びに「新しいビル古いビル③ 姫路民衆駅 人を吸いこむ感じ ご自慢の〝ムード音楽〟」(『神戸新聞』1960年5月14日11面) 参照.民衆駅の設計が(満鉄出身の安井武雄の安井事務所,しかも担当者が安井の女婿で,自身も鉄道省,国鉄出身の佐野ではあるが)民間に委ねられている点は興味深い.1951年に承認を得て53年に完成した富山民衆駅の設計時には国鉄が指定した人物が全部の設計を行っている.地元自治体やテナントの希望を聴取することはあったが,あくまで駅の設計のイニシアチブは国鉄が握っていた.姫路民衆駅はふんだんに地元側の意見が取り入れられた民衆駅ともいえる.富山民衆駅については,藤井 [2013：216-19],安井と佐野については石田 [2014：23-29] を参照.

35) 建設費については記録が一様でないが,ここでは国鉄負担分については国鉄大阪工事局建築課長の浪江 [1960：33] の記述に,姫路観光交通会館負担分は同社の草野 [1960：22-23] の記述に依っている.その他,姫路駅ビル [1977：27],「姫路民衆駅と駅前地下商店街」(『建築と社会』39(12), 1958年, p.59),姫路市市長室 [1966：15],神戸新聞前掲記事「新しいビル古いビル③ 姫路民衆駅 人を吸いこむ感じ ご自慢の〝ムード音楽〟」(『神戸新聞』1960年5月14日11面) などを参照.

36) 駅施設については8月31日から改札業務が行われ,9月15日に先行移転 [姫路市史

2016：531-532；姫路駅ビル 1977：21].

37) 前掲「新しいビル古いビル③ 姫路民衆駅 人を吸いこむ感じ ご自慢の〝ムード音楽〟」『神戸新聞』1960年5月14日11面.

38) またこれについては，助役岡善一の叙述に「あの土地は，このことあるを予期して，石見市長の意図で，都市計画事業の操作によって早くから確保してあったんですが……土地の賃貸料の代わりに，そのビルの一階と二階を市が無償でもらい受け，これを市営バスのターミナルにする計画なんですが，これを市会に諮ったところ，……その用地は市が直接使うべきだとか，あそこにビルを建てたら，駅前がビルの谷間になるとか，……一時ごたごたしましたが，石見市長の説得により，これもおさまって，ああして完成したんです」とある [清和会編 1970：70].

39) なお，当時の国鉄において地下街造成事業がいかに困難であったか，また姫路の地下街がどのような経緯で特例的に認可されたかについて，姫路駅ビル副社長を務めた玉井は以下のように述べている．「私が昭和29年国鉄本社から岡山鉄道管理局長に赴任する時，近々日本で最初の駅前地下街建設が岡山へ認可される筈だからと注意を受けてきたが，在勤3年半その認可問題で随分苦労させられた．認可の遅れと認可条件の過酷さのため岡山会館は破産し社長以下幹部の引責辞職という破目になった．それを見つつ姫路へ来て，又このむつかしい駅前地下街建設を担当する事となったのである．……国鉄の姫路駅改良計画の変更で姫路市の受けた損害を補償する意味において『姫路駅前地下街建設については，建設省国鉄間の（覚書）によらず認可することを得る（申合せ）』という政治的解決が，姫路駅前地下街建設が他の地下街に見られない有利な条件で認可された理由であった．（当時の姫路市長石見元秀氏と当時の国鉄施設局長，現参議院議員当社取締役江藤智氏との政治的折衝の結果である．）2期工事，3期工事（＝2期工事は1963年に行われた丁字型地下街を環状に増改築した工事，3期工事は1971年に行われた東地下名店街の増設工事を指す※筆者注）に当っても此の（覚書）のため随分苦しめられたが，結局はこの（申合せ）が物を言って，姫路だけ特別扱いを受け，認可を受けることができたのだった．現にこの（覚書）の条件を満足させられないで認可されない駅前地下街の数は10数駅にのぼっている．」[姫路駅ビル 1977：32-33]. 引用文内の（ ）は筆者注と特記したもの以外原文の通り．なお，ここでいう「覚書」とは，「駅前広場の地下施設認可は，……総合的都市計画に合致したもの」かつ，駅前広場の平面的整備が完了しており，地下施設を設けても将来にわたり都市施設の利用計画に支障がないことが明確である案件に対してのみ与えるというもので，この他の条件として，地下通路幅員は6メートル以上とすること，店舗面積は地下街全面積の60パーセント以内にとどめること，駐車場を併設することなどが盛り込まれている [姫路駅ビル 1977：48]. ところで，石見は常々岡山市をライバルとして強く意識していた．市長公室長であった岩崎は，「石見さんは，よく岡山市に負けてはならん．姫路の競争相手は岡山じゃ．岡山は……自然的なよい条件をたくさんもっておるが，こちらは人工で岡山の持たざるものをどんどん作って，岡山を凌駕せにゃいかん．と云うておられました」と述べ

ている．また姫路市計画局長だった原田民部は，「石見さんは，『姫路の競争相手は岡山じゃという意識，努力なしに……進みよったら，岡山に完全にイニシアチーブ（ママ）を取られてしまう．そうなれば，大阪，神戸，岡山，広島，下関になってしまって，姫路は完全に沈没してしまう．岡山の持たないものを姫路が持っておきさえすれば，対抗できるんだ．そういう形を打ち出しておかなかったならば，山陽新幹線が出来た時に，"ひかり"号が止まってくれない．"ひかり"号がとまってくれなかったら，更に転落してしまう』」と強調していたと述べている．岡山に成し得なかった地下街を姫路で成功させるということは，石見の描く姫路の長期的な発展計画にとっても特別な意味を持っていたと考えられる［清和会編 1970：118］．姫路と岡山の関係については原田編［1970：17-21］も併せて参照．

40）当初は神戸オリエンタルホテルを誘致する計画であったが折り合いがつかず，自社経営も難しいとして新大阪ホテルに賃貸することとなった．なお，姫路市のホテル構想については姫路市秘書課［1961：19-20］も参照（同書については「この冊子の内容は昭和三十六年の御用始めに当り，市長が将来の市政に対する抱負を述べたもの」とある）．同書で石見は姫路におけるホテルについて，「姫路がいかに近代都市だと威張って見ても，ホテルとゴルフ場を持たない都市は田舎町ということになります．……今までホテルの歩み来った歴史を顧みますと，誰かがホテルを建てる．ところが収支がつぐなわない．二億で建てたホテルを一億で売る，買った人がまた一億の金利もあがらない，またこれを七千万ぐらいで売る．……三代目ぐらいからやっとホテルが経営できるというのが大体の今までの姿であります．……この姫路のような田舎町でホテルを建てるということは，実はまだ冒険で，二，三年は赤字を覚悟しなければなりません．……神戸のオリエンタルホテルでも，国際ホテルでも，大体において神戸市が三分の一，県が三分の一，会議所が三分の一出資して，神戸の発展のためにするんだから配当などはいりませんということでできているんです．……そこで観光交通会館を犠牲にしてでも駅前のホテルを造りたいというのが私の考えであります．幸いに観光交通会館は配当がないからだめだというような株主はおらないから，この点はや〻無理もきくわけです．」と述べている．地元からの要請については「市長にきく市政あれこれ 広域都市めざして農工商の均衡はかる」（『広報ひめじ』291，1961 年 5 月 25 日 2 面）．市長と市民の対談記事において，「宿泊の施設がたりないので不便なばかりでなく，姫路は通過都市になってしまうんじゃないか」との懸念が示されている．

41）姫路市史［2016：539］によれば完成は 10 月 1 日とあるが，ここでは姫路駅ビル［1977：40］の記述に従った．

42）この時期，百貨店と地元小売店との利害対立が全国的に問題になった．1955 年 5 月の日本商工会議所第十回常議員会にて各地商工会議所に「商業活動調整協議会」（商調協）を設置することが決議された．姫路では翌 1956 年 8 月 22 日に商調協が組織され，やまとやしきと山陽百貨店の増床問題に対応した［姫路市史 2016：520；姫路商工会議所 2000：277-84；山陽百貨店 1984：68-70］．

参考文献

池田宗武［1958］「六階建の姫路駅」『實業之日本』61(7).

石田潤一郎［2014］「安井設計事務所 継承と発展 建築家三代の系譜」『建築と社会』1113.

稲見悦治［1964］「城下町の戦災復興と地域構造の変貌――姫路城下町の場合――」『人文地理』16(3).

石見元秀［1960］「戦災復興回顧」『新都市』14(12).

小野寺清［出版年不明］『地方行政の一考察』(『Academia：学術新報』82 に掲載された市長退任直後の石見の対談記事を別刷りしたもの).

小野寺清編［1961］『戦後の姫路市政（姫路市戦災復興祭記念特集)』姫路市戦災復興祭事務局.

草野茂［1960］「姫路民衆驛について」『新都市』14(6).

建築家会館［1991］『建築家会館叢書 素描・太田和夫』建築家会館.

山陽百貨店社史編集委員会編［1984］『山陽百貨店 30 年史』山陽百貨店.

城山三郎［1998］『もう，君には頼まない 石坂泰三の世界』文藝春秋.

ジャスコ［2000］『ジャスコ 30 年史』ジャスコ.

清和会編［1970］『戦後二十一年に亘る姫路市政と石見元秀氏の思い出を語る』清和会.

田中哮義編［2013］『日本災害資料集火災編 第 7 巻 戦災復興と全国戦災都市連盟の歩み』クレス出版.

日本国有鉄道［1974］『日本国有鉄道百年史 第 13 巻』日本国有鉄道.

波江貞夫［1960］「新装なった姫路民衆駅」『交通技術』15(1).

早川透［1960］「姫路都市計画の苦心談」『新都市』14(11).

原田民部編［1970］『姫路市の戦後建設について 石見元秀氏の二十一年に亘る市政に参画して』原田民部.

播磨時報社編［1986］『愛郷のひと石見元秀』名誉市民石見元秀氏顕彰碑建立会.

姫路駅ビル社史編集委員会［1977］『20 年のあゆみ』姫路駅ビル.

姫路市［1951］『新生姫路』姫路市.

姫路市建設局区画整理課編［1960］『復興の歩み』姫路市役所.

姫路市市長室広報課編［1966］『姫路市政読本――戦後二十年の歩み――』姫路市.

姫路市史編集専門委員会編［2016］『姫路市史 第六巻 本編 近現代 3』姫路市.

姫路商工会議所五十五年史編集室［1978］『姫路商工会議所五十五年史』姫路商工会議所.

姫路商工会議所七十七年史編集室［2000］『姫路商工会議所七十七年史』姫路商工会議所.

姫路市秘書課［1961］『市政だより特集号 姫路市政の現状と将来』.

姫路戦後地図をつくる会編［1995］『姫路文庫 4 聞き書き・姫路の戦後史 焼け野原にともった灯』ひめしん文化会.

姫路戦後地図を作る会編［2001］『聞き書き・姫路の戦後史Ⅱ――敗戦前後，私達はこう生きた――』SSP 出版.

廣田誠・山田雄久・木山実ほか［2017］『日本商業史 商業・流通の発展プロセスをとらえ

る』有斐閣.

深江俊平［1969］「目黒民衆駅の計画施行報告」『東工』20(6).

藤井英明［2013］「第2次世界大戦後における駅と商業の復興」，篠崎尚夫編『鉄道と地域
　の社会経済史』日本経済評論社.

（藤井　英明）

駅前商業空間の発展
―― 姫路民衆駅と地元商業の関係――

 はじめに

　第9章で見たとおり，姫路市では1959年に民衆駅が完成し，民衆施設である姫路駅デパートと地下街が開業した．1964年には姫路観光ビルが建設され，同時にこれと連結するように地下街が増設された．これにより，姫路駅デパート（国鉄姫路駅），山陽百貨店（山陽電鉄姫路駅），姫路観光ビル（駅前ホテル），駅前商店街が連絡され，近代的な駅前商業空間が出来上がった．

　鉄道駅周辺における集積は，わが国の商業の特徴的な一面であるが，これについて考えるとき，地元小売業者との関係は看過されざるべき要素であるといえよう．駅前に広がる商店街とそこにかかるアーケード，色鮮やかな路面舗装などは，我々にとってなじみ深いものであるが，これら設備はどのようにして出来上がってきたのであろうか．本章では，再び姫路市を事例に，相互に刺激を与えながら設備投資を推しすすめていく駅前商業空間と駅前商店街の動態についてみていく．

1 山陽新幹線の開通と姫路駅デパート・地下街の増改築

　1964年の東京オリンピック開催に合わせ，同年10月1日に東京―新大阪を結ぶ東海道新幹線が開通した．これに続き，72年に新大阪―岡山間，75年には岡山―博多間が開業し，東海道・山陽新幹線が完成した．姫路市の強力なアピールにより，姫路駅もひかり号の停車駅となった[1]．

　山陽新幹線の工事が本格化し始めたのは1967年3月頃からのことであった．これにあわせ，姫路駅デパートと地下街の増改築が計画された．地下街の拡張・延長については，1968年11月に姫路市に，12月に国鉄に，それぞれ工事の認可申請を行ったが，地下街建設に係る厳しい基準の存在により国鉄の承認がなかなかおりず，1971年中頃にようやく承認を得た［姫路駅ビル 1977：48-50］．

駅デパートについては，既存の在来線駅舎の南側に新たに作られた新幹線駅とデパートの2階部を結んで専用改札を設置するとともに，2，3階部の売場を刷新して全面改装し，商品構成を若者向けにシフトさせ，売場に遊び場的空間を設けることが試みられた．このためテナントの全面的な配置転換と高額な内装工事費が必要とされた．1970年9月に入居テナントに対してリニューアル計画が発表されたが，しばらくの間は資金面や店舗の配置を巡って折り合いがつかなかった．しかし，駅デパート開店から10年の間に駅前商店街では近代化の動きがみられ[2]，これに加えて（百貨店法により一部凍結措置等をうけながらも）百貨店群による設備投資も進んだことなどから徐々にリニューアル賛成に[3]転じ，既存テナント34店を増改築部分に優先的に配置することを条件に，翌1971年3月にはテナント全店が大規模改築案に同意するに至った．

こうして駅デパートは2，3階部を中心に2638平方メートルを増改築し，店舗配置を見直して集客力を高めた．リニューアルオープンは山陽新幹線新大阪—岡山間の開通と同日の1972年3月15日であった［姫路駅ビル 1977：50］．

地下街については，駅前商店街に通じるいくつかの新たな出入口が設けられたほか，既存の環状地下街の東側に新たに1215平方メートルの「東地下名店街」が増築され，既存の地下街とあわせて56店舗4447平方メートルの一大地下街となった．この増築により，駅前目抜き通りの大手前通りと，駅前商店街である御幸通り，小溝筋，大手前通りが地下街により結ばれ，雨天時も駅からぬれずにアクセスが可能になった．また，増築工事にあわせて既存店舗の刷新も図られ，それまで平均24〜33平方メートルほどしかなかった各店舗は最低でも66平方メートル，最大店舗では165平方メートルに拡張された[4]．

地下街のリニューアルオープンは駅デパート新装開店から7か月後の1972年10月15日であった．改装費用は駅デパートが5億700万円，地下街が2億2000万円，その他付帯工事とあわせて総工費約10億円をかけた大工事であった［姫路駅ビル 1977：57-58］．

2 商業施設の相次ぐリニューアルと大型小売店の進出

(1) 百貨店の増改築

上述のとおり，駅デパートと地下街のリニューアルは，近隣の百貨店や商店街の設備投資に刺激されたものであったが，駅デパート・地下街の刷新は，さ

らにまた近隣の商業施設の近代化を促進した.

1972年5月にはヤマトヤシキが総工費約10億円をかけて改装に着手し,売場面積を1万4086平方メートルに拡大して,10月21日にリニューアルオープンした.また,山陽百貨店も約13億円を投資してエスカレーターや遊び場的空間,国内外旅行カウンター等を増設する工事を行い,4190平方メートル増床して売場面積を1万5529平方メートルとし,10月26日に竣工,11月2日に新装開店した[5].

駅デパートや地下街の改装にも見られたように,この頃の改装ではテナントを詰め込めるだけ詰め込むのではなく,一店ごとの売場を大きくするとともに遊び場的な空間を充実させて,余裕をもった買物の場を演出することが重要視されるようになっていった.

(2) 大店法と大型スーパーの進出

1973年10月,百貨店法に代わり「大規模小売店舗における小売業の事業活動の調整に関する法律」,いわゆる「大店法」が制定され,翌74年3月から施行された.姫路の中心部にも大型スーパーが進出し,小売商業地図はより複雑なものになっていった.

他地域への購買力流出を防ぎ,他地域から客をひき付けてくれる存在と考えられていた百貨店とは異なり,大型スーパーは地元小売店にとって大きな脅威となった.もともと御幸通りの小商店から出発したフタギは,1970年4月にジャスコ株式会社へと成長し[6],再び姫路駅前に帰ってきた.1971年6月に,小溝筋商店街の近くに売場面積3854平方メートルのジャスコ姫路店(西館)を開店,さらに翌年72年の11月には既存店舗の東側に,地下1階地上8階,直営売場面積7276平方メートルの新たな店舗(ジャスコ姫路店東館)を建設した.両店舗は小溝筋商店街を跨ぐ連絡通路でつながれ,新店舗の屋上にはプレイランドが,呉服売場には茶室が設けられ,遊び場や安らぎの場を提供して顧客を集めた[姫路市史 2016:520;姫路商工会議所 2000:391][7].

また大店法が施行された1974年3月には,ダイエーがやまとやしきの北側に売場面積1万840平方メートルの大型店舗「ショッパーズプラザ」を出店することを発表した.これに対し姫路市商店街連合会(以下,市商連)は,8月17日の臨時総会で,売場面積の4割削減や18時閉店,週1日休業などを要求することを決議し,同時に「要望」として市商連への加入と地元との協調,特

に従業員の引き抜きをしないことなどを求めた［姫路商工会議所 2000：383］．

　同店が開店することによって，市内小売業の総売上額のうち，過半を大型店が占めるようになることが予想されるとして，商店街では自然発生的に「あなたの店をダイエーから守る会」が結成され，強烈な反対運動が展開された．また，兵庫県電器商業組合や日本商業労働組合連合会からも反対要望書が出された［姫路市史 2016：522；姫路商工会議所 2000：382-85］．

　商工会議所は 74 年 7 月 25 日から商業活動調整協議会（以下，商調協）を開き，13 回もの審議を経て，ようやく 9 月 3 日に結審した．地元側の要望が大きく取り入れられ，売場面積の 40 パーセント削減（6504 平方メートルに変更）など厳しい条件が出されたが，ダイエーはこれに従って 10 月 5 日に訂正願書を提出して出店の準備に入った［姫路商工会議所 2000：384］．

　10 月 8 日には，市商連と山陽百貨店，ヤマトヤシキ，ジャスコ，ダイエーの 5 者により「商業活動連絡協議会」が設けられ，ダイエーは市商連に加入し，市内の商業バランスに配慮して誇大広告や不当廉売，従業員引き抜き等の行為を行わないことを約した覚書が取り交わされた［山陽百貨店 1984：130-131］．しかし，12 月 6 日にダイエーが開店すると，「『日替り超目玉商品』としてパンティーストッキング二十五円，婦人ショーツ四十円，砂糖百七十八円等超廉売による客よせ」が行われたうえ，[8]「周辺歩道，商店街は約一千台の自転車で自由な通行もできないほど」ダイエーの客で混雑するなど，混乱が見られた．[9]

(3)　市内近隣地区の再開発 ——相次ぐ大型店の出店——

　1976 年 8 月，ジャスコとニチイが相次いで新たな出店計画を発表したことにより，市内小売業者の反発はさらに強まることとなった．ジャスコは姫路城の西 1 キロほどの場所に 1 万 3885 平方メートルの店舗を，ニチイは城北 2 キロほど，国鉄姫路駅から 2 駅隣の野里駅前に 2 万 2424 平方メートルの店舗を建設するというものであった．特にニチイの出店予定地は，1975 年に閉鎖した東洋紡の工場跡地を市が譲り受けた土地で，市が大学を誘致して，小中高校や住宅地を併せもつ学園都市を造成するといわれていた．それゆえ，市がニチイに店舗用地を売却したと知らされた地元側のショックは殊更大きなものであった．[10]

　1976 年 9 月 2 日，姫路商工会議所は商店対策委員会を組織し，ニチイとジャスコから各 5 名を出席させて協議を行うなど対応に乗り出したが，姫路市商

店街連合会をはじめとする地元小売業者 23 団体は，両社の出店計画は「死活問題」と強硬に反発した．10 月 27 日にはハチマキをしめた商店主や従業員ら約 1000 人が市民会館に集結して「ニチイ・ジャスコ進出反対総決起大会」を開き，両店の進出反対を決議するとともに「姫路大型店進出反対連絡協議会」を結成した．同日，約 900 人が市役所までデモ行進を行い，ニチイを誘致した行政責任を追及する決議文を助役に提出した．また，市内 800 店の小売店が閉店ストを行うなど地域問題に発展した[11]．

商工会議所の商店対策委員会が中心となって仲介を行い，77 年初頭から「大型店調整懇談会」を設置して小売店代表と大型店代表の話し合いの場を設定した．以降，6 月までに十数回の会合を重ねたことにより，小売店側は徐々に進出絶対反対の態度を軟化させ，大型店側が売場面積を当初計画の半分（ジャスコ 7000 平方メートル，ニチイ 1 万 2000 平方メートル）に縮小することでようやく商調協のテーブルにつくところまでこぎつけた[12]．

以降，8 回にわたり事前商調協が開かれ，1978 年 11 月 15 日に合意に達し，1978 年 12 月 15 日の商調協本会議において，問題勃発から実に 2 年半におよんだ審議が結審するに至った．結局，両店の店舗面積は更に削減されて，当初計画の 65 パーセントカットとなり（いずれも入居テナント分を含めてジャスコ 5000 平方メートル，ニチイは 8000 平方メートル），年間休業日は既存大型店と同じ 43 日，閉店時刻は 18 時 30 分となった[13]．

こうして，大幅に規模縮小するかたちでニチイは 1979 年 9 月 1 日に，ジャスコは 10 月 9 日に開店した．それでも両店の影響は非常に大きく，特にニチイの至近距離にある野里商店街では，多くの商店が売上げ減少を訴えた[14]．

その対策として野里駅とニチイの間に，市と民間の共同出資の形で，地元優先の「花北モール」がつくられることとなった．1981 年 3 月 18 日にオープンした核施設となるショッピングプラザはモールの「A 棟」とされ，「にしのまち」の愛称がつけられた．地下 1 階，地上 3 階建てで，延床面積 8200 平方メートル，総工費 16 億円をかけた大規模なものであった．地元店を中心に 43 店がテナントとして入居し，専門店街の他にコミュニティ施設もつくられた．ニチイと花北モールは陸橋で結ばれ，ニチイの集客力をモールの活気につなげる工夫がなされていた[15]．

翌年の 1982 年 11 月 19 日には，同じ花北モールに地下 1 階，地上 7 階 2 万 900 平方メートルの「B 棟」（「ひがしのまち」）がつくられ，このうち 2 万平方メ

ートル，売り場面積6400平方メートルを利用してダイエー花北店が開店した．3階から7階には638台を収容する大駐車場がつくられ，モールへの集客力を高めた[16]．

3 駅前商店街の近代化事業

以上のように，1971年の駅デパート改築決定以降，駅前の百貨店では増改築が相次ぎ，ジャスコ，ダイエーといったスーパーは駅前と近隣地区に大型店を出店した．10年ほどの間に次々と大型店が進出し，姫路の商業地図は大きく塗り替えられていったのであった．

これに対し，駅前の各商店街も，近代化事業を推しすすめた．1971年5月から西二階町商店街は日曜・祝日の昼間に歩行者天国を実施した[17]．1973年9月29日には中小小売業の近代化支援策ともいえる中小小売商業振興法が施行された．同法の振興指針として「施設及び設備の近代化」，「事業の共同化」などが掲げられ，商店街のインフラ更新が期待された．これをうけて，姫路御幸通商店街は1973年10月29日に振興組合に改組し，老朽化していたアーケードの改装とカラー舗装化に取り組み，2年後の75年7月から4億4000万円をかけて工事を行った．アーケードは骨組みの露出しないアルミルーバーとなり，商店街内の各店舗に統一看板をかけ，2～3メートルおきに照明を設置した．路面は全面にわたって掘り起され，カラーブロックが敷き詰められた[18]．

他の商店街に先駆けて振興組合となっていた二階町商店街は，1974年からレンガ舗装の改装計画をたて，75年10月から約6000万円をかけて水道やガス管等を埋設して舗装工事を行った．76年3月20日に10万5000個の特殊レンガを敷き詰めた250メートルの舗装が完成し，記念セールも催された[19]．

1978年7月には，駅前一番街商店街が総工費1100万円をかけてカラー舗装を完成させた．御幸通りと小溝筋をつなぐ同商店街には，飲食・娯楽など16店が軒を連ねていたが，この時に統一看板が掲げられるようになった[20]．

御幸通り商店街と国鉄姫路駅前を結ぶ姫路駅前商店街も振興組合化し，1978年12月2日に老朽化していたアーケードの全面改築とカラー舗装新装工事を完成させた．併せて，店舗の改造と店頭看板・照明設備の統一化もなされた[21]．

山陽電鉄姫路駅や公設卸売小売市場にも隣接し，食料品小売店が集中する南町中央通商店街は，1979年10月9日に7000万円をかけてアーケード改築と

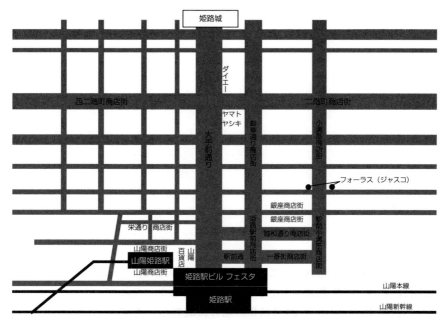

図 10-1　姫路駅前の商店街と大型店
（出所）　姫路市商店街連合会編［1994］『姫路へ行こう：Show 店街ガイドブック』より筆者作成．

カラー舗装工事を完成させた．振興組合でない同商店街は，事業遂行のために近代化推進委員会を組織し，加盟する33店舗が3年間かけて事業資金を積み立てた．太陽光を取り入れたドーム型アーケードにより商店街は「以前よりずっと明るさを増し」て賑わった．[22] 買回品中心でない「市民の台所」的な商店街でもこのような大規模な改築・改装が施された．

　1981年3月には，南町中央通りに一部隣接する山陽商店街が，総延長700メートルのカラー舗装を完成させた．その後も各店舗の壁面や統一看板の改装など，総事業費2億5000万円をかけて商店街を一新させた．同年4月には，小溝筋と姫路駅前商店街を東西につなぐ協和通り商店街が，総延長110メートルを総工費5000万円でテラゾウル平版のカラー舗装化工事を行った[23]（**図 10-1**）．

　このうち，姫路御幸通商店街振興組合は，1979年11月26日に開催された「兵庫県商店街近代化コンクール」において，県下750の商店街の中から最優秀商店街に選ばれ，兵庫県知事賞を受賞した．二階町商店街，姫路駅前商店街も各賞を受賞した．大型の設備投資が行われたことにより，各商店街の組織も

強化されていった[24].

4 姫路駅デパートの大改装

　駅前や近隣地区の商業環境が大きく変化してゆく中，姫路駅デパートの売り場は72年の改装以来10年以上が経過し，陳腐化が進行していた．またこの頃，全国の傾向と同様に姫路でも若者向け市場が急拡大していたこともあり，前回の増改築工事よりさらにターゲットを若年層に絞った売場づくりをめざし，約6700平方メートルを改装することとした．工事は1983年11月17日より開始され，併せてエスカレーター等も増設された．84年1月から3月にかけては2・3階の売場を全面休業し，約11億円をかけて大改装工事がおこなわれた[25]．

　この時，テナント募集の方針が大きく改められたといえる．前章で述べたとおり，民衆駅の一部としてスタートした姫路駅デパートは，それまで地元優先でテナントを募集してきた．開業直前のトラブルにより多少の県外テナントを誘致したものの，それでも1977年の時点で，駅デパートの延77の出店者のうち，県外からのテナントは銀行や証券会社等を含めても10に過ぎなかった（**表10-1**）．しかし，この改装時には東京や大阪から新たに6店が誘致された[26]．改装工事は翌84年に3月に完了し，同月18日に「フェスタ」と改称してリニューアルオープンした[27]．

　改装の結果は好評で，新装開店後2週間で2億7540万円を売り上げた．またフェスタ人気に牽引され地下街の売上げも前年同期と比べ19パーセント増加した[28]．10月までに売上は前年比18パーセント増，特に改装した2，3階部では同41パーセント増加するに至った[29]．

　これをうけて，フェスタとなった姫路駅デパートは，翌85年2月にさらに増床工事を計画した．同時期に加古川商工会議所が加古川駅前にそごうを誘致する運動を展開していたこともこれを後押しした．消費者の趣向の多様化により，また，若年層による消費が拡大したことにより，加古川だけでなく，神戸，大阪への購買力流出が目立つようにもなってきていた．このような状況に歯止めをかけるため，フェスタはさらに3億5000万円をかけて1300平方メールを改装し，そのうち700平方メートルを新たに店舗に振り分ける計画を立てたのであった．地元商調協の承認を得たのち，約1カ月半にわたる工事が行われた．増床した部分には新たに16の店舗を入居させることとし，その内12店は東京

表 10-1　駅ビル・地下街のテナントの本店所在地 (1977 年現在)

		地階	中2	2階	3階	4階	5階	6階	市内	県内	県外	計
駅ビル	食品・酒類・菓子	9	1						7	2	1	10
	衣料・履物・袋物			6	11				7	8	2	17
	物品・ペット	1		10	4	3			16	1	1	18
	飲食・食堂	11	3	2		1			16		1	17
	医療・サービス・事務所			1	3	8	2	1	9		5	15
	計	21	4	19	18	12	2	1	55 (71.4%)	12	10	77

		西名店街	中名店街	東名店街	新食堂街	市内	県内	県外	計
地下街	食品・酒類・菓子	7	3			10			10
	衣料・履物・袋物	7	2	2		11			11
	物品・ペット販売	6	11	2		17	1	1	19
	飲食・食堂	3	2	5	6	16			16
	医療・サービス・事務所	1	3			3		1	4
	計	24	21	9	6	57 (95.0%)	1	2	60
総計						112 (81.8%)	13	12	137

（出所）　株式会社姫路駅ビル『20 年のあゆみ』より筆者作成.

や大阪のファッション衣料店を誘致した[30]. この他, 100 インチの巨大スクリーンを据えた「憩いの広場」なども新たに作られた. 工事は 1985 年 3 月に完成し, 21 日に新装オープンした[31].

5　駅前商店街の反応と地下街の改装

(1) 駅前商店街のソフト事業

　駅ビルの度重なるリニューアルと相前後して駅前商店街の近代化事業もさらに盛んになっていった. この頃には, インフラの整備だけでなく, ソフト事業も積極的に推進された.

　1984 年の春頃から, 姫路市により「商業近代化地域計画事業」が推進され始めた. 7 月には市と商工会議所によって「商業近代化委員会」が組織され, 8 月には姫路市および近隣の合計 29 市町村の 1520 世帯を対象に「消費者買物行動調査」が行われた. 翌 9 月から 10 月にかけては, 市内の商店街や小売市場, 大型店テナントに属する中小小売店を対象に「小売店経営調査」も実施され, これらをもとに 10 年スパンの中小小売商業振興と街づくりのビジョン策定が行われることとなった[32].

将来ビジョンは 1985 年に「地域商業ビジョン」としてまとめられ，計画実施の足がかりとして「商業近代化促進協議会」が新たに組織された．策定された「地域商業ビジョン」では，「中心商業地」（＝駅前商店街）に関して，「活気と魅力を創出するための季節的な行事・催し物の実施．人々が憩い，出会い，催し場等に利用できる人のたまり場等々……個店の店舗レベルの機能充実にとどまらず，広域的に効果を発揮するマグネット機能の整備が必要……」と指摘されている．この頃，中小企業庁によりコミュニティー・マート事業が開始され，全国的な中小小売商業の振興策の潮流は，商業機能の充実を目指す個店の育成以上に，社会・文化的機能を商店街全体に担わせることにより商店街の存続を図る方向にシフトしていた．姫路市の「地域商業ビジョン」も基本的にはこの視座に基づき，街の文化的機能に強い意識を払っているといえる．

　このような動きに対して，商店街内では「若手」を中心とする活動が盛んになっていた．1984 年 4 月，商店街の若手経営者 12 名が中心となり「魅力ある店と街づくり」，「若者の集まる，文化に溢れた魅力的な街づくり」をテーマに，「商業文化研究会」を組織して活性化に取り組み始めた．同会は毎月講師を招いてソフト，ハードの両面から活性化策を模索する活動を続けた．

　1985 年 7 月には姫路市商店街連合会の内部に青年部会がつくられた．13 商店街から若手経営者ら 180 人が参加した同部会は毎月定例会合を開き，各種催事の事業計画などを練った．

　御幸通商店街では 1986 年から，事業部青年委員会が企画した「元旦市」が行われた．組合員の 60 店ほどが参加したほか，御幸通りに立地する百貨店のヤマトヤシキもワゴンを出して協力し，1 月 1 日の深夜 12 時から 3 時まで，通常価格の 3 〜 5 割引き，目玉商品は 9 割引きで販売したほか，おみくじ式の福引など企画を用意した．鏡開きの振る舞い酒の他，おでんや甘酒，ぜんざいなどの模擬店も好評を博し，来街者は 10 万人とも報じられた．雨でも濡れることのない照明付きのアーケードと，ぬかるまないカラー舗装があってこそ，このようなイベントの企画・準備と実行が可能であったといえよう．

　「元旦市」は翌 87 年にも行われた．前年と同じ奉仕セールや振舞い酒のサービスに加え，前年まで「お年玉 1000 円」だった福引を，新巻鮭 100 本をはじめ空くじなしとし，蕎麦などの模擬店も強化した．隣接する二階町商店街が参加したこともあり，この年も 10 万人の人出であふれた．その後も元旦市は続けられ，好評のあまり 90 年 8 月には「真夏の元旦市」まで開催されるほどで

あった.³⁹⁾ これら積極的な企画の推進には，平成バブルという背景とともに，加古川など周辺地区の大型小売店に対する対抗意識と危機感が強く作用していた.⁴⁰⁾

二階町，一番街，銀座の三商店では40代の若い会長が生まれ，活性化策に積極的に乗り出した．特に二階町商店街では1985年10月から毎週日曜日に「サンデーバザール」，11月からはスタンプラリー等を行い活性化に努め，87年からは上述のとおり御幸通りの「元旦市」にも参加した.⁴¹⁾

(2) さらに進むインフラ整備

各商店街におけるインフラの整備についてみてみると，大手前通りと御幸通りを結ぶ駅前通り商店会は「フラワーロード」の愛称を得て，1985年12月に約7000万円をかけてアーケードを完成させた.⁴²⁾

西二階町商店街は，御幸通りや二階町に流れている顧客を取り戻そうと，兵庫県が1985年から開始した「賑わいと憩いのある街づくり」事業の姫路市内第1号として指定を受け，同事業の規定どおり3年間かけてプラン作成から工事に取り組み，1987年11月に総工費3億5000万円をかけた全長318メートルにおよぶアーケードとカラー舗装を完成させた．また，商店街に属する4店が全面改装し，他の多くの店も外装工事を行った.⁴³⁾ また，買物の場としてだけでなく，うるおいや心の安らぎを与える商店街づくりを目指すという「賑わいと憩いのある街づくり」事業の趣旨に合わせ，花壇付きのベンチなども据えられた.⁴⁴⁾

これに刺激を受け，二階町商店街も1987年7月に同事業の指定をうけてプラン作成を開始した．市政100周年の記念行事に合わせるため事業期間を1年短縮して，2年後の1989年4月に270メートルのアーケードとカラー舗装の改装工事を完成させた．総事業費は3億7000万円であった［姫路商工会議所2000：392].⁴⁵⁾

駅デパート「フェスタ」のリニューアルの影響により，近隣の大型店はさらに改装工事をおこない，中心商店街にも若者をターゲットとしたファッション関係の店舗が急増した．1987年10月の日経流通新聞の記事は，駅デパート「フェスタ」の改装の影響について，以下のように伝えている.⁴⁶⁾

「『フェスタ』が駅前にオープンしたのが約三年前．それに刺激されて百貨店のヤマトヤシキが去年……リニューアルし，今年春にはジャスコ姫路

店が西館をファッション専門店を集めた『フォーラス』に衣替えした．大型店だけでなく，ブティック形式の専門店の出店が目立つ．みゆき通り……にファッションビルを建設する計画もある．
　一，二年でみゆき通りに出店した有名店を見ても紳士服……婦人服……などが目白押し．DC ブランドでは……東京ブランドも多い．……地元の大手資本も DC ブランドのウエートを高めている．南北に延びるみゆき通り，小溝筋だけでなく，この商店街と交差して東西に延びる紺屋町，亀井町に DC ブランド店の出店が急．」「紳士・婦人服などの専門店は八十を超えている．そのうち三十店近くが，ここ一，二年に新規出店した．」

　記事にあるファッションビル計画とは，御幸通りの割烹店が自らの店の移転跡地に約3億円をかけて建設した，地下1階地上3階のファッションビル「リブラ」を指している．店舗面積は845平方メートルと小規模ながら，商店街の理事長も務める店主は，「活性化するにはヤングが集まるファッション街への変身が大切」として他県の企業をキーテナントとして6社のアパレルテナントをそろえ，翌88年4月にオープンした[47]．

(3)　地下街の改装
　駅デパート「フェスタ」の改装から3年後の1988年9月8日，地下街も約10億円をかけて29年ぶりとなる全面改装工事を行うこととなった．店舗の基本配置は変更されなかったが，「現代にマッチした業態への変更や手直し」のため，50店の店舗改装が行われた[48]．地下街全体を「フェスタガーデン」と名付けたうえで，ファッション関連中心の30店が入居する東通りを「ライフファッションアベニュー」，雑貨や土産物，家庭用品などを中心に30店が入居する西通りを「デイリーコンビニエンスアベニュー」と名付けた．フェスタ2，3階との統一感を意識して，通路を人造大理石で新装し，天井や柱，壁面，シャッターなども全面改装を行い，88年11月11日にリニューアルオープンした[49]．
　以上のように，駅デパートの改装は近隣の大型店や駅前商店街の新陳代謝を促し，若者向けの新しい店を次々と登場させた．消費者，特に活発な若者の購買力流出が問題となるなか，姫路駅を中心とした商業空間は陳腐化を避けるために盛んに設備投資を行い，それを根拠に新たな試みを実行に移していったの

であった.

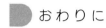おわりに

　最後に，姫路市における民衆駅＝姫路駅デパートの役割についてあらためて確認しておきたい．2項で述べたとおり，地元商業者は大型店の進出に対して敏感に反応し，1974年には「商業活動連絡協議会」を組織して，これに百貨店やスーパーを加盟させ，商店街と歩調を合わせることを求めた．姫路駅デパートはこの「商業活動連絡協議会」に加入していないことに注目するべきであろう．姫路駅デパートは，駅前の大型商業施設でありながら，地元商店を脅かす存在とはみなされていなかった．それはいうまでもなく，同デパートのテナント構成によるものであろう．

　姫路駅デパートのテナント構成は地元業者優先であったことは前章で述べたが，1977年当時の構成を表10-1で確認すると，全テナント中，市内業者は81.8パーセント，県内業者まで含めると91.2パーセントと，そのほとんどが未だ地元商業者で占められていることがわかる.

　その後，1980年初頭には通産省より大型店の出店自粛要請が出され，さらに都道府県や市などが独自に大型店の出店や増改築を規制・凍結する，いわゆる「横出し規制」，「窓口規制」が横行するに至った．そのような状況下で，地元小売商が多く入居する民衆駅＝姫路駅デパートが，商調協で増床面積を削減されることもなく，1984年と85年の二度にわたる増改築を成功させたことは，商業史の観点からも注目に値しよう．

　姫路駅デパートの増改築は他のデパートやスーパーの大型化の根拠となり，商店街の近代化にも影響を与えた．駅前商業の大型化や新奇性をリードする存在であったという点において，民衆駅＝姫路駅デパートが果たした役割は，極めて大きかったといえよう．

　　注
　　1）新幹線の停車駅たるか否かは，いうまでもなく地域の経済的地位の浮沈に大きく影響した．1966年8月24日には石見元秀市長が会長となり，「山陽新幹線建設促進姫路地区協力会」が発足した．姫路商工会議所も1965年の「山陽新幹線姫路駅の設置について」陳情以降，「国鉄山陽新幹線建設における『姫路総合駅』の設置について」，「国鉄

山陽新幹線建設の促進について」（ともに 1966 年），「山陽新幹線の超特急列車の姫路駅停車について」（67 年），「国鉄山陽新幹線の岡山以西区間の建設計画の策定と全線の早期建設について」（68 年），「山陽新幹線超特急ひかり号の姫路駅停車について」（70 年，71 年），「姫路市を新幹線電話の通話地区にすることについて」（72 年），「山陽新幹線『ひかり号』の姫路駅停車について」（74 年）と盛んに陳情や要望の提出を行い，74 年6 月現在で，「ひかり」一日上下 60 本（「こだま」を含めると 75 本）の姫路駅停車が実現した．「山陽新幹線建設促進協力会が発足」（『広報ひめじ』373，1976 年 9 月 15 日 1面），並びに，姫路市史［2016：666-68］，清和会編［1970：120-121］．商工会議所の活動については姫路商工会議所［2000：374-78］．

2）駅前商店街では小溝筋商店街が 1962 年にカラー舗装を完成させた．また，1962 年の商店街振興組合法成立により 1963 年 3 月に二階町商店街が県下初の振興組合組織となり，より積極的な商店街運営にのりだした．70 年には「近代化推進委員会」を結成して設備近代化を模索しはじめた（後述のように，同商店街は 76 年に総工費 6000 万円をかけてアーケード照明と舗装等の改装工事を完成させている）［姫路商工会議所 2000：392-393］．

3）山陽百貨店は 1961 年 10 月から 5466 万円をかけて 6290 平方メートルの増改築（店舗床面積 3585 平方メートル，うち 1195 平方メートルは百貨店法の関係で 65 年まで凍結）し，客用エレベーター 2 基や冷房施設を新設して翌 62 年 6 月 28 日に新装開店，翌 63年 5 月にはさらに客用エスカレーター 3 基を増築している［山陽百貨店 1984：78-80，89］．

4）「増改築相次ぐ〝デパート群〟」（『姫路商工会議所報』1972 年 10 月号，p. 12），並びに，姫路商工会議所［2000：389-390］．

5）前掲記事「増改築相次ぐ〝デパート群〟」．並びに，姫路商工会議所［2000：390-391］．山陽百貨店に関しては山陽百貨店［1984：116-117］も参照．

6）フタギについては前章参照．

7）前掲記事「増改築相次ぐ〝デパート群〟」（『姫路商工会議所報』1972 年 10 月号，p. 13）．空間の演出に関して，西館の屋上にはビヤガーデンが作られ，週末には生バンド演奏などが行われた（『姫路商工会議所報』1981 年 5 月号，13 頁掲載の広告より）．

8）「〝開店〟ごった返す店内 周辺は自転車の山」（『姫路商工会議所報』1974 年 12 月号，p. 9）．なお，市商連は 3 月にダイエー開店計画が発表されてから，視察班を編成して全国各地のダイエー開店後の実状を調査していた．それによると当時のダイエーは開店前の取り決めを破棄或いは無視することを繰り返しており，8 月の市商連の臨時総会の決議文においても，「追加確認事項」として商工会議所に監視機関を設置するよう求めていた［姫路商工会議所 2000：383］．しかし実際には開店後の規制は難しく，このような極端な廉売なども行われていた．

9）「日替わり超目玉商品」をはじめとする極端な廉売が行われたことについては，姫路商工会議所［2000：385］の「バーゲンの自粛などに努め，オープン以降，周辺商店街

Chapter 10 駅前商業空間の発展 *253*

との紛争もなく，地域商店街との共存共栄がはかられた」という記述と矛盾するように
も思える．ただ，「周辺商店街への影響も事前に危惧したほどではなかったことから」
［姫路市史 2016：523］，商調協は開店時に削減させた売場について，76年9月から
2412平方メートルを，翌77年3月からは残りの1246平方メートルについても使用を
認めたとあり［姫路商工会議所 2000：385］，商店街との長期的な対立には至らなかっ
たものと考えられる．日経流通新聞の記事によれば，売場の凍結解除については，地元
商店側からも積極論が出ていた（「どう使うダイエー姫路店の空きフロア─商調協とん
だ落とし子，地元に思惑しきり」1975年5月8日12面．並びに同紙「ダイエー姫路店，
"増床論争"ぶり返す　地元商店に賛成論も」1975年10月9日12面）．後述のとおり
82年11月にダイエー花北店が紛糾することなく開店していることからも，商店街や市
商連と深刻な対立があったとは考え難く，混乱は開店当初の限定的なものであったと思
われる．

10）「大型スーパー進出に反対『死活問題』と決起大会」（『姫路商工会議所報』1976年11
月号，p. 11）．

11）前掲「大型スーパー進出に反対『死活問題』と決起大会」，並びに「二つの大型台風」
（『姫路商工会議所報』1976年8月号，p. 2）．また姫路商工会議所［2000：386］も参照．

12）この間，地元消費者から大型に対する肯定的な意見が出され，地元商店側にも徐々に
容認論がみられるようになった［姫路商工会議所 1978：346-50］参照．

13）「2年半ぶり解決 大型店進出問題に結論」（『姫路商工会議所報』1979年1月号，pp.
10-11），「ニチイ・ジャスコ開店」（同誌1979年12月号，p. 4）．並びに姫路商工会議所
［2000：388］．

14）「大型店の影響度 加盟店の売上傾向を調査」（『姫路商工会議所報』1980年10月号，
p. 17），並びに，「北部副都心計画と野里商店街」（同誌1981年3月号，p. 22）．野里商
店街連盟に加盟する約100店を対象として調査したところ，79店から回答があり，こ
のうち売上が「増加した」と回答したものは2.5%のみで，「変化なし」が20%，「1
～10%減」16.5%，「11～20%減」30.4%，「21～30%減」15.2%，「31～40%」10.1%
と，回答者の72.2%が減少を訴えた．

15）「ショッピングモールプラザにしのまちがオープン」（『姫路商工会議所報』1981年4
月号，p. 20）．

16）「花の北モールB棟（ひがしのまち）にダイエーオープン」（『姫路商工会議所報』
1982年12月号，p. 16），並びに，「会議所のうごき」（同誌1983年1月号，p. 41），「姫
路流通戦争，一段と激化」（『日本経済新聞』1982年11月16日地方経済面近畿B10面）
も併せて参照．70年代半ばの激しい反対とはうって変わり，ダイエー花北店について
は意外なほどスムースに出店が実現している．この経緯については商工会議所報でも開
店を告げる記事の他には全く触れられておらず，直接的な説明は不可能であるが，入手
可能な資料をつなぎ合わせて考察する限り，次のような要因が考えられる．1979年5
月から改正大店法が施行され，大店法第2種大規模店として500～1500平方メートルの

中規模店も規制対象となったが，姫路市でも 1979 年頃からこれに相当する中規模ロードサイド店が増加し始めた（「増える中規模店と変貌するロードサイド」『姫路商工会議所報』1988 年 5 月号，pp.12-13）．さらに，近隣都市である加古川にも 82 年以降，ニチイ等の大規模店が多数出現し，地域間競争に発展する恐れがあった（「加古川流通戦を見る」（同誌同号，pp.8-10）．ただし，前年の 81 年 9 月にはイトーヨーカドーが姫路城西地区への出店を取りやめ，「出店の影響を心配していた中小小売業者にはホッとした向きが多い」と報じられており（「イトーヨーカドー出店断念」『姫路商工会議所報』1981 年 10 月号，p.21），大型スーパー自体が無条件に歓迎されるようになったとは考え難い．したがって，ここでは花北モールの「638 台を収容する大駐車場」がより大きな意味を持ったものと思われる．当時，駅前に市営駐車場は存在したが，駅前の大型店群や商店街はいずれも大駐車場を備えていなかった．市外への購買力流出防止と郊外スプロールへの対策として，市と民間の共同事業として建設された花北モールに 600 台超の大型駐車場を備えるため，その集客に見合う大型スーパーをつくることが容認されたのではないかと推察できる．加古川における大型店の増加については，「ニチイ，兵庫県加古川市進出決める」（『日経流通新聞』1977 年 12 月 19 日 4 面），並びに「加古川商議所，大型出店の SC でテナント選び」（同紙 1981 年 9 月 25 日 4 面），「加古川方式が実現——ニチイ，商議所を主体とする地元側に売り場 30％譲る——」（同紙 1982 年 4 月 8 日 4 面），「出店ニュース——ニチイ加古川店」（同紙 1982 年 10 月 11 日 4 面），「ニチイ加古川ショッピングデパートが開店へ——地元との共存共栄めざす——」（同紙 1982 年 10 月 18 日 11 面），「加古川市（上）地元と共存，巨艦 SC」（同紙 1986 年 6 月 23 日 4 面）．他に，加古川市史［1992：846-50］など参照．なお，ダイエー開店の市内に対する影響と加古川への消費者流出については，山陽百貨店が「ダイエー花北店の開店についてはあまり影響がなく，むしろ……加古川市に開店した『ニチイ加古川ショッピングデパート』の方が響いている……山陽電車沿線の高砂市や加古川市西部の客層がそちらへ流れ……『この面からも間接的な影響が出て来ている』」と述べている．「近畿地区の歳末商戦がいよいよ終盤戦」（『日本経済新聞』1982 年 12 月 23 日地方経済面地域特集 23 面）．

17)［姫路市史 2016：526］以下，各商店街の近代化事業については姫路商工会議所［2000：392-95］も併せて参照．

18) 姫路御幸通商店街は二階町に次いで市内 2 例目の振興組合となった．アーケード改装費 3 億円，カラー舗装費 1 億 4000 万円．このうち，中小小売商業振興法に基づいて国と県から高度化資金として 2 億 6000 万円を 12 年間無利子で借り入れた．振興組合化については「御幸通り商店街振興組合を結成」（『姫路商工会議所報』1973 年 11 月号，p.14）．工事費等については「御幸通りの改装はじまる」（同誌 1975 年 7 月号，p.14）参照．

19)「レンガ舗装が完成——シックな街に——二階町商店街」（『姫路商工会議所報』1976 年 4 月号，p.4，p.20）．その後アーケード照明，装飾照明なども設置された．

Chapter 10 駅前商業空間の発展 *255*

20)「近代化へ両『1番街』」(『姫路商工会議所報』1978 年 8 月号, p. 10),「会議所のうごき」(同号, p. 27).

21)「改装すすむ姫路駅前」(『姫路商工会議所報』1978 年 12 月号, pp. 12-13). 姫路駅前商店街の名称については同記事において「姫路駅前みゆき通り」とも併記され, 姫路商工会議所 [2000:393] では「駅前御幸通商店街」, 姫路市商店街 [1994:70-71, 92] では単に「駅前商店街」とだけ表記されているが, ここでは姫路商店街 [1995:7] の記載に従った. 同商店街に隣接して「姫路駅前通商店街」も存在するため, 混同を避けるために上記のような記載がなされているものと思われる.

22)「アーケードカラー舗装完成の南町通り」(『姫路商工会議所報』1979 年 11 月号, p. 17).

23) 山陽商店街については「山陽商店街カラー舗装が完成」(『姫路商工会議所報』1981 年 4 月号, pp. 20-21), 協和通り商店街については「協和通りのカラー舗装完成」(同誌同年 5 月号, p. 19) 参照.

24)「姫路御幸通りが最優秀商店街に 県の近代化コンクール」(『姫路商工会議所報』1980 年 1 月号, p. 17). 二階町商店街は兵庫県商店街連合会会長賞, 姫路駅前商店街は兵庫県商工会議所連合会会頭賞を受賞している. 同コンクールの審査基準は利便性, 革新性, 気軽さ, 娯楽性, 健康・安全性の 5 点とされているが, 受賞した 3 商店街がすべて「振興組合」であることは「近代化コンクール」の真の意図と無関係ではなかろう. 日本の小売商業に対する近代化政策を見るとき, 一貫した中小小売商業保護の傍らで, 過小・過多な小売商店の合同化と組織化が促進されてきたことは明らかである. 振興組合は協同組合と異なり, 商業者, 非商業者にかかわらず, そしてその事業内容や規模に関係なく, 商店街に立地するすべての建物の所有者 (や必要な場合にはその関係者) を組合員とすることが出来る. この点において, (中小商業者のみを対象とする) 協同組合に比して, 振興組合は商店街全体の近代化事業を行う際に圧倒的に有利であるといえる. アーケードやカラー舗装の建設・改装といった大規模な近代化事業に必要な多額の事業資金を用意することが出来る振興組合を組織しているかどうかは, まさに商店街の「近代化」の, 政策の意図に基づいてより明確に表現すれば, 商店街の「組織化」のメルクマークともいえた. 振興組合の有効性については石原 [2006:147-158] など. なお, 姫路市史 [2016:525] によれば, 姫路では商店街の振興組合化を促進するため, 1970 年に姫路商工会議所と姫路市, 姫路商店街連盟により「商店街近代化連絡協議会」が発足している.

25)「姫路駅デパート, ヤング志向に衣替え」(『日本経済新聞』1983 年 11 月 17 日地方経済面 23 面).

26) 前掲「姫路駅デパート, ヤング志向に衣替え」. 77 年の駅デパートのテナント構成については姫路駅ビル [1977:124-27] 参照.

27)「ショッピングビル〝フェスタ〟がオープン――駅デパートが装い新たに――」(『姫路商工会議所報』1984 年 4 月号, p. 18).

28)「姫路駅の『フェスタ』の販売好調，年内増床も」（『日本経済新聞』1984年4月27日地方経済面近畿B10面）.

29)「姫路駅ビル，昨春に次ぎ更に増床」（『日本経済新聞』1985年2月13日地方経済面25面）.

30) 前掲「姫路駅ビル，昨春に次ぎ更に増床」. 84年3月の改装時以上に，在京・在阪のテナントが多く入居していることに注目すべきであろう.

31)「姫路駅ビル，装いも新たに『フェスタ』をきょうオープン」（『日本経済新聞』1985年3月21日地方経済面近畿B10面）.

32)「変化する消費生活と買物行動 調査結果総まとめへ」（『姫路商工会議所報』1985年2月号，pp.4-5），並びに，「競争克服に躍起 求められる商店街活力中小『小売店経営調査』」（同誌同年3月号，pp.6-7）.

33)「姫路商業ビジョンまとまる」（『姫路商工会議所報』1985年9月号，p.6）.

34)「商店街活性化の〝目〟」（『姫路商工会議所報』1984年9月号，pp.24-25），並びに，「魅力ある街づくりを手がける 商業文化研究会の活動から」（同誌，1985年3月号，pp.20-21）.

35)「明日の商店街を担って 市商連に〝青年部会〟結成」（『姫路商工会議所報』1985年9月号，pp.6-7）.

36)「姫路御幸通商店街，活性化へ除夜の鐘を合図に3-5割引きの安売り」（『日本経済新聞』1985年12月13日地方経済面近畿B10面），並びに「元旦市除夜の鐘とともに，姫路市の商店街安売り9割引きも」（『日本流通新聞』1985年12月26日6面）.「みゆき通り商店街で〝元旦朝市〟」（『姫路商工会議所報』1985年12月号，pp.4-5）.

37)「初の元旦朝市——どっと10万人が みゆき通り商店街——」（『姫路商工会議所報』1986年2月号，p.7）.

38)「みゆき通り商店街来春も元旦市を 二階町も参加」（『姫路商工会議所報』1986年12月号，p.4），並びに，「会議所のうごき」（同誌1987年2月号，p.26）.

39)「姫路御幸通商店街，『真夏の元旦市』来月4日に開催」（『日本経済新聞』1990年7月20日地方経済面近畿B10面）.

40)「御幸通商店街，活性化に姫路で元旦市を開き最高8割引きで名物行事めざす」（『日本経済新聞』1986年12月9日地方経済面近畿B10面）.

41)「会長若返りで活性化する3商店街」（『姫路商工会議所報』1987年1月号，p.11）.

42)「姫路駅前フラワーロード商店街 アーケードとカラー舗道が完成」（『姫路商工会議所報』1986年1月号，p.20）.

43)「装い新たに西二階町がスタート」（『姫路商工会議所報』1987年11月号，pp.8-9），並びに，「姫路の西二階町商店街，アーケード建て替え」（『日本経済新聞』1987年7月4日地方経済面近畿A9面），「姫路・西二階町商店街，アーケード建て替えとカラー舗装終了」（同紙1987年10月30日，地方経済面近畿B10面），「明るい商店街に変身，カラー舗装完成——姫路・西二階町——」（『日記流通新聞』1987年11月5日12面）.

なお，「にぎわいと憩いのある街づくり」事業の指定については，「兵庫県，商店街活性化事業に神戸・元町など7か所指定」（『日本経済新聞』1985年6月23日地方経済面近畿B10面）参照．

44）「アーケードカラー舗装が完成 生まれ変わった西二階町」（『姫路商工会議所報』1987年12月号，p. 21）．

45）「姫路市の二階町商店街，憩いの街づくりゴー」（『日本流通新聞』1987年7月25日），「姫路の二階町商店街，アーケードや舗装模様替えで活性化」（『日本経済新聞』1988年8月21日，地方経済面近畿A9面）．

46）「大型店衣替え・有名店進出姫路中心商店街，ファッション街に変身」（『日経流通新聞』1987年10月6日13面）．

47）「今どきのヤングに」，「女性の魅力で買いました」，共に『日本経済新聞』（1988年4月20日，地方経済面近畿地経ワイド31面），並びに，「福亭ビルの新築計画 事々前商調協で審議」（『姫路商工会議所報』1987年3月号，p. 26），「会議所のうごき」（同誌1988年6月号，p. 18）．

48）「姫路駅地下名店街29年ぶりに全面改装」（『姫路商工会議所報』1988年10月号，p. 8）．

49）「姫路駅ビル地下名店街が改装 フェスタガーデンと名付けオープン」（『姫路商工会議所報』1988年12月号，p. 25）．「JR姫路駅ビル地下商店街，若者向けに全面改装」（『日本経済新聞』1988年9月11日，地方経済面近畿A9面），「姫路駅ビル，緑で彩る地下街に」（『日経流通新聞』1988年1月19日12面），並びに「姫路駅ビル，『フェスタ』に合わせ改装——地下をファッション街に——」（同紙1988年9月15日10面）．

参考文献

石原武政［2006］『小売業の外部性とまちづくり』有斐閣．

加古川市史編さん専門委員八木哲浩編［1992］『加古川市史 第六巻下 資料編IV』加古川市．

姫路駅ビル社史編集委員会［1977］『20年のあゆみ』姫路駅ビル．

山陽百貨店社史編集委員会編［1984］『山陽百貨店30年史』山陽百貨店．

清和会編［1970］『戦後二十一年に亘る姫路市政と石見元秀氏の思い出を語る』清和会．

姫路市史編集専門委員会編［2016］『姫路市史 第六巻 本編 近現代3』姫路市．

姫路商工会議所［1995］『姫路市小売商業地図』姫路商工会議所．

姫路商工会議所五十五年史編集室［1978］『姫路商工会議所五十五年史』姫路商工会議所．

姫路商工会議所七十七年史編集室［2000］『姫路商工会議所七十七年史』姫路商工会議所．

姫路市商店街連合会編［1994］『姫路へ行こう：Show店街ガイドブック』姫路市商店街連合会青年部．

（藤井 英明）

あ と が き

　編著者はこれまで鉄道史研究と商業史研究の両方の研究をすすめており，両者の研究を進展させたい，そして両者を融合させたという想いから鉄道史学会の統一テーマを企画し，その後に本書の発行の計画を立てた．鉄道史学会大会を通じて，素晴らしい，第一線の研究者のご協力のもと本書の刊行に踏み切った．

　それに加えて，鉄道史学会の東京を中心とした関東の会員からハイペースで研究成果が贈られてくることに，「頂いてばかりではよくない．西の方の勢いも見せておこう」という思いも強くあり，奮い立たせた．

　さらに，鉄道史学会発足から40年を迎える時期になり，ここ数年で創設・運営の功労者であられ，多大な研究成果を発表された野田正穂先生，原田勝正先生，和久田康雄先生が故人となられた．後を継がれ，鉄道史学会会長に就任された諸先生方も定年を迎えるようになり，鉄道史学会の世代交代が確実に進んでいる．先達の成果を「深化」または「進化」させていくのが我々の務めと考えるようになった．

　本書の内容については，これまでの研究成果のすき間を埋め，継ぎ足したものと考えている．これで完結ではなく，関西を中心にした内容であったが，他地域へ広げ，また，学際的要素，アプローチの組み合わせを変えて，鉄道史と商業史の融合的研究を発展させていければと思う．

　本書をまとめるにあたり，各執筆者にはご多忙の折，原稿を送付して頂き，また鉄道史学会役員，会員の方々から多くの御教示を頂いた．晃洋書房の丸井泰清氏，坂野美鈴氏には編集作業で大変お世話になった．ここに記して感謝の意を表する．

　2019年3月

執筆者を代表して　井 田 泰 人

人名索引

ア

伊井春樹　38
伊藤祐民（15代）　61
伊東俊雄　196
伊原木伍郎　144
伊原木藻平　144
今西林三郎　43
岩倉具光　114
石見元秀　212,213,216,220,223
碓井和弘　35
浦上衛門　196
太田垣士郎　125
大塚惟明　36

カ

川村徳助　79,89
　2代目――　79-81,89
　3代目――　81
川村徳松　78-80
　2代目――　79
　3代目――　81
川村松助　83,89,90
岸本兼太郎　53
木下直之　39
小出庄兵衛（11代）　62
五島慶太　7,19,136
小林一三　1,14,19,61,106
榊岩五郎　79
榊文治郎　83

サ

阪田寛夫　35-37
作道洋太郎　34
佐々木卯太郎　79,90

佐藤博夫　42,46,47
清水雅　117

タ

竹村民郎　34
田中仁　36
津金澤聡廣　35
土川元夫　61,147
堤康次郎　19

ナ

中内功　14
中西健一　38
中林仁一郎　62
中牟田喜衛　140
中村嘉兵衛（2代）　62
野田孝　61,115

ハ

早川徳次　7
林藤之助　114
日比翁助　94
二木一一　217,222

マ

松居庄七　62
松永安左エ門　140
御厨貴　39
村野山人　52

ヤ　ワ

八木富三　62
安野彰　48
両口屋是清　151

事 項 索 引

ア

アキンド　175,176,178,183
あべちか　198
伊勢志摩魚行商組合連合会　163,167
伊勢丹　136
逸翁自叙伝　33,36
岩田屋　135
『岩手日報』　81-92,100
　『新——』　92,93
梅田地下街　197
駅ナカビジネス　22
大阪駅前地下道　202,205
大阪地下街株式会社　196,199
大阪物産館　113
小田急百貨店　108
オリエンタル中村百貨店　147

カ

買い物弱者　15
買い物難民　15
カツギヤ　161,169
川徳　78-93,100
　——呉服店　79,80,82,84-90,92
川村徳助商店　79
カンカン部隊　165,183,184
キタ　199
行商　1,20,21,161
行商人　1,20,21,161
清荒神　41,44
近代化事業　244-245,247-249
近鉄百貨店　108
クリスタ長堀　197-199
車道本通7丁目商店街　67
経営史学会　12
慶應義塾　120
京王百貨店　108

サ

京急百貨店　108
京阪電気鉄道　43
京阪百貨店　108
公会堂　81,82,84
　岩手県——　81,86,93,100
　県——　82-84,86,89
交通史学会　5
交通史研究会　5
小売業態　128
小林一三全集　37
呉服系百貨店　77,78,82,92,93,97,98,100,
　101,105

サ

催事　121
栄地下街　67
榊呉服店　79-81,83,87
サラリーマン　107
山林子供博覧会　46
市場史研究会　13
社会経済史学会　12
シャッター街　15
準地下街　191
商業活動調整協議会（商調協）　242,243,246,
　251
情報流　18,21,24
商流　18,24
素人　107
　——経営　126
白木屋　105
鮮魚列車　3,20,162-164
十合　105

タ

ターミナルデパート　3,20,22,105,191
ダイエー　14
大店法　241

事項索引　*263*

大丸　　105
髙島屋　　77,94,105
玉屋　　143
地下街　　4,23,191,193,194,200
　　堂島――　　198
　　中之島――　　198
　　ナンバ――　　197
　　姫路駅――　　217,218,222-224,239,240
　　――構想　　196
地下商店　　191
地下鉄　　194
　　――ストア　　193
　　――東山線　　65,66
　　――名城線　　67,68
地方百貨店　　143
通商指定車　　174
ツーリスト・ビューロー　　78
　　ジャパン・――　　78,92-98,100,101
ディアモール大阪　　197-199
鉄道弘済会　　22
鉄道史学会　　5
電鉄系百貨店　　77,78,100,105
電鉄職員　　128
天満屋　　135
東急百貨店　　108
東武百貨店　　108
東横百貨店　　106
鳥取昭和商業協同組合　　175

●●●●●●●●●●●●●（ナ）●●●●●●●●●●●●●

永卯　　90
　　――呉服店　　79
　　――洋品店　　90
中山寺　　41,44
名古屋鉄道　　60,61,147
灘循環電気軌道　　52
なんばウォーク　　197,198
ナンバ地下街　　197
能勢妙見　　44
のち（NANBA なんなん）　　197,198
のち（ホワイティうめだ）　　197,198,205

●●●●●●●●●●●●●（ハ）●●●●●●●●●●●●●

バスターミナル　　108
花屋敷　　41
阪鶴鉄道　　40,41
阪急　　61
　　――三番街　　204,205
　　――電鉄　　114
　　――百貨店　　61,105
　　――マーケット　　110
阪神電気鉄道　　43,51-53
阪神百貨店　　108
阪神マート　　193,202
姫路駅　　211,239
　　――デパート　　221,222,239,240,246-247,
　　　249,251
百貨店業態　　128
百貨店式経営商店　　87,88
百貨店新聞社　　106
『百貨店新聞』　　106
百貨店法　　224-225
藤崎　　143
物流　　18,24
プライベートブランド　　107

●●●●●●●●●●●●●（マ）●●●●●●●●●●●●●

松坂屋　　61,105
松屋　　105
　　――呉服店　　83,84
　　――（岩手）　　80-92,100
　　――（東京）　　77,95,97
丸井今井　　143
丸栄　　147
丸物百貨店　　62
三越　　78,82,85,87,94,95,97,98,105
ミナミ　　199
箕面公園　　44
民衆駅　　4,23,217-220,225,251
　　姫路――　　217-219,222,224
無料配達　　125
名鉄セブン　　66
名鉄バスターミナル　　66
名鉄百貨店　　108,135

メイテツレジャック　66
最も有望なる電車　42, 44
最寄品　124

八木合資　62

山形屋　143
闇市　23
瀧安寺　46
早稲田大学　137

【執筆者紹介】（＊は編著者）

＊井 田 泰 人（いだ　よしひと）[まえがき・序章・第1章・あとがき]
　　奥付参照

鈴 木 勇 一 郎（すずき　ゆういちろう）[第2章]
　　1972年生まれ．青山学院大学大学院文学研究科博士後期課程修了，博士（歴史学）．
　　現在，立教大学立教学院史資料センター・センター員．
　　主要業績
　　『近代日本の大都市形成』岩田書院，2004年．
　　『おみやげと鉄道』講談社，2013年．
　　『近代日本の装置と統治』（共編著）日本経済評論社，2013年．

関 谷 次 博（せきや　つぎひろ）[第3章]
　　1973年生まれ．大阪大学大学院経済学研究科博士後期課程修了，博士（経済学）．
　　現在，神戸学院大学経済学部教授．
　　主要業績
　　『近代日本の交通と流通・市場』（共著）清文堂出版，2011年．
　　『費用負担の経済学——地方公共交通の歴史分析——』学文社，2014年．
　　『物流発展と生産性——戦後日本トラック輸送の発展から——』晃洋書房，2019年．

加 藤 諭（かとう　さとし）[第4章]
　　1978年生まれ．東北大学大学院文学研究科博士課程後期単位取得退学，博士（文学）．
　　現在，東北大学学術資源研究公開センター史料館准教授．
　　主要業績
　　『講座　東北の歴史　第二巻　都市と村』（共著）清文堂出版，2014年．
　　『東北からみえる近世・近現代　さまざま視点から豊かな歴史像へ』（共著）岩田書院，2016年．
　　『日本の百貨店史——地方，女子店員，高齢化——』（共著）日本経済評論社，2018年．

末 田 智 樹（すえた　ともき）[第5・6章]
　　1967年生まれ．岡山大学大学院文化科学研究科博士課程修了，博士（経済学，学術）．
　　現在，中部大学人文学部教授．
　　主要業績
　　『藩際捕鯨業の展開——西海捕鯨と益冨組——』御茶の水書房，2004年．
　　『日本百貨店業成立史——企業家の革新と経営組織の確立——』ミネルヴァ書房，2010年．
　　『老舗百貨店の接客法——松坂屋の史料が語る店員の“心得”——』風媒社，2019年．

山本 志乃（やまもと　しの）[第7章]

1965 年生まれ．筑波大学大学院修士課程環境科学研究科修了，博士（文学）．

現在，旅の文化研究所研究主幹．

主要業績

『女の旅──幕末維新から明治期の 11 人──』中央公論新社，2012 年．

『行商列車──〈カンカン部隊〉を追いかけて──』創元社，2015 年（第 42 回交通図書賞［歴史部門］受賞）．

『「市」に立つ──定期市の民俗誌──』創元社，2019 年．

谷 内 正 往（たにうち　まさゆき）[第8章]

1965 年生まれ．近畿大学大学院経済学研究科博士後期課程単位取得退学，博士（商学）．

現在，大阪商業大学総合経営学部准教授．

主要業績

『戦前大阪の鉄道とデパート』東方出版，2014 年（第 6 回鉄道史学会住田奨励賞受賞）．

『戦前大阪の鉄道駅小売事業』五絃舎，2017 年．

『日本の百貨店史──地方，女子店員，高齢化──』（共著）日本経済評論社，2018 年．

「大阪になぜ『南海百貨店』がないのか」『大阪商業大学商業史博物館紀要』第 19 号，2018 年．

藤 井 英 明（ふじい　ひであき）[第9・10章]

1975 年生まれ．立教大学大学院経済学研究科博士課程後期課程指導終了後退学，修士（経営学）．

現在，立教大学経済学部助教．

主要業績

『鉄道と地域の社会経済史』（共著）日本経済評論社，2013 年．

「1970～80 年代における富山市駅再開発と中心商店街──『商業近代化』政策とコミュニティー・マート事業──」『立教経済学研究』第 66 巻第 3 号，立教大学経済学研究会，2013 年．

「高度経済成長期における中小小売商店従業員の休日制──川越商店街の事例を中心に──」『立教経済学研究』第 72 巻第 1 号，立教経済研究会，2018 年．

【編著者紹介】

井 田 泰 人（いだ　よしひと）

1969 年生まれ．近畿大学大学院経済学研究科博士後期課程単位取得退学．
現在，近畿大学短期大学部教授．

主要業績

『大手化粧品メーカーの経営史的研究』晃洋書房，2012 年．
『熱き男たちの鉄道物語──関西の鉄道草創期にみる栄光と挫折──』（共著）
　　ブレーンセンター，2012 年．

鉄道と商業

2019 年 4 月 20 日　初版第 1 刷発行	＊定価はカバーに 表示してあります

編著者　井　田　泰　人ⓒ
発行者　植　田　　　実
印刷者　田　中　雅　博

発行所　株式会社　晃　洋　書　房

〒615-0026　京都市右京区西院北矢掛町 7 番地
電話　075(312)0788番(代)
振替口座　01040-6-32280

装丁　(株)クオリアデザイン事務所　印刷・製本　創栄図書印刷(株)

ISBN978-4-7710-3156-2

JCOPY 〈(社)出版者著作権管理機構　委託出版物〉
本書の無断複写は著作権法上での例外を除き禁じられています．
複写される場合は，そのつど事前に，(社)出版者著作権管理機構
(電話 03-5244-5088, FAX 03-5244-5089, e-mail: info@jcopy.or.jp)
の許諾を得てください．

スコット・ラッシュ，ジョン・アーリ 著／安達 智史 監訳 　菊判 368 頁
フローと再帰性の社会学 　本体 4,500 円（税別）
　──記号と空間の経済──

井田 泰人 著 　Ａ５判 154 頁
商学の基本を学ぶ 15 講 　本体 1,800 円（税別）

藤稿 亜矢子 著 　Ａ５判 188 頁
サステナブルツーリズム 　本体 2,200 円（税別）
　──地球の持続可能性の視点から──

バーリ・ゴードン 著／村井 明彦 訳 　Ａ５判 242 頁
古代・中世経済学史 　本体 2,800 円（税別）

石田 光規 編著 　Ａ５判 232 頁
郊外社会の分断と再編 　本体 2,600 円（税別）
　──つくられたまち・多摩ニュータウンのその後──

岩谷 昌樹 著 　Ａ５判 258 頁
コンカレント・カンパニー 　本体 3,100 円（税別）
　──寄り添う企業が市場を制す──

長沢 伸也 編著 　四六判 248 頁
ロジスティクス・SCM の実際 　本体 2,200 円（税別）

関谷 次博 著 　Ａ５判 248 頁
物流発展と生産性 　本体 4,000 円（税別）
　──戦後日本トラック輸送の発展から──

大西 勝明・小阪 隆秀・田村 八十一 編著 　Ａ５判 260 頁
現代の産業・企業と地域経済 　本体 2,900 円（税別）
　──持続可能な発展の追究──

晃 洋 書 房